宋太祖
宋祖龍興
仁厚建國
篤尊聖道
式著君德
慎獄恤民
懲奢塞源
身端化本
大哉王言

宋太祖赵匡胤

王立群 著 下册

王立群读宋史

东方出版社

目录

二十一 百官读书
- 一面铜镜引发的事件 001
- 赵普的转变 006
- 从"长枪大剑"到"毛锥子" 009
- 文武兼长才是我的理想 014

二十二 可乘之机
- 北汉的刘钧死了 018
- 即位的刘继恩也死了 027

二十三 挥师河东
- 计划没有变化快 035
- 没捞到便宜 039
- 水淹太原 042
- 历史的细节 046

二十四 巫宦之国
- 又一个自己造字的国主 052
- 老鼠钻牛角,越走路越窄 056
- 集大成的国主 059

二十五 势如破竹
- 急着上桌 068
- 摧枯拉朽 声东击西 073
- 东进·南下·收工 078

二十六	风花雪月	机会来了，躲都躲不过	084
		空有当年旧烟月　芙蓉城上哭蛾眉	087
		记得当时月朦胧　两心融、一心共	094

二十七	进退失据	迁都洪州	100
		与时俱退　跋前疐后	105
		我不惹你，你别打我	113

二十八	万事俱备	巧使反间计	117
		交聘契丹	121
		命中就"缺水"	122
		还差一张图	124
		就少一座桥	126
		李煜说了"不"	128

二十九	六路并进	一一二一部署	133
		为了一个共同的目标	137
		宋太祖应该给他发锦旗	142
		我没工夫和你耍嘴皮子	145

三十	李煜进京	最后的通牒	150
		曹彬装病　李煜真降	154
		江南江北	159

三十一 迁都之争	南方收官	166
	迁都事件的始末	167
	洛阳和开封	170
	迁都背后的隐情	176

三十二 斧声烛影	两个版本 密布疑云	182
	头号嫌疑人赵光义	187
	好像是用毒药毒死的	190
	还有可能是病死的	194

三十三 非常事件	异乎寻常的行为	198
	皇室内部的清算	203

三十四 匪夷所思	金匮之盟	213
	据说这是赵普一手炮制的	216
	事情远非如此简单	220
	有遗诏，太宗就没有弑兄的动机了吗	225

三十五 太祖誓约	神秘的誓碑	229
	有人说这是子虚乌有	231
	事实胜于推测	235
	到了该改变的时候了	238

三十六 反贪倡廉	宋初的贪赃现状	245
	颁用重典与忠厚开国	250
	惩贪、倡廉，一个都不能少	253

三十七 为国守财	寒酸的皇帝	261
	成由勤俭败由奢	267
	不是我不想显摆，是太多的地方需要钱财	273

三十八 双面胶皇帝	特权阶层的特权	277
	双面胶皇帝的双面	278
	富之以财，责其大行	286

三十九 千里送京娘	故事的详情是这样的	292
	赵匡胤的形象很崇高	294
	赵匡胤难道就没有一点点动心？	296
	真假参半	300

四十 任人评说	不乏批评的声音	306
	宋代真的积贫积弱吗？	308
	其实与宋太祖没有一毛钱的关系	312

百官读书

二十一

大宋乾德三年,按照历史的惯例,后蜀的一些宫女走进了皇帝的后宫。有一次,宋太祖查看后蜀某个宫女的梳妆用具时,发现一面旧铜镜背面赫然铸着"乾德四年铸"的字样,这让宋太祖大为惊讶。太祖就纳闷了:今年是乾德三年,怎么可能有乾德四年铸造的铜镜呢?难道古人会穿越,有时空隧道不成?这到底是怎么回事呢?

一面铜镜引发的事件

赵匡胤要揭开谜底。他拿着镜子找宰相班子成员研究,问他们:现在才乾德三年,怎么已经有乾德四年制造的镜子呢?你们说这是怎么回事?宰相们张口结舌,无一能答。

于是,太祖又找来学士陶谷、窦仪,问他们怎么回事。窦仪说:这面铜镜一定出自蜀地,因为前蜀第二个皇帝王衍曾用过"乾德"的年号,这面镜子应该是那个时候铸造的。

前蜀和后蜀是在今天四川一带前后相继的两个政权,前蜀姓王,后蜀姓孟,都是二代而亡。乾德是前蜀亡国之君王衍曾经用过的一个年号,前蜀乾德四年,是公元922年。这个时候制造的铜镜,到宋太祖乾德三年(965),已经有四十多年的历史。

赵匡胤恍然大悟。恍然大悟后的赵匡胤对宰相们就有意见了,为什么呢?

第一,赵匡胤对前任宰相班子不满,因为他们选择了一个前代已经用过的年号。

当年大宋改元时,宰相班子的成员是范质、王溥、魏仁浦。改元乾德之前,赵匡胤曾经要求他们选择一个前代没有用过的年号,没想到千挑万选,还是重复了,而且是与偏安一隅的前蜀政权亡国之

> 得旧鉴,鉴背有『乾德四年铸』,上大惊,乃召学士陶谷、窦仪问之,仪曰:『此必蜀物,昔伪蜀王衍有此号,当是其岁所铸也。』
> ——《续资治通鉴长编》卷七

君王衍的年号重复。这些人真是太没知识了。这不但令赵匡胤惊讶，也令他郁闷，所以他才会对前任宰相班子有意见。

第二，赵匡胤对现任宰相班子也不满，因为他们当中没有一个人知道铜镜的来历。

当时的宰相班子中有赵普、薛居正、吕余庆等人，但他们"皆不能答"。清人赵绍祖的《读书偶记》中记载的一个细节更具戏剧性，说赵普回答不出太祖的问题，他人（卢多逊）解释清楚之后，太祖用毛笔在赵普脸上涂得一塌糊涂，还说，你怎么赶得上他！赵普吓得一夜都没敢洗脸。这当然是小说家言，赵绍祖也力主此事不可信。但是，太祖即使不会做出如此举动，他对赵普等人在铜镜问题上的无知显然不会高兴。

铜镜事件反映出大宋王朝第一任、第二任宰相班子在某些方面知识的欠缺，正是因为这件事情，史书上接着记载太祖感叹说："宰相须用读书人。"《续资治通鉴长编》卷七从此更加重视儒臣。

从宋太祖针对两任宰相未能解决一个年号问题有感而发的"宰相须用读书人"的言谈中，似乎能够感觉到，大宋王朝的前两任宰相班子成员都被排除在"读书人"之外了。那么，他们算不算读书人呢？

首任宰相班子中范质、王溥是五代时的进士，魏仁浦虽非进士出身，以小吏起家，但擅长文书与筹算，也

太祖大惊，以笔涂韩王面曰：『尔怎得及他！』韩王经宿不敢洗。——《读书偶记》卷五（中华书局1997年版）

可算得上读书人，而这三个读书人，正是参与选择乾德年号的重要成员。第二任宰相班子成员中，薛居正是进士出身，赵普、吕余庆以"文吏"起家，无疑也算读书人。但在宋太祖心中，这两任宰相的学问、知识显然还不够广博，他心目中能够做宰相的读书人是学问、知识更高一筹的饱学之士。

当赵普一班人员解答不了铜镜年号的问题时，宋太祖首先想到的是学士陶谷、窦仪等人。这个细节暗示，在宋太祖的内心之中，陶谷、窦仪的知识与学问或许更加广博，是他心目中真正的读书人。事实上，窦仪也确实易如反掌地解决了宋太祖的疑惑，而在宋代的另一部史书中，则将答疑解惑者直接冠名于陶谷。按照太祖心中的标准，宰相应该用陶谷、窦仪这样学问与知识广博的人。那么，他们二人有没有当上宰相呢？

史书上讲，太祖多次在众臣面前夸赞窦仪为人坚持节操，准备任用他为宰相。如此，赵普就担心了，他一向忌恨窦仪刚强正直，因此迅速推举薛居正、吕余庆参知政事，作为他的助理，成为宰相班子成员，而陶谷等人又相互结党依附赵普等人，共同排挤窦仪，于是太祖打消了任用窦仪为相的想法。史书中还说，窦仪死的时候，太祖很是悯然，对身边的人讲：神明也不帮我啊，老天爷为什么这么快就夺走我

> 帝于禁中见内人镜背有"乾德"之号，以问翰林学士陶谷。谷对曰："伪蜀时年号也。"宫人果故蜀王时人。帝于是益重儒者，而叹宰相寡闻也。——李攸《宋朝事实》卷二（中华书局1985年版）

> 每嘉其有执守，屡对大臣言，欲用为相。——《续资治通鉴长编》卷七

的窦仪呢。

从史书上的这一记载来看，太祖确实对窦仪相当赏识，也确实有过用其为相的打算。

从太祖发出"宰相须用读书人"的感叹到窦仪去世，有半年左右的时间，太祖如果真的决意任用他心目中真正的读书人窦仪为相，时间是足够的，而且赵普等人的阻挠恐怕也不会起多大的作用。但是，太祖最终没有任用窦仪，这个事实暗示：太祖对读书人的重要性已经认识得非常清楚，但在当时国家初建、致力稳定、开拓统一的进程中，他更需要的是精通吏治、能够处理烦琐政治事务的行政首脑，而不是饱学的"知道分子"。事实上，太祖想任用窦仪为相，并不仅仅是因为他知道得多，而是因为他有"执守"。

另外一个人陶谷也没能坐上宰相的位子。

必须承认，陶谷有才。自五代至宋初，陶谷的文章才华首屈一指，无人能比，在社会上很有名声。陶谷觉得自己也算是"太祖帮"的人（周恭帝禅位的诏书就是出自他手），盼望着有朝一日能够荣登相位，而且，从李唐以来，由翰林而为相似乎成为一个惯例，所以陶谷才有如此想法。但大宋开国以后的宰相任用都没陶谷的份儿，第一任宰相班子成员均为后周遗留下来的，这也罢了；但第二任班子成员的社会名望都远远比不上陶谷。

陶谷认为自己供职翰林已久，翰林院又是出宰相的地

朕薄祐，天何夺我窦仪之速也。——《续资治通鉴长编》卷七

陶谷，自五代至国初，文翰为一时之冠。——《东轩笔录》卷一

往往不由文翰，而闻望皆出谷下。——《东轩笔录》卷一

方，而且自己也付出了不少，因此内心颇为不平，于是通过各种渠道把自己的意思上达太祖。太祖笑道：我听说翰林起草文件，都是检索已有的样本，更换几个词语，依葫芦画瓢罢了，能有多少付出！陶谷听闻此事，就在翰林院墙壁上手书一诗曰："官职须由生处有，才能不管用时无。堪笑翰林陶学士，年年依样画葫芦。"太祖对他的心怀不满很看不起，下定决心不用他为相。

> 太祖益薄其怨望，遂决意不用矣。——《东轩笔录》卷一

从这则颇有戏剧性的笔记材料中可以看出，太祖皇帝不用陶谷为相，是因为陶谷心怀怨望，心急没吃上热豆腐。其实，太祖此时遴选宰相的标准不是文章才华，"往往不由文翰"，就是说，依据的不是你的文章学术，而是安邦的实际技术与技能，也就是处理政府日常行政事务的能力。

从窦仪、陶谷的经历来看，太祖在发出那句著名的感叹之后，在实际的政治运作中，并没有按照他内心深处的标准对当时的宰相班子进行调整。而且，在随后的几年内，也没有发生较大的人事变动。这是为什么呢？

这种事实的存在，体现了宋太祖一种深刻的实事求是的务实精神。

在宋朝建国之初，百事待兴，要平定地方叛乱，要稳定统治秩序，要完成统一大业。这种情况之下，国家更需要的是有实际操作经验、富于吏干的文吏，而不是

写一手漂亮文章、博闻多识的"知道分子"。

同时，发自肺腑的"宰相须用读书人"的感叹，又体现了宋太祖高瞻远瞩的眼光。为了大宋王朝的长治久安，必须从根本上改变五代以来"重武轻文"的弊俗，而要实现这种转变，则有赖于饱学的读书人。

因此，"宰相须用读书人"口号的提出，虽没有立即实施于当时，但它依然成为垂范后世的警句。在后人对历史的追溯中，这句话成为一个突出的标志。它标志着在宋初的文官领域，从吏治走向文治导向的出炉。而且，这种导向，在当时的文官政治领域里也确实收到了立竿见影的效果。

赵普的转变

宰相赵普就是这样一个典型。

《续资治通鉴长编》中在记录宋太祖发出"宰相须用读书人"的感叹之后，接着说：赵普最初只以精通为吏之道闻名，缺少的是文章学术，太祖常劝他读书，赵普因此潜心读书，手不释卷。

赵普擅长的是知道怎么做官，精通的是如何处理政府的行政事务，而对文章学术则不甚在行。当时的笔记中也记载，宋太祖曾经对赵普说：你就是不愿意读书，你看看现在四周的人，都是饱学之士，都比你有学

> 赵普初以吏道闻，寡学术，上每劝以读书，普遂手不释卷。——《续资治通鉴长编》卷七

问,你就不觉得脸红吗?在太祖的劝勉和"宰相须用读书人"的刺激下,"以吏道闻"而"寡学术"的赵普开始热衷读书。

历史上有句非常有名的话与赵普有关,"半部《论语》治天下"。这句话似乎包含两层意思:一是想说明《论语》这部书很重要,很有用,里面含有安邦治国的精义,只要半部就能治理天下;二是说赵普这个人没读多少书,就是《论语》也只读了一半。赵普在宋太祖的劝勉下,手不释卷,难道就只读了半部《论语》?这种说法是不是可信呢?

《宋史》中说:赵普一回到家,就关上房门,打开书箱,开始阅读,一读就是一天。他死后,家人收拾他的书箱,见到他读的书是《论语》二十篇。按照《宋史》的说法,赵普读的是整部《论语》。但即使如此,也不能算是真正的读书人。因为《论语》这部著作,在古时,小孩子在启蒙之后就开始阅读了。宋太祖的一番劝勉,一句刺激,只让赵普阅读了"小学课本"《论语》不成?

事实并非如此。

宋太宗淳化三年(992),赵普离世。太宗在为其撰写的《神道碑》中说:"性本俊迈,幼不好学,及至晚岁,酷爱读书,经史百家,常存几案,强记默识,经目谙心,硕学老儒,宛有不及。"《赵中令公普神道碑》,《名臣碑传琬琰之

> 卿苦不读书。今学臣角立,隽轨高驾,卿得无愧乎?——《玉壶清话》卷二

> 每归私第,阖户启箧取书,读之竟日……既薨,家人发箧视之,则《论语》二十篇也。——《宋史·赵普传》

集》上卷一从此文中可以看出，赵普阅读的书籍是经史百家(经书、史书、子书)，硕学老儒好像都赶不上他了。《神道碑》虽可能有溢美之处，但所记应该符合事实。由此来看，赵普手不释卷，博览涉猎，应该是不争的事实。

那关于赵普的那句"半部《论语》治天下"是怎么回事呢？

宋代的一部笔记中记载了这句话产生的真实语境。

赵普一生三次为相。他第二次为相时，已经是宋太宗时代了。有人对太宗说，赵普是山东人(太行山以东，多指北方)，也就是读了点《论语》而已。宋太宗就拿这句话问赵普，赵普回答道：臣一生所知，确实不出《论语》。从前臣曾用其半辅助太祖治理天下，现在臣也想用其半辅助陛下实现天下太平。

仔细考量这句话产生的语境，不难发现，赵普此言分明是对他人诋毁的牢骚不平之语，并且暗含了对自己安邦治国能力的自负。从赵匡胤发出感叹的乾德三年，到赵普二次为相的宋太宗太平兴国六年(981)，中间有十五年的时间，十五年中，手不释卷、"读之竟日"的赵普也不会只读一部启蒙读物《论语》的。

后人截取前半句，意在凸显《论语》一书的重

赵普再相，人言普山东人，所读者止《论语》……太宗尝以此语问普，普略不隐，对曰："臣平生所知，诚不出此。昔以其半辅太祖定天下，今欲以其半辅陛下致太平。"——罗大经《鹤林玉露》乙编卷一(中华书局1983年版)

要性，而忽略了此语产生的语境，因此也就产生了对赵普不读书的误解。

总结一下，赵普起初以吏治著称而寡学术，但在太祖的刺激与倡导下，手不释卷，经史百家，广泛涉猎，成为地道的读书人。

铜镜事件引出了"宰相须用读书人"的口号，由此促使宋初的文官集团兴起读书的热情，虽然对真正读书人的重用在当时并没有落到实处，但太祖的倡导无疑成为一个风向，这就暗示着大宋王朝从吏治走向文治的一个开端。

其实，宋太祖对读书的提倡并不始于铜镜事件，也并不始于文官集团。在更早的时候，他就已经提出武将读书的倡议。

武将的本职是作战，是攻城略地，是冲锋陷阵，太祖为什么会倡导武人读书呢？

从"长枪大剑"到"毛锥子"

宋太祖赵匡胤就是一个喜欢读书的人。

赵匡胤本是武将出身，最终坐上了大宋王朝的头把交椅。武人出身的赵匡胤喜欢读书，他对读书的兴趣也经历了一个过程。

第一个阶段，童年时期。

受家庭出身、生长环境的影响，童年的赵匡胤喜欢习武，喜欢舞枪弄棒，喜欢纵马驰骋，而对读书的兴趣似乎不大。据说夹马营前有个姓陈的老学究，设帐收徒讲学，赵弘殷把赵匡胤送到那里读书。赵匡胤非常顽皮，嫉恶如仇，总隔三岔五闹出点事端来，经常遭到陈学究的呵斥、批评。这个时期，赵匡胤对读书的兴趣似乎不大。

第二个阶段，随从周世宗征伐淮南期间。

后周显德年间，赵匡胤追随周世宗征伐淮南，成为平定淮南的关键人物。在攻下寿州城后，有人曾在周世宗面前打小报告说：赵匡胤偷偷地装载了好几车金银财宝。周世宗吃了一惊，立刻派人前去查验，结果没发现什么金银，而是几千卷图书。周世宗纳闷了，立刻召来赵匡胤问道：你是朕的将帅，现在开疆拓土，当务之急是训练军队，练好武艺，要这些书有啥用！赵匡胤急忙磕头，说：卑臣没什么好的计谋辅佐圣上，在现在这个职位上，常常担心力不能及，因此收集些图书，想开阔一下眼界，增长些智谋。周世宗对此大加赞赏。赵匡胤在戎马倥偬期间，对读书表现出极高的热情，所以，"虽在军中，手不释卷"《续资治通鉴长编》卷七。

第三个阶段，成为大宋的皇帝以后。

赵匡胤性格稳重，经常沉默寡言，但特别喜欢读书。大宋平定后蜀后，立刻派人将蜀地图书运到东京。后来收服南唐后，又把热衷文学的李煜的藏书全部运到了东京。平时听说哪里有什么奇书，立刻购买，不吝千金。

> 艺祖生西京夹马营，营前陈学究聚生徒为学，宣祖遣艺祖从之。上微时尤嫉恶，不容人过，陈时时开谕。——《孙公谈圃》卷上（中华书局2012年版）

> 臣无奇谋上赞圣德，滥膺寄任，常恐不逮，所以聚书，欲广闻见，增智虑也。——《续资治通鉴长编》卷七

> 或谮上于世宗曰："赵某下寿州，私所载凡数车，皆重货也。"世宗遣使验之，尽发笼箧，唯书数千卷，无他物。——《续资治通鉴长编》卷七

赵匡胤喜欢读书，手下的大臣也受到了影响，有个极端的例子很能说明问题。

在卢多逊主持史馆事务期间，太祖经常派人到史馆取书阅读。卢多逊叮嘱史馆的工作人员要及时向他汇报皇帝的阅读书目。每次皇帝派人取书后，卢多逊接着将书籍通宵阅览完毕，然后就胸有成竹地等待皇帝问题。太祖有个习惯，每次读了书，经常就书中的问题向臣子发问，暗中准备充分的卢多逊总能应答如流，朝中大臣都深为叹服，太祖也对他刮目相看，宠爱有加。

上好读书，每遣使取书史馆，多逊预戒吏令遽白所取书目，多逊必通夕阅览以待问。既而上果引问书中事，多逊应答无滞，同列皆服。上益宠异之。
——《续资治通鉴长编》卷九

从这条记载可以见到卢多逊的精明，令人叹服，而宋太祖的喜读书，也相应地带动了臣子的阅读热情。

太祖不仅自己喜欢读，而且鼓励读书、倡导读书，不仅鼓励文臣读书，而且极力主张武臣读书。

建隆三年（962）二月，宋太祖对身边的侍从大臣说：朕打算让武臣也读读书，让他们懂些治国之道。但是，身边的人都没有回应。左右近臣不知如何回应，说明宋太祖提出的是一件新事情、一个新事物，说明这一问题在此之前从未提上议事日程。

上谓近臣曰：「今之武臣欲尽令读书，贵知为治之道。」近臣皆莫对。
——《续资治通鉴长编》卷三

俗话说："乱世用武，治世用文。"治理国家，有文臣就足够了，为什么还要武将加入阅读的潮流，懂些治国的道理呢？

第一，提高武臣素质。

宋初的各位将领，大都出身民间，鱼龙混杂，盗贼、无赖充斥其中，与杀狗、做买卖的没啥区别。这些底层出身的将领，大都质木无文。考虑一下宋初武臣的出身，宋太祖提倡读书，的确有提高他们文化素质的意图，但是，这绝对不是根本因素。

第二，明晰君臣大义。

五代时期君臣义绝，导致王朝更迭迅速，"皇帝轮流做，明年到我家"。大宋建国不久，赵匡胤就倡导武臣读书，目的绝对不是让他们成为治国的好手，更不是让他们成为饱学之士，而是想让他们通过读书，学点儒家思想，知道点忠孝仁义，明晰君臣大义，从而自觉地维护尊卑名分的等级秩序，不干造反的事情，实现武将的自我约束。这才是最根本的原因。

后汉时期，有个叫史弘肇的将领，在一次宴会上公开叫嚣："安朝廷，定祸乱，直须长枪大剑，若'毛锥子'安足用哉？"《新五代史·史弘肇传》"长枪大剑"指的是武人，"毛锥子"指的是文人。在这个时期，武人目空一切，全然不把文官们放在眼里。这种言论是唐末以来武人地位膨胀的一个典型表现。太祖提倡读书，目的在于抑制五代时期过度膨胀的武人势力，同时提倡儒学中的君臣大义和纲常思想，实现对武臣的有效控

> 宋初诸将，率奋自草野，出身戎行，虽盗贼无赖，亦厕其间，与屠狗贩缯者何以异哉？——《宋史》卷二七五

制、有效驾驭。让他们读书,就是一种实现自我约束的可能手段。

最初,太祖提倡武臣读书,近臣都不知如何应对。但是,很快,这种导向就收到了实实在在的效果。

党进就是一个意味深长的典型。

党进是朔州人,少数民族出身,目不识丁。有一年,朝廷派遣党进到边地驻守,离京之日,党进想去与太祖告别,阁门使对党进说没有必要如此做,但党进这个人很固执。没办法,负责朝班礼仪的官吏只好给党进写好朝见词,让他读熟背诵。于是,党进抱着笏板跪下,但忽然间忘词了。过了好长时间,他忽然抬头,没头没尾地来了两句:"臣闻上古,其风朴略,愿官家好将息。"听到这不着边际的话,身边仪仗人员掩口而笑,几至失容。后来有人问他:你怎么忽然来了那么两句?党进说:我经常见那些书生们喜欢掉书袋,我也掉上一两句,要让圣上知道我也读书来。

> 党进者,朔州人,本出溪戎,不识一字。——《玉壶清话》卷八

> 后左右问之曰:"太尉何故忽念此二句?"进曰:"我尝见措大们爱掉书袋,我亦掉一两句,也要官家知道我读书来。"——《玉壶清话》卷八

党进这番怪异的举措登时笑翻了全场,实际上,他这番表演的目的就是"要官家知道我读书来"。这一方面说明性格强悍的党进面对读书人(措大们)不肯服输的心态。另一方面也说明赵匡胤倡导武臣读书的做法,在当时的社会上引发了从上至下的积极响应,对于官员阶层有着明显的劝勉作用,连不识一字的党进也开始学着掉书袋了。

文武兼长才是我的理想

太祖倡导武臣读书以及有感而发的"宰相须用读书人"的说法，被后世文人津津乐道，后人更是将之概括为"重文轻武"，认为宋太祖开国之初就确立了重文轻武的国策。

这种认识显然是不准确的。

首先，太祖在发出"宰相须用读书人"的感叹后，并没有立刻起用读书人做宰相。

前面已经分析了，太祖心目当中的读书人，是指像窦仪、陶谷那样的饱学之士。但建国之初，国家更需要有经验、有能力处理繁杂行政事务的人才，比如赵普这样的文吏。

其次，太祖提倡武臣读书，并不意味着重文轻武。太祖取得帝位后，要平定地方的叛乱，要开拓国境，要实现统一，都离不开武人。因此，太祖不会轻视武人，相反，他会更加重视武人。而且，他清楚武人的能量，所以，太祖会对武将加以提防，并着力实现有效驾驭，而绝不会轻视武人。

再次，太祖倡导读书的目的在于期望百官成为文武兼长的新型人才。

在宋太祖的心目中，理想的人才似乎是武将懂文治，而文臣通武干。武将要读书，是太祖一直提倡的，而文臣懂武干的提倡，可以从一则笔记中看出。

汾州（今山西汾阳市）人王嗣宗，是太祖朝的进士。当殿试的时候，他与另外一人赵昌言（《玉照新志》中说是陈识）不相上下，两人在大殿之上都想争头名状元。太祖出了个主意，让他俩当场"手搏"，比试一下功夫。赵昌言秃发，王嗣宗就击打他的帽子，结果帽子落地，王嗣宗立刻上前跪下谢恩，说：我赢了。太祖大笑，于是就把状元给了王嗣宗，赵昌言屈居第二。

> 太祖乃命二人手搏，约胜者与之。昌言发秃，嗣宗殴其幞头坠地，趋前谢曰："臣胜之！"上大笑，即以嗣宗为状元，昌言次之。——《涑水记闻》卷三

据《宋史·王嗣宗传》载，这件事情发生在开宝八年（975），王嗣宗在太祖的鼓动之下，依靠摔跤，获得了状元，这件事情被后人作为笑话来传播。其实，在这看似笑料的背后，也隐约透露出太祖对文臣通达武事的提倡。

如果认为笔记中记载的这件事情只是太祖不拘一格的表现的话，下面这则事例可以清楚地看到太祖对文人懂武的重视。

有一次，太祖问赵普：文臣中谁有武干？赵普回答辛仲甫有这个才能。太祖立刻召来考察，令其射箭，破的而中；令其披甲挥戈，若披单衣。太祖非常高兴，大加赞赏，认为他是分治大藩的理想人选。于是，在开宝元年（968），任命他权知彭州，当时赵匡胤说：蜀地刚刚平定，轻浮奢侈的风俗没有革除，你有文武才略，因此才任用你去。从这件事上，更能清楚地看出太祖对文人懂武干的提倡。

> 蜀土始平，轻侈之俗未革。尔有文武才干，是用命尔。——《续资治通鉴长编》卷九

总之，太祖既重武又重文；提倡武臣读书，也提倡文臣读书。重视武人，是因为他们在建立新朝、平

定战乱、开疆拓土中的重要作用，提倡他们读书，是为了抑制他们在战争中形成的过度膨胀的势力，确立君君臣臣的尊卑秩序。提倡文臣读书，是让他们成为博闻多识的饱学之士，是为大宋的长治久安着想。文臣略懂武，武臣略知文，文武并重，文武兼长，这其实是太祖心中理想的人才状态。当后来的继任者过分强调文而有意忽略武的时候，宋代崇文抑武的国策就成形了。

倡导文武百官读书，是大宋王朝在开疆拓土、金戈铁马间隙中插播的轻松花絮，而当时王朝的工作重心，是继续进行统一的大业。按照太祖的计划，在完成对后蜀的统一后，接下来的目标应该是南汉了。但是，大宋王朝的统一进程忽然有了改变，军队忽然转向北方，这是为什么呢？

可乘之机

二十三

按照赵匡胤预定的统一计划，平定蜀地之后，大宋王朝的下一个目标就是南汉了。然而，时局的发展永远难以准确预料。在大宋统一策略中计划最后下手的北汉，内政、外交都出现了问题，北汉的政局呈现危机。对赵匡胤而言，这无疑是天赐良机，大宋因此临时更改了统一计划。那么，北汉的政局到底出现了什么动荡呢？

北汉的刘钧死了

在大宋王朝对南部用兵之前，为了稳定王朝北部边境的局势，太祖曾经与当时北汉的老大刘钧达成了一个口头协议。

这个口头协议是通过北汉边境上的情报人员达成的。

赵匡胤对边境上的情报人员说：你去告诉刘钧，你们和周朝有世代冤仇，割据太原，理应不屈服。但这和我大宋有什么关系呢？我们之间又没有什么隔阂，何苦因此困扰这一地方的人民呢？要是你们也有称雄中国的野心，不妨南下太行，我们一决胜负。

> 君家与周氏世仇，宜不屈。今我与尔无所间，何为困此一方之人也？若有志中国，宜下太行以决胜负。——《续资治通鉴长编》卷九

情报人员就把这层意思向刘钧做了汇报，刘钧让他传话说：河东土地、兵力不到中原的十分之一，守此区区弹丸之地，是担心汉室祖宗神庙断了香火。《十国纪年》中还说刘钧也学着赵匡胤的口气道：你要是想决胜负，就从团柏谷进来，我自当背城一战。

> 河东土地兵甲，不足当中国十一，区区守此，盖惧汉氏之不血食也。——《续资治通鉴长编》卷九

对此，赵匡胤是怎么回应的？《续资治通鉴长编》中说："上哀其言，笑谓谍者曰：'为我语刘钧，开尔一路以为生。'"就是说，太祖听到刘钧可怜巴巴的话语，很同情他；对他绵里藏针的话语，则

> 君欲决胜负，当过团柏谷来，背城一战。——《续资治通鉴长编》卷九

一笑了之。太祖说：告诉刘钧，放你们一条生路。史书中还说，因为赵匡胤有这个承诺，所以，在刘钧做北汉老大期间，一直没有发动大规模的军事讨伐。当然，小规模的攻打也一直没有停止。

赵匡胤这时表现得似乎很大度，很有大国风范。事实上，这是赵匡胤顺利实施先南后北统一策略的重要一步。据《十国纪年》记载，这次口头协议的达成是在北汉天会七年，也就是大宋乾德元年(963)，此时的赵匡胤已经确立了先南后北、南攻北守的统一策略，而且就要对荆南、湖南用兵，他不想在这个时候受到北汉的骚扰。只有先保持北部边境的稳定，才能集中精力对南方用兵，所以才有此口头协议的出炉。

> 故终孝和之世，不以大军北伐。——《续资治通鉴长编》卷九

此后一段时间内，大宋虽然在边境上隔三岔五地收拾一下北汉，但大军压境的局面没有出现，两国关系比较稳定。也就在这段时间，宋朝接连收复了荆南、湖南、西川等地，接下来，该轮到南汉了。

但是，这个时候(乾德六年七月)，北汉主刘钧死了，和赵匡胤达成口头协议的北汉老大死了。

刘钧是怎么死的？

史书上讲，刘钧是愁死的。刘钧是北汉的老大，他愁什么呢？

> 忧瘁得疾。——《十国春秋》卷一○五

第一，北汉穷。

北汉的地理位置大约相当于今天山西省的中部和

北部，疆域最大的时候才十二个州。本来疆土面积就很狭小，而且有限的土地资源非常贫瘠，种植作物产量很低。

地薄产少，说的还是和平年代，而北汉存世的二十九年，真正和平的年代根本就不多。大宋建国的当年八月，赵匡胤曾经向张永德咨询攻打北汉的问题，张永德的建议是从长计议，但他提出了一个消磨北汉实力的有效方法："每岁多设游兵，扰其田事。"也就是年年和北汉打游击，而打击的对象是农民，打击的目的是破坏正常的农业生产。于是，大宋小股的散兵游勇就不断在北汉的土地上出现，农作物该种的时候种不上，生长起来的又被践踏。总之，原本就产量低下的北汉土地，就这样绝产了。张永德的这个办法狠，也很有成效。

与此同时，大宋又向北汉的百姓敞开了怀抱。你们那里搞生产不安全，还是到这边来吧。于是，成群结队的、三三两两的北汉百姓移民了，史书上就有了类似这样的记载：北汉民四百七十人来降《续资治通鉴长编》卷三，大宋按人口分给粮食。北汉的人力、物力、财力因此每况愈下。

人口在迁移，土地产不出东西，这就是北汉当时的国情。而在经济不发达的古代，一个政权的主要收入来源就是农业。所以，刘钧这个老大当得很没有经济实力，但是，国家收入少，花钱的地方却很多。哪些地方需要花钱呢？

一要养兵。北汉存世的近三十年一直战争不断，与后周打，与大宋打，国家为此要拿出大部分收入作为军费，再富裕的国家也撑不住这连绵不断的战争，北汉就打穷了。

二要养"爹"。北汉之所以能够存世近三十年，最根本的原因是背后有个支持他的"爹"。每当北汉受到军事打击的时候，辽国总会出兵援助。当然，这不是没有条件的。北汉老大要甘愿当"儿皇帝"，更重要的是要进贡，过年、过节、生老病死啥的，北汉都要派遣使者带着大量礼品郑重其事地前去供奉，这笔财政支出也非常多。

三要养官。一个政权要保持正常的运转，必须依赖一批公务员，这些人要过日子，要生存，因此，国家也需要支出。当时北汉官员的收入少得可怜，刘崇在世时，宰相的月薪是一百缗，节度使是三十缗，其余的官员就更低了。尽管官员的工资低，但都要由国家财政支出。

> 月俸宰相百缗，节度使三十缗，其余薄有资给。——《十国春秋》卷一〇四

北汉收入少而支出多，因此国家穷，而钱还必须花，刘钧就愁。套用鲁迅在《祝福》中说祥林嫂的一句话：刘钧怎么死的？还不是穷死的。

第二，北汉怕。怕大宋，怕辽国。

一怕大宋。

自从大宋昭义军节度使李筠联合北汉反宋失败后，宋军就三天两头地去攻击北汉的藩镇。刘钧每天接到的军报络绎不绝，心里一刻也没安宁。今天宋将李继勋烧了他的平遥县，抢了他的百姓了；明天，宋军又从汾

> 壬寅，李继勋言帅师入北汉界，烧平遥县，掳掠其众。——《续资治通鉴长编》卷一

州抢他的马、牛、驴了。一会儿是李继勋打败了北汉军一千多人，杀了一百多；一会儿是王全斌抢走了他的几千人，占领了他的乐平，他本来就狭小的领土又失去了一片。大宋没事的时候不断骚扰，有事之前也不忘骚扰警告一通，对北汉"严打"一番。如乾德元年(963)，大宋准备在南郊举行郊祀大典之前，赵匡胤就下令北汉边界诸将分兵进入北汉，集体组团清洗一番而去。

就这样，大宋的军队今天烧毁北汉的县城，明天抢走北汉的人马，后天占领北汉的地盘，弄得刘钧整天提心吊胆，胆战心惊。所幸的是，赵匡胤似乎还是个守承诺的人，还没有大军压境，还没有来端他的老窝。但是，情况好像越来越不妙，境况越来越差，不好的征兆不断出现，荆南被收，湖南被灭，蜀国也被平，下一个会是谁呢？会不会就是他了呢？刘钧最恐惧的不是赵匡胤要收拾他，这是早晚的事情，而是他不知道赵匡胤什么时候来收拾他，这种恐惧是很要命的。

所以，刘钧怕，怕大宋。

二怕辽国。

辽国是北汉的后盾，也正是因为辽国的庇护，北汉才苟活了将近三十年。北汉为什么又怕辽国呢？

北汉担心辽国不认他这个"干儿子"了，北汉担心自己挨打的时候辽国不出兵帮忙打群架了。为什么会如此担心呢？

当初，北汉建立的时候，刘钧的父亲刘崇学习前辈后晋的石敬瑭，称辽帝为叔，自称"侄皇帝"，以此换取辽国的支持。此后，刘崇也非常秉守做晚辈的本分，对辽国很孝敬，隔三岔五，不断上贡；对辽国很尊敬，事无巨细，都向辽国请示、汇报。

愿循晋室故事，求援北朝。——《十国春秋》卷一〇四

刘钧即位后，北汉与辽国的蜜月期似乎结束了，侍奉辽国就没那么勤快与贴心了，具体表现是进贡的次数明显减少，杀只鸡这样的事情也不来请示汇报了。辽国的皇帝就很生气，发飙了，派遣使者前来问罪。

初，北汉主嗣位，所以事契丹者多略，不如世祖时每事必禀之。——《续资治通鉴长编》卷四

辽国皇帝给他定了三条罪名：一擅改元，二援李筠，三杀段常。这三条罪名是不是无中生有呢？不是，都是事实。

其一，改元。

刘钧的父亲刘崇建国时，为了显示自己的正宗，继续使用后汉的年号乾祐，而且终其世，未作变动。刘钧即位、服丧期满以后，就改年号为天会。改个年号本来也没什么，关键是没向辽国皇帝请示汇报，自作主张。因此，辽国给刘钧定了一个不遵其父志、任意更改年号的罪名。

尔父据有汾州七年，止称乾祐，尔不遵先志，辄肆改更。——《续资治通鉴长编》卷四

其二，援助李筠。

当年，李筠在潞州造反的时候，曾联合刘钧。刘钧带领大军前去支援。可是，李筠当时提了个要求，就是不愿借助辽国的力量，而刘钧脑子也一时短路，认为该是自己独立行动的时候了，可以借此甩掉这个背后的太上皇。因为请辽国这个外援太费钱了，而北汉那么穷，他为了让国家节省一笔数目可观的外汇支出，在这件事情上没有派人去请示。结果，李筠兵败自杀，刘钧铩羽而归。当然，辽国站在一旁看笑话，有些幸灾乐祸。因此，辽国皇帝就给刘钧定了一个不知天高地厚、自由散漫、目无领导、站错队的罪名。

> 李筠包藏祸心，舍大就小，无所顾虑，姑为觇觊，轩然举兵，曾不我告。——《续资治通鉴长编》卷四

其三，杀段常（原名段恒，宋朝史书为避宋真宗赵恒名讳，改其名为常）。

段常何许人？

他是北汉的枢密使，一个负责军队的高层领导。实际上，他不光管军事，连皇帝的私生活都要管。

段常因为曾经劝阻刘钧立一个女子为妃而惹下祸端，最终丧命。

这个女子姓郭，是个私生女。她父亲是个医僧，一个会看病的和尚，而她的母亲是个寡妇。和尚与寡妇私通，生下了郭姑娘。没想到郭姑娘长大后，是个绝色美女，让刘钧看上了，深得刘钧宠爱，打算将其立为妃子。段常这个时候出来劝阻说：这个女子出身

> 北汉主宠姬郭氏，医僧之女也。僧尝与嫠妇通，而生姬，有殊色，北汉主嬖之，将立为妃。——《续资治通鉴长编》卷四

不明，不是匹配的良偶，要是立为妃子，恐被邻国耻笑。刘钧很听话，没有立郭姑娘为妃，而且对郭姑娘的兄弟亲戚，也多不重用，于是郭氏族人就把这股怨气全部集中到了段常身上。

虽然郭姑娘成不了妃，但她依然是"有殊色"的郭姑娘，她依然能够吹枕边风。不幸的是，段常卷入了一场未遂叛乱，被贬为刺史。这时，郭姑娘的枕边风就那么轻轻地一吹，段常就掉了脑袋，而且妻、子也被诛杀。

段常之死，不过是一位大臣与后宫之间的恩怨，关辽国什么事？以前刘旻的时候杀只鸡这样的事情都是要汇报的，现在杀了这么一个高官，连声招呼都不打，太不把上级放在眼里了。因此辽国给刘钧定了个诬陷旧臣、量刑过重、好听妇女之言的罪名。

三条罪名，都是事实，罪名成立。人家上门问罪，刘钧知道害怕了。

他赶忙派遣使者，带上大批金银财宝前往辽国请罪，说什么"儿子做错了事，做父亲的都替他隐瞒"的话，希望能得到辽国的谅解。

派遣的使者一个接一个，可音信全无，刘钧总共派了多少使者，史书中没有明说，但后来两国关系重新恢复后，辽国放回来的使者足有十六个。当时，北

常谓所出非偶，恐贻笑邻国。北汉主乃止。姬之昆弟姻戚，又多抑而不用，故诸郭咸怨。——《续资治通鉴长编》卷四

段常尔父故吏，本无大恶，一旦诬害，诛及妻子，妇言是听，非尔而谁？——《续资治通鉴长编》卷四

北汉主得书恐惧，遣使重币往谢，父为子隐，愿赦之。——《续资治通鉴长编》卷四《十国春秋》卷一〇五

汉的大臣都得了出使辽国恐惧症，因为一去就如泥牛沉海，成了肉包子打狗，是死是活，当时谁也不知，谁还敢去？

辽国为什么不搭理刘钧呢？因为他们知道，没有辽国的帮助，刘钧啥也不是，所以借此给刘钧一点颜色看看罢了：我要让你知道我的存在，我要让你清楚不知道我存在的严重后果。

真有点同情这位北汉的老大。他穷：幅员狭小，人口渐少；土地贫瘠，产出很少；花费很多，收入很少。他怕：怕大宋，怕大宋讨伐，而且不知道什么时候会大举讨伐；怕辽国，怕辽国沉默，而且不知道什么时候能再续前缘。他在等待中恐惧，在恐惧中等待，在这样的双重煎熬中，刘钧病死了。

这一年，是北汉天会十二年，辽国应历十八年，大宋乾德六年，公元968年。

盖棺论定，史书中评价刘钧说："勤于为政，爱民礼士，故虽兵戈不息，而境内粗安。"《十国春秋》卷一〇五当然，北汉"境内粗安"的根本原因在于大宋确定"南攻北守"的统一策略，得益于赵匡胤与刘钧达成的那个缓兵之计的口头协议。但大致而言，史书上对刘钧的这个评价还是可信的。

刘钧临死之前，曾召见宰相郭无为，将后事全权托付。刘钧死后，儿子刘继恩即位。

即位的刘继恩也死了

其实，刘继恩不是刘钧的亲生儿子，是养子。刘继恩真正的身份是刘钧的外甥，他的母亲是北汉开国皇帝刘崇的女儿，为什么成了他舅舅的养子呢？

因为他有一个平庸的父亲。

他的父亲姓薛名钊，是一个极为普通的士兵，最初在后晋护圣营当差。当年刘家也很普通的时候，刘崇将女儿嫁给了薛钊。没多久，刘崇的哥哥刘知远就掌控了后晋的禁军，对于他弟弟女儿的老公，他的侄女婿，自然要提拔一下了，于是薛钊不用再当兵了。但是，薛钊这个人实在没什么特长，刘知远就管吃管穿，养着这个闲人。

> 钊无材能，高祖衣食之而无所用。——《续资治通鉴长编》卷九

众所周知，后来刘知远开国称帝，建立了后汉，薛钊就成了皇亲国戚，身份变了，本事没见长；而他的妻子刘小姐身份变了，本事见长了，越来越看不起自己的丈夫，于是经常居住在宫中，薛钊见她一面都很费劲。薛钊事业没起色，见自己老婆一面又成为奢望，双重不顺，心情异常郁闷。终于有一次，他喝醉了酒，借着酒劲，去见自己的老婆，是带着刀去的。

> 其妻常居中，钊罕得见，意快快。——《续资治通鉴长编》卷九

史书上对他的评价真的很准确，他确实没啥本事。一个曾经的士兵，一个大男人，居然没能把刘小姐这个女子干掉，或许他只是想吓唬一下自己的老婆，因此，

刘小姐"伤而不死"。但事情既然发展到这一步了，老婆伤不起，我自杀总行吧，薛钊随即自杀，这回他成功了。当时刘继恩年龄尚小，成了没爹的孩子，挺可怜的，刘钧正好无子，就收养了他。刘小姐虽然成了寡妇，但以她的身份，再找一个也不难，于是又改嫁给一个姓何的人，并生有一子，取名继元。但不久之后，姓何的又死掉了，没多久，刘小姐也死了。刘钧又收养了这个孤儿，都改姓刘。

> 因醉拔佩刀刺之，伤而不死，钊即自裁。——《续资治通鉴长编》卷九

> 复养继恩及继元，皆冒姓刘氏。——《续资治通鉴长编》卷九

史书上说，刘继恩这个人长得很有特色：上身长，下身短，肚子大，胡须多，骑在马上很魁梧，走在地上像侏儒。模样长得是有点怪，但对养父刘钧格外孝敬，早请示晚汇报，早上good morning，晚上good night，不曾有丝毫违礼之处，是个无可挑剔的孝子。

> 继恩蟠腹多髯，长上短下，乘马即魁梧，徒步即侏儒。——《续资治通鉴长编》卷九

于是，刘钧任命他做了太原尹，这显然是把他当成未来事业的接班人来培养的。但是，刘继恩在政治上似乎遗传了他生父薛钊的基因，没啥能力，胆小怕事，谨小慎微，缩手缩脚，当了太原尹，啥政绩也没有。刘钧因此十分忧虑，曾经对宰相郭无为说：继恩这个孩子，纯厚孝顺，可惜没有经国济世的能力，恐怕不能守住我刘家的大业，这该怎么办呢？

> 事孝和帝尽恭，昏定晨省，礼无违者。——《续资治通鉴长编》卷九

> 选软不治。——《续资治通鉴长编》卷九

> 继恩纯孝，然非济世才，恐不能了我家事，将奈何？——《续资治通鉴长编》卷九

对刘钧的提问，史书上记载宰相郭无为的反应是：不对。不对就是没有回应。郭无为为什么选择沉默？或许他没摸透刘钧这番话的意思，是赞成好呢还是反对好呢，颇费踌躇，所以，一向能言善辩的他选择了沉默。沉默有时是金，有时也是祸。

刘钧病重之后，刘继恩开始监国，也就是预备皇帝、实习皇帝，等刘钧一死就可以转正。为了成为正式的皇帝，他做了两件事。

一是驱逐公族，为当皇帝做好准备。这是宰相郭无为的建议，就是把有可能影响他当皇帝的兄弟等人逐渐驱逐出京。刘钧的另一个养子刘继忠首当其冲。刘继恩命令他前往忻州（今山西忻州市）守卫。刘继忠说自己因为曾经出使辽国，落下了个怕冷的毛病，忻州在晋阳以北，那里天气很冷，希望能够留在京城休养。刘继恩就责备他观望，责备他拖延，催促他立刻上路。刘继忠内心不满，说了几句牢骚话，有人就报告给刘继恩，不久刘继忠就被处理掉了。从这件事情上看，刘继恩不像是个胆怯怕事没有能力的人，估计是郭无为在背后指挥。

二是向辽国汇报请示，正式成了皇帝。刘钧死后，刘继恩派遣使者前去报告丧讯并宣称自己即位，得到辽国的同意。刘钧就是被辽国的沉默给急死的，沉默了许久的辽国，也借此机会恢复了两国的

> 自称尝使契丹，得冷痼病，定襄地寒，愿留养晋阳。继恩责其观望，趣令就道，继忠颇出怨语，或以白继恩，寻缢杀之。——《续资治通鉴长编》卷九

> 继恩遣使告终称嗣于契丹，契丹许之，然后即位。——《续资治通鉴长编》卷九

关系。从刘继恩处理这件事上来看，好像也是个能成大事的人。然而，他父亲的眼光更准，不久，刘继恩就自食其果，原因是他与宰相郭无为之间产生了矛盾。

第一，他认为郭无为在关键时刻选择沉默，没有为他说话，差点让自己当不上皇帝，心生怨恨。

第二，他对郭无为的专权也非常厌恶，他是皇帝，但郭无为指挥这么干那么干，他不想当傀儡。

于是，他就想找机会收拾一下郭无为：一方面给郭无为加官，向外人宣示新任的皇帝对宰相很优待；另一方面，开始疏远郭无为，想驱逐郭无为。然而，对于驱逐郭无为的想法，刘继恩一直在犹豫，就这样，犹豫了一个多月，也没实施。

刘继恩小看了郭无为，郭无为虽名"无为"，但字"无不为"，是个什么都敢做的人。

刘继恩当上了皇帝，自然要表示一下，给文武百官加官晋爵，并且置酒宴请大臣以及宗室。宴会结束后，返回勤政阁休息。忽然，供奉官侯霸荣领了十来个人，提着刀，冲进门，反手将门关了起来，直奔刘继恩。刘继恩大惊，第一反应就是跑，可逃无可逃，就围着书堂的一个屏风与侯霸荣玩起了转圈圈。然而，刘继恩终究是跑不过侯霸荣的，刘继恩上身长下身短，而侯霸荣则是个跑起来能追上奔马的人，身体的缺陷使刘继恩被抓了个正着，侯霸荣一刀就捅进了他的胸口，将他杀

> 北汉主继恩怨郭无为初与其父言不助己，且恶其专政，欲逐之而未果，是月，加无为守司空，外示优礼，内实疏远之也。——《续资治通鉴长编》卷九

> 郭无为字无不为。——《十国春秋》卷一〇八

死了。

刘继恩当了六十几天的皇帝就被杀掉了。

皇宫里如此明目张胆地杀人,而且是杀皇帝,怎么就这么容易?

因为刘继恩的亲信侍卫都还在他的前工作地点太原府衙。当初曾有人劝他把自己的亲信调过来,可刘继恩没听。不听话的刘继恩很容易地就被侯霸荣解决了。

就没人来救救吗?

有。郭无为来了。他来得很及时,也很不及时。

很不及时,是因为皇帝死了他才到,来晚了;很及时,是因为皇帝刚死,他就到了。他叫人架了梯子从外面翻进来,下令立刻把侯霸荣及其党羽全部杀死。

侯霸荣是个什么样的人呢?他为什么要杀刘继恩?

史书上说,侯霸荣是邢州人,这个人有三项特长:力气大,善射箭,跑得快。为了充分发挥自己的特长,他最初在并州、汾州之间为盗,后来投奔了刘钧,从强盗变成了军队干部,做了散指挥使,在乐平戍守。王全斌攻打乐平的时候,侯霸荣率部投降,在大宋殿前禁军中做了内殿直,但不久又跑回北汉,并且做了供奉官。这个时候,杀死刘继

> 供奉官侯霸荣率十余人挺刃入阁,反扃其户,继恩惊起,绕书堂屏风环走,霸荣以刃揕其胸,杀之。——《续资治通鉴长编》卷九

> 其左右亲信悉留太原府廨,或请召入令翊卫,继恩弗听。——《续资治通鉴长编》卷九

> 无为遣兵以梯登屋入,杀霸荣并其党。——《续资治通鉴长编》卷九

> 霸荣者,邢州人,多力善射,走及奔马。——《续资治通鉴长编》卷九

恩，是想准备提着新皇帝的脑袋献给大宋的。按照史书的记载，侯霸荣似乎是大宋潜伏在北汉朝廷的一个间谍。

但是，侯霸荣虽然在大宋、北汉朝廷都混得如鱼得水，但还不至于傻到大张旗鼓地杀人，然后明目张胆地提着皇帝的脑袋去投奔大宋。他虽然跑得快，但能不能活着走出去还是个疑问，其实，也不用疑问，他都没走出勤政阁就被杀死了。

史书上还记载了一种看法，说侯霸荣刺杀皇帝实则是郭无为背后指使的，这种猜测很有可能。第一，刘继恩与郭无为之间有矛盾，刘继恩想驱逐郭无为，因此郭无为先下手为强；第二，郭无为来得太及时，不早不晚，皇帝一死，刺客尚在，他就到了；第三，郭无为迅速下令把侯霸荣及其同党全部处死，很可能是为了杀人灭口；第四，对杀死皇帝又立刻被杀的侯霸荣及其党羽连问都没问，又怎么知道他是想提着皇帝脑袋去投奔大宋的，显然有人早就给他准

> 王全斌攻乐平，霸荣率所部降之，补内殿直，未几，复奔北汉为供奉官。于是，谋杀继恩，持其首归朝。——《续资治通鉴长编》卷九

> 或谓无为实使霸荣作乱，亟诛霸荣以灭口，故人无知者。——《续资治通鉴长编》卷九

备好了动机；第五，刘继恩死后，郭无为立刘继恩的同母弟弟刘继元为帝。当朝中有人提议要立正宗的刘氏家族的人员时，郭无为断然拒绝，并公开宣称，必须立刘继元，因为他"易制"《十国春秋》卷一〇五，即好管、听话，言外之意是刘继恩不好管，要剥夺他的权力，因此郭无为有谋害的动机。当然，这只是一种推测，知情的人都被杀了，这注定要成为一桩疑案了。

现在需要理清几个事实：其一，北汉的国力日渐削弱；其二，北汉的刘钧死了，刘钧与辽国之间的关系出现了问题；其三，刘钧的养子刘继恩即位，这个人没什么才能；其四，刘继恩与宰相郭无为之间产生矛盾；其五，新皇帝在位六十几天就被杀死了。总之，这时的北汉出现了内乱，出现了外患，内忧外患一起袭来，出现了前所未有的危机。

远在开封的赵匡胤喜欢读书，但并没有一味沉浸在书本中，他敏感地捕捉到了北汉的这一新动向，刚好大宋的南征进程取得了阶段性成果，你的危机我怎能不懂，你的危机就是我的良机。于是，他改变最初预定的统一策略，兵发河东。那么，大宋这次对北汉的用兵会马到成功吗？

挥师河东

二十三

按照宋太祖预定的计划,当后蜀的问题处理得差不多以后,下一个被征伐的对象该是南汉了。然而,计划永远没有变化快,大宋的军队忽然齐聚河东,要对北汉用兵了。赵匡胤为什么会临时改变计划,提前对北汉用兵呢?这次对北汉的提前讨伐,能取得他想要的结果吗?

计划没有变化快

赵匡胤为什么更改了预定的计划呢？

原来，计划没有变化快。为什么这样说呢？

大宋和北汉的情况都发生了巨大变化。大宋发生了什么变化呢？

第一，有钱了。

在众人一致反对首先从北汉开始统一大业的理由中，非常重要的一条就是大宋在开国之初还很贫穷。从五代以来，中原持续不断的战争，消耗了国家的经济实力，国库空虚。大宋迅速解决国库空虚、国力不济的办法是先征讨南方富庶的政权，用南方政权的财富来迅速改变北宋王朝的财政现状。太祖收复荆南、湖南，尤其是征服富饶的后蜀以后，后蜀国库数十年所藏全部运抵开封，宋朝的经济实力大增，已经具备了对北汉进行一场大规模军事行动的实力。

第二，腾出手来了。

赵匡胤从乾德元年(963)正月开始，先后收复荆南高氏政权、湖南周氏政权、后蜀孟氏政权。在占领后蜀的土地以后，大宋军队抢杀掳掠，引起了蜀地的持续叛乱，这场叛乱直到乾德四年底才彻底平复。次年，太祖对伐蜀中出现的问题及时进行了总结，大宋开疆拓土的统一进程取得了阶段性成果。从时间上看，在这个时候，新的军事行动没有开始之前，临时改变预定的计划攻打哪一个政权都有可能。如果此时大宋王朝正在对南方的割据势力集中用兵，即使北汉政权出现一些危机，临时更改计划，兵聚河东的可能性也不会很大。

第三，有借口了。

动武打仗总要有一个借口，这叫师出有名。这个借口就是两个政权一把手的口头协议失效了。

在宋太祖开始对南方割据势力用兵之前，曾经通过北汉边境上的情报人员与当时的北汉主刘钧达成了一个口头协议：刘钧在位期间，大宋放其一条生路，不会对其大规模用兵。虽然这个口头协议是赵匡胤的缓兵之计，但如果刘钧还在世就对其发动大规模的军事行动，就有食言的嫌疑，自然有失大国风范。碰巧的是，刘钧死了。刘钧一死，不但当年的承诺自动失效，而且大宋这时候出兵似乎更理直气壮，就好像让对方先打了三拳，应该轮到自己出手了。

第四，一个承诺。

孟昶母亲的一句话可能对改变计划起了作用。

后蜀平定以后，孟氏家族以及后蜀政权的主要官员全部进京。赵匡胤对亡国之君孟昶的母亲格外尊重，称呼她为国母，并多次"派车"接她进宫。赵匡胤曾对她说：您老人家要保重身体，不用思恋旧地，闷闷不乐，过段时间就会把您送回去。孟母就问：把我送到哪里呢？太祖说是蜀地。孟母道：我的老家本在太原，盼望有朝一日能回到那里养老，那是我最大的心愿。太祖听到这句话，非常高兴，说：等平定了北汉，一定达成您老人家这个心愿。孟母无意之中的这句话正中赵匡胤的心思，或许这句话被赵匡胤视为征伐北汉的预言，因此对孟母赏赐有加。我们虽然不清楚孟母的这句话对赵匡胤改变计划起了多大的作用，但是，在历史上，一些重要人物的重大决策有时往往源于一个微不足道的历史细节。真实的历史就是由诸多细节构成的。

第五，一个心结。

在大宋先南后北、南攻北守的统一策略确立之前，赵匡胤曾经不止一次地向武将文臣征询建议。在张永德进京觐见的时候，向张永德"密访策略"；专程宣召华州团练使张晖进京，向他咨询攻打北汉的计策；在大雪纷飞的夜晚，亲临枢密使赵普私第，征询统一的策略，他向赵普明确地说："吾欲收太原。"

从太祖前后三次征询攻打北汉策略的具体情况来看，我们有理由相信，赵匡胤最初是想先攻打北汉的。张永德从军事力量对比上，张晖从经济实力恢复上，赵普从地缘政治、军事地理上都否定了太祖的想法。这些人提出的否定理由，对于赵匡胤而言，他一定早就考虑过了，为什么他还想先攻打北汉呢？

赵匡胤具有征服北汉的情结。

赵匡胤的发达肇始于后周时期的高平大捷，高平一战是后周与北汉之间的一次重要战役，这次战役对赵匡胤的皇业肇基具有重大意义，也就是说，赵匡胤的真正发迹始于与北汉的战争。

后周世宗柴荣最先也是确立了先南后北的作战计划，但在收复南唐江北土地之后，立刻转战北方，对北汉与辽国用兵。在收复关南的领土之后，因病而终止了北伐。赵匡胤的宋朝建立在后周政权基础之上，他把后周的文武百官、典章制度等都继承了下来，在他内心深处，一定存着继续周世宗未竟事业的打算。

周世宗在五代时期算得上一位明君，但他最终没有征服北地，赵匡胤内心深处有超越这位明君的自觉不自觉的打算与意图，而拿下北汉，是证明他胜过柴荣的机会。

所以，他想先从北汉开刀。赵匡胤不是一个固执的人，在众人的反对意见中，他附和了大家的意见。但是，一旦出现对他攻灭北汉有利的因素，他内心深处的想法又会占据上风。

而且，大宋为讨伐北汉一直在做准备。

在南攻北守的统一策略中，尽管大宋对北汉没有集中兵力进行打击，但一直采取以攻为守的策略，小规模的军事攻打与掠夺一直没有停止。小规模的军事行动一般不会让辽国出兵，而且这种持续的军事行动在事实上会不断地消耗北汉的国力。

同时，大宋王朝对北汉采取了间谍渗透的行动。在上一章中提到的北汉供奉官侯霸荣很有可能就是大宋王朝渗透到北汉政权内部的一个间谍，他带领士兵割下了新皇帝的脑袋，使原本就不稳定的北汉政权更加动荡。史书中还明确记载了大宋的另一个间谍惠璘，他是赵匡胤亲自安排打入北汉政权内部的，他假称是大宋殿前禁军的散指挥使，因为在大宋犯法而逃到北汉，宰相郭无为安排他为供奉官。

从上述信息可知，大宋王朝一直在为讨伐北汉做准备。

北汉政权的现状，无疑为赵匡胤改变计划提供了

初，上遣谍者惠璘伪称殿前散指挥使负罪奔北汉，无为使为供奉官。——《续资治通鉴长编》卷九

良机。这些内容在上一章中已经讲过。

赵匡胤是个善于抓住并且能够抓住机会的人，是个与时俱进的人，没有机遇还要创造机遇，他自然不肯轻易放过眼前这么好的机会。但是，赵匡胤临时改变的计划会取得他想要的结果吗？

没捞到便宜

乾德六年(968)七月底，北汉主刘钧离世。十几天后，宋太祖赵匡胤就下令客省使卢怀忠等二十二人各自率领大军集结潞州，同时任命李继勋为北征总司令(河东行营前军都部署)，向北汉进军，开始了首次大规模的对北汉用兵。

在大宋军队还在北征途中之时，刚即位不久的北汉主刘继恩就被刺杀，他的同母弟弟刘继元即位。此时，大宋的军队已经进入北汉境内。

刚即位的刘继元头脑很清醒，立刻做了两件事。

一是立刻派遣使者前往辽国，向他的上级领导辽国皇帝汇报即位之事，以获得承认与册封，同时，更迫切的一件事情是请求辽国出兵援助北汉，抵御大宋军队；二是立刻部署本国军队，派遣刘继业、马峰等人到团柏谷(今山西太谷县西南)把守，抵御大宋军队的长驱直入，以保证在辽国援军到达之前暂时拖延一段时间，不致亡国。

对刘继业这个人名，一般人比较陌生，但提起历史上以及民间传颂的杨家将杨令公杨继业，可以说是众所周知。其实，这是同一个人。刘继业，本姓杨，叫杨重贵。他从年轻时就追随后汉的刘崇，屡立战功，被赐姓刘，改名继业。

北汉枢密使马峰的女儿是刘继元的妻子，北汉主任命马峰为刘继业军的监军。刘继业带领军队到达洞过河（又名铜锅河，今潇河，山西清徐县东）时，与大宋何继筠率领的先锋部队遭遇，结果被斩杀两千余人，损失战马五百匹。宋军一鼓作气，乘胜追击，直逼太原城下，火烧延夏门，开始攻城。北汉方面闭城固守，等待辽国援军。

赵匡胤则采取其惯用的软硬兼施的两手策略，一方面，大宋军队继续攻城；另一方面，派遣使者，携带四十多道诏书前往太原招降。赵匡胤出手很大方，许诺北汉投降之后授予北汉主刘继元平卢节度使，宰相郭无为安国节度使，马峰以下诸人都给藩镇之职。郭无为见到诏书，内心狂喜，脸色都变了。史书上讲：自是始有二志，就是说郭无为也开始了两手准备。但不知道是出于什么考虑，他只拿出大宋给刘继元的诏书，其余的全部藏匿起来，劝说刘继元归顺宋廷。

当初，郭无为立刘继元为北汉主的时候，看中的是刘继元这个人很听话，很容易控制，但是郭无为看走了眼，刘继元并没有听他的话，而且也不好控制。

史书上说，刘继元这个人仪表堂堂，这比他的同母哥哥刘继恩强多了，而且能言善辩，这点和郭无为

继业本名重贵，姓杨氏，重勋之兄。幼事北汉世祖，遂更赐以姓名。——《续资治通鉴长编》卷九

无为得诏色动，但出继元一诏，余皆匿之，自是始有二志，劝继元纳款。——《续资治通鉴长编》卷九

相似，还是个佛教徒。佛家当以慈悲为怀，但刘继元完全不是这么回事。

当上老大的刘继元立刻露出他阴狠、固执、残忍的本性来。第一，弑母亲孝和皇后郭氏，这当然不是他的生母而是养母。当初，刘继元的妻子段氏因为一点小错曾遭到孝和皇后郭氏的训斥，不久病死了，刘继元就怀疑是郭氏杀死了自己的老婆。于是，派自己的一个心腹去把正在刘钧灵柩前身穿孝服守孝痛哭的孝和皇后用绳子勒死了。第二，对后宫中的女子，不管是他养父的女人，还是他兄长的，肆意凌辱。第三，囚杀世祖刘崇诸子。刘崇有十子，刘继元把这些叔伯长辈全部关押起来，他们很快就死于狱中，只有一个装疯卖傻，才幸存下来。第四，刘继元为人残忍，臣下有不顺从他的意思的，必定族诛其家。

对于这样的一个主子，郭无为的劝降无效。刘继元拒不投降，有他的理由：一是坚固的太原城，可以死守，宋军一时也难以攻陷；二是辽国强大的援军，这是他负隅顽抗的最重要的保障。

果然不久，辽国的援军到达，李继勋等人立刻撤军，退回到大宋境内。北汉还趁此入侵，在边境一带掠夺一番而去。

> 英武帝美风仪，善谈论，颇通禅学。——《十国春秋》卷一〇五

> 后方缞服哭孝和帝于柩前，继元遭其嬖臣范超执而缢杀之。——《续资治通鉴长编》卷九

> 宫中嫔御遭罹逼辱，无复嫌间。——《续资治通鉴长编》卷九

> 幽囚之，未逾年，皆死，惟铣以佯愚获存。——《续资治通鉴长编》卷九

> 继元性残忍，在太原，凡臣下有忤意，必族其家。——《宋史·北汉刘氏世家》

大宋王朝首次重兵攻伐北汉，无功而返。

这次失败最根本的原因在于大宋没有考虑辽国的援助。刘钧时期，辽国与北汉之间产生矛盾，刘钧一死，对大宋是一个机会，可以趁此讨伐。但对北汉同样也是一个机会，新皇帝可以按照以往既定的惯例完成册封程序，趁机恢复与辽国的从属关系。即位的刘继恩、刘继元都是这样做的，先向辽国请示、汇报，等待辽国的册封，而辽国也借此机会下个台阶，因为，对辽国而言，根本就没有打算断绝与北汉的往来，自愿地失去做北汉"干爹"的资格，北汉是辽国牵制中原的一枚重要棋子。

正是在这一方面，大宋王朝的军队没有给予足够的重视，没有对辽国援军的到来做任何预案，因此当辽国援军一到，宋军立刻撤军，由此造成了首次征伐的失利。

水淹太原

不管怎么说，北汉政权的老大在短时间内接连换人，客观上已经成了北汉内部不稳定的因素，而且赵匡胤对首次征伐的失利也很不甘心。

因此，开宝二年(969)，太祖决定亲征。派曹彬、党进等人领兵先赴太原，自己则安排好后方事宜，然后，车驾发京师。

北汉主派刘继业等人在团柏谷屯兵，刘继业先是派遣一小队人马侦察巡逻，与李继勋等人的先头部队相遇，全部投降。刘继业知道双方兵力悬殊，也领兵退还太原城内。北汉主大怒，罢免了刘继业的兵权。几乎没有受到任何阻挡，大宋的先锋部队就到达太原城下，开始围城。

辽国派遣前来册立北汉主为帝的使者韩知璠到达，北汉主半夜打开城门迎接其入城。第二天，设宴，群臣全部参加，心怀二志的宰相郭无为在庭中痛哭，并拔刀欲自杀。北汉主降阶止之，郭无为说：怎么能用一座孤城去抗拒百万大军呢！郭无为想通过自杀的表演来动摇北汉的军心。

> 奈何以孤城抗百万之师乎！——《续资治通鉴长编》卷十

> 知众寡不敌，亦领兵奔还晋阳，北汉主怒，罢其兵柄。——《续资治通鉴长编》卷十

太祖赵匡胤的亲征队伍在路上不够顺利，原因是天公不作美，在潞州碰上了大雨，以至于急得赵匡胤命令近臣到附近寺庙磕头烧香，乞求天晴。在此期间，唯一的收获是抓到了北汉的一个间谍，太祖亲自审问，间谍说：城中百姓受害太久了，日夜盼望着皇帝大驾，只恨陛下来得太迟了。太祖大笑，赐给衣服，放还。这个历史上没留下姓名的人，可能是这一时期最聪明、最狡猾的间谍，因为几天后太祖皇帝就明白了这个间谍说的全是哄人的话，太原城的百姓并没有把赵匡胤看成救世主。

> 乙亥，次潞州，以霖雨驻跸。……乙酉，分命近臣祈晴于在城寺庙。——《续资治通鉴长编》卷十

> 城中民罹毒久矣，日夜望车驾，惟恨其迟耳。——《续资治通鉴长编》卷十

几天后，太祖到达太原城下。

北汉基本上没有什么战略缓冲地带可言，太原外围的一个战略要地团柏谷，他们已经自动放弃。太原城，是他们唯一的堡垒。辽国人，是他们唯一的凭恃。

因此，要彻底征服北汉，实际上要做两方面的工作。一是截断辽国的援军，二是攻克太原城。这二者之间的关系是互为表里的，只有有效地阻止辽国的援军，才有可能攻陷太原。

辽国出兵援助，是上次失利的重要原因。因此，宋太祖做了如下布置。

一是在镇州、定州布兵。

当赵匡胤车驾到达滑州（今河南滑县）的王桥顿这个地方时，彰德节度使韩重赟前来觐见，赵匡胤说：契丹得知我亲征，一定会率大军前来援助。他们一定会以为镇州、定州没有防备，将会从这里进入。你带领军队日夜兼程，攻他们一个出其不意。

果然，太祖的预料没错。辽国的一路援军经定州前来支援北汉，韩重赟早已在嘉山（今山西阳曲县东）布阵等待多时。这一点，辽军没有料到，见到大宋的旗帜，大为惊骇，准备逃离，韩重赟下令立刻进攻，大败辽国援军。

二是在阳曲（今山西太原市北部）布兵。

辽国这次的援军兵分两路，另一路由石岭关入。太祖听说后，立即通过驿站将石岭关部署何继筠召来，面授机宜，拨给精兵几千人前往迎敌。太祖对他说：明日正午，朕等你的捷报到达。当时已经是盛暑酷夏，太祖令太官（掌供御膳禁令、察视等事）调制麻浆粉赏赐

契丹知我是行，必率众来援。彼意镇定无备，将由此路入。卿可为朕领兵倍道兼行，出其不意破之。——《续资治通鉴长编》卷十

契丹见旗帜，大骇，欲遁去。重赟急击之，大破其众。——《续资治通鉴长编》卷十

翌日亭午，俟卿捷奏至也。——《续资治通鉴长编》卷十

何继筠，何继筠吃毕而去。次日，何继筠在阳曲以北，打败辽国援兵，斩首千余人，俘获百余众，马匹七百余，铠甲甚众。太祖在太原城外登北台等待，远远望见一骑自北而来，正是何继筠遣儿子前来报捷。

在部署阻断辽国援助的同时，对于如何攻克太原，太祖也做了部署。

一是筑长连城，四面扎寨。

宋军在太原城外修筑长连城，就是在城外修筑堡垒，把太原城围起来。同时，又在太原城东西南北四个方向安置四座营寨，以此逼困太原。

> 命李继勋军于城南，赵赞军于西，曹彬军于北，党进军于东，为四寨以逼之。——《续资治通鉴长编》卷十

二是筑堤壅水，水灌太原。

当初，有人要求增加攻城的兵力，左神武统军陈承昭进言说：陛下有数千万兵马在身边，为啥不用呢？太祖一时没有明白过来，陈承昭用马鞭指向汾水，太祖哈哈大笑。次日，在晋祠处决开汾水，水灌太原。

> 「陛下自有数千万兵在左右，胡不用之？」上未悟，承昭以马策指汾水，上大笑。——《续资治通鉴长编》卷十

三是断绝期盼，瓦解士气。

北汉迟迟不降的重要原因，是在等待辽国的援兵，太祖就命令将斩首的辽军千余首级、铠甲在太原城下展览，城中士气大减。

太原围困紧急，北汉宰相郭无为图谋出城逃跑，因此主动请求领兵出击。北汉主挑选精兵千人，令名将刘继业为辅佐，亲自送出城门。当夜天气突变，风

雨交加，诸将分散，迷失道路，郭无为只得带领手下人返回。回城后的郭无为又劝北汉主投降，刘继元不听。有个宦官乘机向刘继元汇报郭无为的所作所为，反叛情状甚明。北汉主杀之示众，城中人心稍微安定。

> 是夕，初甚晴霁，已而风雨晦冥。——《续资治通鉴长编》卷十

太原南城为汾水所围，大水穿过外城，注入城中，城墙决口逐渐扩张，城中将士大为惊慌。北汉士兵沿城墙设置障碍堵塞，但被宋军弓箭手袭击，难以施工。忽然有成堆的草从城中漂浮到决口处，箭不能穿透，北汉士兵乘此堵塞了决口。

> 北汉主杀之以徇，城中稍定。——《续资治通鉴长编》卷十

太原久攻不下，宋军将领也多有死伤。当时宋军驻扎在甘草地中，碰上盛暑大雨，许多士兵患上腹泻。辽国又遣兵支援，在太原城西驻扎，北汉士气恢复。

太常博士李光赞上奏，建议班师，赵普也赞同，于是，赵匡胤决定退兵。

宋军班师便宜了北汉，北汉得到宋所弃军储，共计粟三十万，茶、绢各数万。北汉在国力枯竭之时，依赖这些物资稍微得到补济。

> 北汉主籍我所弃军储，得粟三十万，茶、绢各数万，丧败罄竭，赖此少济。——《续资治通鉴长编》卷十

历史的细节

宋太祖自从平定李重进之后，运筹帷幄之中，决胜千里之外，未尝亲历战阵。这次出动大军，御驾亲

征,本以为一定是马到成功。没想到遇到了从未有过的顽强抵抗,竟奈何不得区区一座孤城。大军云集太原城下,猛攻了一百多天,所获无几,损失却不少。

对于这次北征失败的原因,后人多以为赵匡胤抛弃先南后北的统一策略,是决策失误,犯了急功冒进的错误。其实,这种看法在当时就有人提出了。

曾经在一次宴会上,太祖皇帝忽然对当时在场侍宴的右仆射魏仁浦说:怎么不劝我喝一杯呢?魏仁浦因此上前劝酒,太祖皇帝乘机小声地问他:朕想亲自出征太原,你看如何?魏仁浦回答说:欲速则不达,还望陛下深思熟虑。太祖亲征之时,魏仁浦也随行,不幸中途染病,半途而返,在梁侯驿(今山西沁县界)去世。魏仁浦的去世,可能会促使太祖重新考虑他说过的话,从而决定退兵。

但是,我认为,太祖此次北征失利,并不能说明他临时改变计划、攻伐太原的决策失误。前面已经分析过,在太祖改变计划之前,无论是从大宋方面还是从北汉方面而言,都为大宋攻伐太原提供了良机。在北汉国力日渐衰弱、皇帝交替政权不稳、辽国与北汉出现摩擦之时,在大宋统一取得了阶段性成果、国家财力能够支撑一次大规模军事行动之时,赵匡胤及时做出讨伐北汉的决策本身并没有什么问题。那么,赵匡胤亲征北汉失利的原因是什么呢?

第一,太原城池坚固,短时期难以攻陷。

太原城在历史上具有重要的战略地位,从唐末以来,李克用、李存勖、李嗣源、石敬瑭、刘知远等军阀先后以太原作为根据地,在他们的悉心经营下,太原城被构筑得非常坚固。北汉建立以后在没有多少战略缓冲地带可言的情况下,又多年经营,加固太原,最终将其修筑得固若金汤。

第二,辽国的援助。

大宋首次攻伐太原失利的根本原因就是忽略了辽国的援军,太祖皇帝亲征之时,两路设防,有效地打击了辽国的军事援助。因此,名义是北征太原,实际上面对的还有军事力量强大的辽国,辽国的援军也无法让大宋集中全部军队攻城。太祖从太原撤兵之时,辽国第二批援军也随即赶到,北汉与辽国多年来已经达成了无比的默契。

第三,作战策略不够周全。

宋军对太原城强攻不成,改用水淹,但由于太原城的坚固以及北汉的及时堵塞,水淹并没有取得预期的效果。宋军撤退之后,北汉当即派人排除城中积水,水落之后,不少城墙毁坏倒塌。当时辽国使者韩知璠还在太原,见状之后大为感叹:宋军引水浸城,只知其一,不知其二。如知道先浸灌而后放水的办法,那么太原恐怕就不会有活口了。大宋军临时采用水淹,事前并无计划,当然不知道"先浸而后涸"的办法。

第四,不确定因素。

比如,宋军驻扎在甘草地,正好碰上暑热天气,天气多雨,不少士兵患上了腹泻,根本就没有

水已落,而城多摧圮。——《续资治通鉴长编》卷十

王师之引水浸城也,知其一而不知其二。若知先浸而后涸,则并人无噍类矣。——《续资治通鉴长编》卷十

什么战斗力了。再比如，大水攻破城墙，马上大功告成之时，忽然漂来一堆柴草，北汉士兵就在柴草的掩护下，及时堵塞了缺口，这堆宋军强弩都穿不透的柴草，成了北汉真正的救命草。试想，如果此种事情不会出现，太原城早就一片汪洋了。又比如，心怀二志的郭无为谎称带领军队出城迎敌，本意是投降，北汉主精选甲兵千人，亲自送他出城，并让刘继业、郭守斌等人辅佐。最初，天气晴朗，忽然就风雨大作，刘继业的战马竟然无缘无故地受伤，只得带领自己的军队先回城了，另一个殿前禁军的高官竟然会迷路，最后郭无为身边只有数十人，只得返城。郭无为投诚失败，事发被斩，城中的不安定局势因为郭无为被杀又稳定下来。

> 以马伤足，先收所部兵入城矣。——《续资治通鉴长编》卷十

事实上，正是这些不确定因素改变了历史的大势。历史是由细节组成的，历史的细节有时能起决定作用。

其实，大宋军队的这次北伐也不是一无所获。

首先，北汉军队的数量急剧下降。史书上明确记载，大宋的这两次北伐，共斩首北汉士兵一万三千余人，**缴获战马一千多匹**（首次北征，何继筠在洞过河斩首两千余级，获马五百匹；再次北征，李继勋在太原城下斩首千余级，获马六百匹。北汉士兵自西城袭击，意欲烧毁宋军的攻城设备时，被斩首万余级）。北汉军队人数本就不多，有一个数字可以参照，太平兴国四年（979），宋太宗平定太原

的时候，北汉军队仅有三万人。

其次，北汉百姓的数量急剧下降。大宋撤走时来了个釜底抽薪，将太原附近的一万多户百姓迁到山东、河南等地，朝廷分给粮食，赐给布匹，并派禁军护送。太原后来被平定的时候，总共才三万五千多户。

从以上数字的对比上可以发现，大宋此次对北汉的征伐，极大地削弱了北汉的实力，两次较长时段的攻城极大地消耗了北汉的储备。北汉虽然最终保住了太原，但经此打击，元气大伤，从而为日后大宋的北伐奠定了基础。

开宝元年(968)、开宝二年，大宋对北汉的两次征伐都没有取得预期的结果。赵匡胤又回到最初制定的先南后北的策略上来。按照最初的计划，赵匡胤的目标该是南汉了。这个也号称"汉"的刘家小王朝会像北汉一样久攻不下吗？

巫宦之国

二十四

唐末五代之初,在岭南地区的群雄争霸中,有一股地方势力逐渐坐大,以封州(今广西梧州市)为根据地,积聚军事力量与物质储备,进驻番禺(今广东广州市),逐渐成为当时岭南地区最强大的军事力量。到后梁时期,这个实力强大的地方节度使摇身一变,建立了一个独立的王国,以番禺为都城,号称"大汉",史称南汉。南汉盛时疆域大约包括今天广东、广西、海南以及云南、越南的部分区域。那么,南汉到底是一个怎样的地方王国呢?

又一个自己造字的国主

刘龑（yǎn）是南汉小朝廷的实际建立者，后梁贞明三年（917），刘龑在番禺称帝，建元乾亨，国号大越，第二年，改国号汉，史称南汉。

刘龑这个人有三大爱好：改名，改年号，算卦。

刘龑一生有四个名字：刘岩、刘陟、刘龚、刘龑。刘龑是他最后用的名字。从他名字的改动过程中，就可以发现这个人很有意思。

第一个名字刘岩，这是他父亲给起的名字。刘龑的父亲叫刘谦，是唐末封州的刺史。刘谦的正妻姓韦，是唐代宰相韦宙的侄女。但刘龑不是韦氏所生，而是刘谦的侧室段氏所生。韦氏是唐代名门之后，为人很霸道，好嫉妒，当她听说刘谦在外边偷偷养了女人，还有了孩子，怒不可遏，派人将刘龑抱来，要亲手杀死他，以解心头之恨。刘龑被抱来之后，韦氏忽然感到了害怕（或许是起了恻隐之心），并没有杀死他，而且还将其视同己出，与自己的两个亲生儿子一块儿抚养。不过，韦氏并没有放过段氏，派人暗中将其做掉了。刘谦在埋葬段氏的时候，挖到一块石板，上面刻有三个篆字：隐台岩。刘谦就用这三个字给自己的三个儿子分别命名。刘龑排行第三，就用"岩"字。这就是第一个名字刘岩的

及见而悸，剑辄堕地，良久曰：『此吾家之宝也。』遂杀段氏，而养高祖为己子。
——《十国春秋》卷六十一

代祖葬段氏，得石版，有篆文曰：『隐台岩。』因以名诸子。
——《十国春秋》卷六十一

后素妒，闻之怒，伏剑于中门，使取儿至，杀之，家人不敢匿，乃持去。
——《十国春秋》卷六十一

来历。

第二个名字刘陟，来源不详。

第三个名字叫刘龑。这次名字的改动源于一次天象。史书上说，南汉乾亨九年十二月，有白虹进入南汉宫殿三清殿中。虹本来是一种自然现象，是雨后天空中出现的弧形彩带。但在古代，人们认为世间有重大事情发生时，就会出现这种天象，所以白虹一向被视为凶兆。白虹进入三清殿后，刘龑就担心了，非常恐惧。但是，他手下一个很会来事的马屁精说这白虹化成了一条白龙，进三清殿去了，并且写了一篇《白龙赋》，以此祝贺这件事。白龙在古代被视为吉祥的征兆，刘龑大悦，立即做了两件事，一是改元，改乾亨九年为白龙元年；二是改名，不叫刘陟了，改叫刘龑，"龑"字上龙下共，表示和龙共有天下，以应祥瑞。

> 白虹入三清殿中，颇怀忧畏，会有词臣王宏欲悦岩，乃以白虹为白龙见，上赋以贺之，岩大悦，乃改元白龙。
> ——《十国春秋》卷五十八引《五国故事》

第四个名字叫刘龑。这"龑"字是他自己造的一个字。历史上为自己造字的皇帝比较罕见，前有唐代女皇武则天，造了一个"曌"字，再就是这位刘龑了。这次更名也是源于一次迷信活动。南汉大有十四年（941），一个国外来的僧人对刘龑说："谶书上说，灭刘氏者龑也。因此，你的名字不吉利。"于是刘龑就采用《周易》中乾卦"飞龙在天"的意思，自己造了一个字，上龙下天，定为"俨"音。这就是刘龑的来历。

> 有胡僧言："谶书：『灭刘氏者龑也。』"龑乃采《周易》『飞龙在天』之义为"龑"字，音"俨"，以名焉。
> ——《新五代史·南汉世家》

更名以外，刘龑特别喜欢《周易》，经常算卦，改名要算，改年号也要算，打仗更要算。

刘龑一生用了三个年号：乾亨、白龙、大有。建国时年号乾亨，这是来自《周易》的乾卦："乾，元亨利贞。"第二个年号是白龙，上面讲过，是为了配合所谓的祥瑞。第三个年号是大有。大有也是《周易》六十四卦中的一卦。

白龙四年（928）三月，割据长沙一带的楚国马氏政权派军攻打南汉，包围封州，南汉军队兵败贺江。酷爱《周易》的刘龑急忙占卜了一卦，得"大有"卦，于是把年号改成了"大有"，还大赦罪犯以求吉利。然后派大将增援封州，结果大胜，从此刘龑对《周易》深信不疑。

从刘龑喜爱改名、改年号、算卦来看，他无疑是个昏庸之主。

当然，刘龑作为南汉的开国之君，并非毫无建树。起初他励精图治，重用中原士人，开科取士，睦邻友好，南汉的国力逐步上升，形成了"区区岭外，晏然小安"《十国春秋》卷六十三的稳固局面。历史上有很多君主，前期清明，后期昏庸，刘龑也没能免俗。

刘龑的昏庸主要表现在两个方面。

第一，排斥士人，重用宦官。

对于用人，刘龑有自己的逻辑，他有自己的小九九。刘龑认为，士人内心深处都是很自私的，都是为自己的子孙和后代着想，不会真心为他的刘家天下忠

> 楚大举水军入寇，围封州，帝以《周易》筮之，遇『大有』，于是大赦，改元。——《十国春秋》卷五十八

心耿耿地长久效劳，因此，他不再重用士人，不再信任士人。反之，宦官无妻室儿女，无牵无挂，可以尽忠王事。因此，南汉朝堂上宦官的势力开始增长。

刘䶮的逻辑乍一看挺有道理，其实十分荒谬。因为士人有妻子、儿女并非都只谋私利，舍身为国、忠于朝政者比比皆是。宦官虽无子女，但图谋私利者大有人在。忠与不忠并不能以是否为士人或为宦官来断定。从逻辑关系上讲，刘䶮把或然性的关系当成了必然性的关系。

第二，滥施酷刑，好杀成性。

刘䶮统治晚期疑心甚重，统治非常残忍，制造了一些残酷的刑具，发明创造了一些新酷刑，如灌鼻、割舌、肢解、刳剔、炮炙、烹蒸等，煎炸烹炒涮都用上了。刘䶮还发明了一种尤其令人发指的叫作"水狱"的刑罚，让人捕捉大量毒蛇放入水中，这些东西在岭南是不难找的，然后把有罪的囚徒推到水里，亲自看着毒蛇把囚徒咬死。还有一种酷刑也惨不忍睹，将犯人投入沸水中煮，当然先不能煮死，再到烈日下晒，并且要全身撒上盐，肌肉腐烂，久之乃死。

刘䶮不光好用酷刑，而且心理非常变态，喜欢观看行刑时血肉横飞的场面，喜欢听犯人受刑时的惨叫。见到杀人场面，看着受刑人痛苦地挣扎，他竟高兴得手舞足蹈，嘴里还念念有词，腮帮鼓动，口水都流了出来，大家都以为他是怪物投胎而生。

> 䶮聪悟而苛酷，为刀锯、支解、刳剔之刑，每视杀人，则不胜其喜，不觉朵颐，垂涎呀呷，人以为真蛟蜃也。——《新五代史·南汉世家》

总体而言，刘䶮当政期间，在维护岭南的稳定，发展岭南经济等方面，还是比较有作为的。但是，刘䶮为了南汉统治能够长治久安，寄希望于迷信活动，寄希望于名字，寄希望于年号，寄希望于酷刑，这些都无异于缘木求鱼。而且，刘䶮的发明创造和不良作风深刻影响了他的后继者。

刘䶮临终之时，曾经对身边的大臣讲：我的儿孙没一个成器的，刘汉的将来就会像老鼠钻进了牛角，空间会越来越狭窄，势力会越来越小，一天不如一天。这位崇尚《周易》、一生对之深信不疑的南汉皇帝，他的预言准不准呢？

老鼠钻牛角，越走路越窄

刘䶮死后，长子刘玢即位，他不但没有扭转他爹晚年南汉的颓废趋势，而且行事愈加荒唐。

第一，生活荒淫。

在他爹刘䶮尚未下葬之时，刘玢就召集一群伶人作乐饮酒，常常通宵达旦。这还不够刺激，他每每喜欢看裸体表演，后宫之中，男男女女，都要一丝不挂，满目春光，以此为乐。后宫之中的这些事，他觉得还不够刺激，所以经常穿着黑色丧服（姑且当作夜行衣），夜里出宫到"红灯区"找乐子，与娼妓鬼混，并习以为常。

第二，猜忌宗室，亲近宦官。

刘玢登上帝位，只是沾了长子身份的光，他清楚自己兄弟当中不乏能人，当年他父亲对是否传位给他曾经犹豫不决，因此，他十分害怕兄弟中有人篡夺他的位子，对他们防备甚严。每次宫中举行宴会，刘玢令宦官严格把门，宗室、群臣都要脱衣接受宦官的检查，然后才能进门。

刘玢的疑忌心态，不但不能遏制他爹在位时宦官势力的抬头，反而更加信任宦官，加重宦官的势力。

荒淫、猜忌的刘玢，最终没能逃脱被弑杀的命运，在位仅仅一年就被他的弟弟刘晟杀死。

登上帝位的刘晟，知道自己是怎么上位的，因此上台三板斧，围绕一件事：杀。杀宗室、杀旧臣、杀心腹。为了巩固其来自"黑暗之中"的帝位和确保将帝位传给自己的子嗣，他大肆残杀宗室和勋旧。刘龑大有五年(932)所封王的十九子中，有十五位及他们的后代都惨死于刘晟之手；刘龑时的辅命大臣和帮助刘晟弑杀兄长登上帝位的亲信心腹也先后遭遇不测。经过刘晟的一番大清洗，南汉朝野人心动摇，统治集团几近崩溃。

经过一番杀戮，朝中有能力的士人所剩无几，在屠杀的过程中，宦官又充当着帮凶的角色，这就形成了刘晟时期政局的一大特色：宦官势力发展壮大。

第一，宦官队伍扩大。

> 常猜忌诸弟，每宴集，令宦者守门，群臣、宗室，皆露索，然后入。——《资治通鉴》卷二八三

从刘龑统治晚期，开始宠任阉人，但当时数量还不足三百人，到刘晟时期，宦官数量翻了两番，增至一千多人。

第二，宦官参政。

经过一番屠杀，朝中能臣勋旧无几，刘晟只能重用自己宠信的阉人，宦官势力由此大振。

第三，宫女参政。

南汉政局的特色，不光宦官参政，而且从刘晟开始，宫女也登上了政治舞台，这在五代十国各个政权中是非常罕见的。其中，宫女卢琼仙与黄琼芝等十余人并为女侍中，身穿朝服，出外参决政事。

第四，宦官与宫女勾结。

宦官与宫女都在内宫之中，相互勾结，大行奸宄之事，毫无障碍，由此形成宦官与宫女组成的内朝、士大夫组成的外朝两大敌对势力，势同水火，而皇帝宠信宦官、宫女，站在内朝一边。

南汉的政治到了刘晟时代，一个阴盛阳衰的阴性统治时代到来了。以林延遇为首的宦官队伍、以卢琼仙为首的宫女队伍，加上领队的皇帝刘晟，结成了统一阵线联盟，士大夫组成的外朝成为无足轻重的摆设。

> 先是，高祖虽宠任中官，其数裁三百余，位不过掖庭诸局令丞而已。中宗时，益广至千余人，略增内常侍、谒者之称。——《十国春秋》卷六十六

> 宗室勋旧，诛戮殆尽，唯宦者林延遇等用事。——《资治通鉴》卷二八九

> 南汉主以宫人卢琼仙、黄琼芝为女侍中，朝服冠带，参决政事。——《资治通鉴》卷二八九

当然，刘晟统治时期也有所建树，他最大的政绩，在于抓住了中原王朝和南方诸国的动荡不安，乘时而动，将南汉的统治区域扩大了十余州，达到了南汉疆域的顶峰。贺州、昭州、郴州等原属马楚政权的岭南区域，就是在他的统治时期悉归南汉的。

就在刘晟统治的末期，中原的局势发生了极大的变化。经过后周郭威、柴荣二主的改革，中原经济开始恢复，吏治清明，统一的大势开始形成。但是，这并没有引起刘晟足够的重视，抱着"在我死后，哪管洪水滔天"的态度，在寻欢作乐中一命呜呼，走完了他三十九岁的生命历程。

> 吾身得免，幸矣，何暇虑后世哉！——《资治通鉴》卷二九三

集大成的国主

即位的南汉后主刘𬬮是刘晟的长子，他秉承了刘姓家族的一贯传统，将家族寻欢作乐、重用宦官的作风发展到极致。

第一，诛杀兄弟。

刘𬬮继承帝位一年多后，中原地区已经到了赵宋王朝。

建隆元年（960），南汉宦官陈延寿秘密上书刘𬬮说：陛下之所以能够继承帝位，就在于先王杀尽了他的兄弟。刘𬬮深以为然，于是在当年的三月，找了个借口，

> 陛下所以得立，由先帝尽杀群弟故也。——《续资治通鉴长编》卷一

将他的二弟桂王刘璇兴处死。

第二，大兴土木。

在享受生活方面，刘铱秉承了他的祖父、父亲的作风，有过之而无不及，即位之初，便大兴土木，耗费巨资，建设了豪华的万政殿。万政殿的表面全部用银子装饰，中间镶嵌云母，单是装饰万政殿的一根柱子，就花费金子三千铤。"铤"就是金块，一般每铤有五十两，如以此计算，装饰一根柱子就需要十五万两金子，这还是叫上名目的。史书中还说，无名的费用更多，每天有千万之多。除此之外，他还在罗浮山（今广东惠州市境内）兴建天华宫。天华宫的建筑起因，更为荒唐，源自刘铱的一个梦。有一次，他梦见一个神仙指着罗浮山的一片土地说，青山绿水，是建造宫殿的宝地。醒了之后，就"按梦索地"，大造天华宫。同时，他在兴王府中凿湖五百丈，供方士炼药。城西建造玉液池，供宫人每年五月五日龙舟竞渡。手下宦官投其所好，多所兴作，离宫数十，耗费不计其数。

第三，生活荒淫。

刘铱十六岁即位，不谙政治，不理国事，只知享乐，日夜淫乐于后宫。南国的美女他看厌了，开始将目光转向外籍人士，于是和一个波斯女人搞到了一起。史书上讲，这个波斯女又黑又胖，但光艳动人，

> 踵祖、父之奢，立万政殿，饰一柱，凡用白金三千铤。又以银为殿衣，间以云母，无名之费日有千万。——《十国春秋》卷六十

> 初，帝梦神人指罗浮山之西，去延祥寺西北，有两岸相叠，一洞对流，可以为宫；及访其地，则金沙洞也，遂筑宫焉。——《十国春秋》卷六十

生性黠慧，善解人意，每次受幸，曲尽淫态，深得刘䶮宠爱，于是赐给她一个形象贴切的昵称：媚猪。刘䶮则自称"萧闲大夫"。在处理国事方面，刘䶮这个名号真是名副其实，潇洒悠闲，不理国政；在荒淫享乐方面，刘䶮这个名号很不符实，他是一刻也没闲着，经常带着他宠爱的"媚猪"，在几十个离宫之间巡回游乐，游历一遍，往往十天甚至一月才回宫。

> 貌黑腯而光艳，性绝慧巧，得人意。——梁廷枬《南汉书》卷七（杭州出版社2004年版）

这还不算，刘䶮这个人还有个比较变态的爱好，既喜欢围观，也喜欢被围观。他经常下令遴选民间体格健壮的青年男子进入后宫，让他们现场与宫女裸体上演春宫戏，他则与"媚猪"一起观看，并且还给这项裸体表演活动起了个很香艳的名字：大体双。可见，遗传也是很重要的，这秉承了南汉刘氏家族的传统。此外，他也很愿意被围观，经常与他宠爱的"媚猪"在众多宫女面前亲自表演，并且命令内宫里的人不能回避，宫人们也都习以为常。

> 挈之游幸，离宫数十所，环历殆遍。所至必一月或旬日乃还宫。——《南汉书》卷七

第四，重用宦官宫女。

刘龑时期，开始重用宦官，但宦官数量也就三百人，刘晟时期，宦官数量增加至一千多人，到刘䶮时期，宦官数量剧增至七千人《资治通鉴》中说是两万人。可以做一下对比，大唐王朝宦官势力最强大的时候在唐宪宗、唐穆宗时期，那时的宦官数量是四千六百一十八人《旧唐书·宦官传》。偏安一隅的南汉的宦官数量竟然比大

唐宦官最为兴盛时期多了近一倍。

在对待宦官问题上，刘𬬮与他的祖父、父亲的认识相当统一，都认为知书达礼的士人不会尽忠于地方的割据政权，有家有口的士人也不会对朝廷忠心耿耿，这些人都是靠不住的。只有那些出身卑微的宦官才是最可靠的。因此，到刘𬬮时代，宦官的势力达到了巅峰，一个宦官的黄金时代到来了。七千多名宦官，各赐官职，有三师、三公诸号，官名有二百多种，成为南汉政权的实际统治者，被称为门内人。台省官成了聋子的耳朵——摆设，也就是备员而已，没有资格参与国家大事机密，被称为门外人。

> 台省官仅备员，不复预机密。——《南汉书》卷六

科举及第的状元、和尚、道士等，凡稍有才略可备顾问的，首先下蚕室，然后才有资格出入宫闱。士人要得到委任，必须先行阉割，失去做男人的资格是进入南汉权力机构的最基本条件。当然，也有无耻的士人主动阉割，自觉主动地追求权力的。南汉的官场成了地地道道的阉人之国。

> 臣工有小过及进士状头，或释、道稍负才略可备问者，皆下蚕室，令得出入宫闱。——《南汉书》卷六

南汉宦官队伍的壮大以及宦官权力的提升，产生了一个新兴职业：阉工。从业的人员到底有多少，可以从一个侧面反映出来。宋太祖赵匡胤攻下南汉时，曾一次将五百余名阉工送上了断头台。从阉工这个职业从业人员的数量上，也能看出南汉宦官队伍的庞大。

> 斩阉工五百余人。——《宋史·南汉刘氏世家》

与宦官一起执掌国家朝政的，还有宫女。刘晟时期宫女卢琼仙开始登上政治舞台，刘𬘡即位后，接收了他父亲的女人卢琼仙，将其封为才人，与宦官头目龚澄枢、陈延寿共同执掌朝政。南汉的宫女多有官职，有师傅、令仆之号，穿着男人的服装，出入宫廷，执掌外事。这是一个男人不是男人，女人装男人的时代。

> 遂委国事于龚澄枢、陈延寿及才人卢琼仙。——《南汉书》卷六

> 宫人多具冠带，领外事。——《南汉书》卷六

第五，信奉女巫。

在迷信方面，南汉刘氏家族也是一脉相承，并不断开拓创新。在这方面，刘𬘡具有海纳百川的胸怀。他崇信佛教，在首都四面建设了二十八座寺庙，以对应天上的二十八星宿。他崇信道士，在兴王府中凿了一个大湖，取名药州，聚集方士炼丹。他信奉巫术，装神弄鬼的巫师频频出入宫掖，畅通无阻。

这些巫师里面有个佼佼者，叫樊胡子。

樊胡子其实没胡子，是个巫婆。她自称玉皇大帝附体，通过宦官陈延寿的引荐，与刘𬘡接上了头。樊胡子为了证明自己绝非浪得虚名，就在内宫里亲自表演给刘𬘡看。于是，一个很滑稽的画面就出现了。帷帐之中，樊胡子身着大紫袍，头戴远游冠，跳起了大神。帷帐四周，宝物陈列，再往外，就是那个傻傻的刘𬘡。樊胡子折腾一番后，玉皇大帝于是附身了，她下面要说的话，就不是她自己的话了，是玉皇大帝

的发言了,整个一神仙代言人。她说:刘䶮你是太子皇帝,是我派你来凡间做皇帝的,龚澄枢、卢琼仙、陈延寿都是我派来辅佐你的,所以要好好对待他们,他们犯了错,你也不能追究。刘䶮一听,原来我也是上面下来的啊,怪不得很不一般。这样的高帽子一戴,刘䶮马上就迷糊了。基于樊巫婆传达玉皇大帝的旨意有功,加上她还是玉皇大帝派来辅佐自己的使者,刘䶮干脆把所有国家大事都交给她全权处理,自己可以全时段陪他的"媚猪"了,"虽然是我的地盘,但一切还是让胡子婆婆您做主吧"。樊巫婆则毫不客气,在她看来,治理朝政和装鬼弄神没有什么区别,只要敢想敢说、敢折腾、能忽悠就足够了。

这件事很明显是宦官与巫女勾结给刘䶮下的套,通过这一幕滑稽表演,不光刘䶮成了玉皇大帝的儿子,而且领头的宦官、宫女也成了上天派来的使者,一经加上"上天派来"的头衔,刘䶮就坚定不移地信任这些没长翅膀的"天使",宦官、宫女则毫无顾忌地为非作歹。

第六,横征暴敛。

刘䶮大兴土木,花天酒地,人力哪里来,花费哪里来?都来自百姓。

为了满足自己奢侈放荡的生活,刘䶮挥霍无度,而国家正常的收入,远远不能满足他日益增长的消

初,南汉女巫樊胡子自言玉皇降其身,因宦者陈延寿以见南汉主。南汉主于内殿设幄帐,陈宝贝,胡子冠远游冠,衣紫,踞坐帐中宣祸福,呼南汉主为太子皇帝,国事皆决于胡子。内太师龚澄枢、女侍中卢琼仙等附之。胡子每为南汉主言,琼仙、澄枢、延寿等皆上天使来辅太子,有罪不可问。——《续资治通鉴长编》卷二

费需要，只能加强对百姓的搜刮、盘剥。实践证明，百姓的财富就像海绵里的水，只要去挤，总是会有的。

于是，刘铩私自制造大容量的器皿，百姓缴纳一石租子，实际收的是一石八斗，几乎翻了一番。缴米还不算，同时还配套交钱，一石配一百六十钱。除此之外，还有名目繁多的杂税。比如其中有项进城费，进城的人要每人交一钱，算是买路钱，不过那时还没有高速公路。

大兴土木，建设宫殿庙宇，要动用大量百姓，劳役频繁。除此之外，刘铩还在海门镇招募能下海采集珍珠的士兵两千人，称为"媚川都"。下海采珠的必须在脚上拴上石头，在腰间系上绳子，沉入深海之中，有时深至五百尺，淹死者甚多。

第七，滥用酷刑。

刘龑就是个酷刑发明家，刘铩继承了这种坏基因，动不动就剥一下、剐一下、烧一下、煮一下，还有什么刀山、剑树等酷刑。刘铩喜欢看血腥的场面，为了找乐子，他经常让囚犯和老虎、大象摔摔跤、打打架，喜欢看血肉横飞的场面。

刘铩很喜欢看人垂死挣扎的场面，因此动

刘铩私制大量，重敛于民，凡输一石，乃为一石八斗。——《续资治通鉴长编》卷十二

又赋敛烦重，邑民入城者，人输一钱。——《宋史·南汉刘氏世家》

凡采珠，必以石缒索系于足而没焉，深或至五百尺，溺死者甚众。——《续资治通鉴长编》卷十三

刘铩时，每石白配百六十钱。——《续资治通鉴长编》卷十四

作烧煮、剥剔、刀山、剑树之刑，或令罪人斗虎抵象以为笑乐。——《南汉书》卷六

辄在酒中下毒，赐给大臣。这是一个典型的把自己的快乐建立在他人痛苦之上的玩意儿！

总之，南汉国主刘䶮除了治理国家一塌糊涂外，在其他方面都是"佼佼者"，是一个荒淫、奢侈、残暴、愚昧的集大成者。国家到了这样的人手里，想不灭亡都难。

被胡子婆婆灌了迷魂汤的刘䶮，以为有玉皇大帝这个亲爹罩着，自己的政权就是铁打的江山。有如此强大的后台、如此坚定的信仰、如此忠心的阉人与宫女，他还有什么好担心的呢？他可以肆意荒淫、肆意残暴，没完没了地恶搞下去。这个神的儿子，哪里知道（按理说神的儿子是应该知道的），在开封的金銮宝殿上，大宋的太祖赵匡胤已经打起了他的主意。他要拯救被刘䶮毒害的百姓，他要统一天下。大宋对岭南的用兵会如何呢？

势如破竹

《二十五》

开宝三年（970）八月，南唐国主李煜让臣下起草了第二封给南汉皇帝刘𬬭的信，再次劝说南汉归顺大宋，向大宋称臣纳贡。读罢来信，盛怒之下的刘𬬭，囚禁了南唐使者，又给李煜写了一封言辞不逊的回信。无奈的李煜把这封信交给了宋太祖。开宝三年九月，宋太祖下令宋朝将士开赴岭南，发动了剿灭南汉的战争。大宋灭南汉为什么让南唐国主李煜写信劝降呢？大宋军队这次对岭南用兵的结果将会如何呢？

急着上桌

南唐国主李煜致信南汉皇帝的原因是南汉主动挑衅大宋，先后两次对大宋用兵，挑战大宋的忍耐极限。

第一次是在大宋乾德元年(963)。这一年，大宋军队向荆南借道，平定湖南。

刘鋹家族成员深受遗传影响，这不光表现在荒淫残暴方面，在其他方面的行事也是一样一样的。刘鋹之父刘晟当年曾趁南唐攻打马楚政权的时候，浑水摸鱼，攻占了原属马楚政权的粤西一带领土。刘鋹是个好儿子，他也效仿他爹，趁着大宋军队在荆南、湖南尚未站稳脚跟之际，对原属湖南政权的桂阳(今湖南桂阳县)和江华(今湖南江华瑶族自治县)多次用兵，结果被潭州防御使潘美打败。刘鋹的想法、做法和他爹是一样的，都是想趁火打劫、浑水摸鱼，占点小便宜，但他没想到的是，时代不同了，局势不同了，对手不同了，结果也就不一样了。

结果不但不一样，而且是很不一样。刘鋹的这次趁火打劫没有取得任何成效，反而招来了宋军的反击。第二年，宋军稳定了湖南的局势以后，潭州防御使潘美等人就率兵攻打郴州(今湖南郴州市)，南汉的郴州刺史以及招讨使均被杀，残余部队只得退到韶州(今广东韶关市)一带，以求自保。

南汉人数寇桂阳及江华。——《续资治通鉴长编》卷四

南面兵马都监，引进使丁德裕与潭州防御使潘美、朗州团练使尹崇珂、衡州刺史张勋帅兵攻郴州，克之，杀其刺史陆光图及招讨使暨彦赟，余众退保韶州。——《续资治通鉴长编》卷五

刘𬬮的这次挑衅，不但没有取得预期的效果，而且损兵折将，连他父亲从湖南马氏政权手中抢来的郴州地区也丧失了。

失去郴州一带之后，刘𬬮仿佛短路的大脑暂时恢复了正常，他派人在洸口（今广东英德市）一带屯兵，抵御宋军进一步南下。当时大宋的主要精力还在后蜀战场上，攻下郴州只是给南汉一点颜色看看，警告南汉不要轻举妄动，所以没有继续对其用兵。南汉赖此稍安。

短路的大脑既然是暂时恢复正常，那就还有不正常的时候。

果然，大宋乾德六年（968），南汉第二次挑衅大宋，发兵攻打道州（今湖南道县），道州刺史王继勋请求宋太祖出兵南伐。这个时候，大宋正在对北汉用兵，太祖不想两线作战。于是，他想出了一个两全其美的办法，让一向很听话的南唐国主李煜从中协调，劝说南汉先归还以前占领的湖南旧地。李煜接到任务，急忙修书一封，派遣使者送到南汉，不想遭到了南汉的断然拒绝。这就是南唐国主李煜第一次致信南汉皇帝。

在太祖最先制定的统一策略中，后蜀是第一道大餐，南汉是第二道（荆南、湖南是半割据政权，不计在内）。前面讲过，在平定蜀地之后，北汉的局势出现了对大宋有利的机会，因此，宋太祖提前拉开了讨伐北汉的进程。

道州刺史王继勋言刘𬬮肆为昏暴，民被其毒，又数出寇边，请王师南伐。——《续资治通鉴长编》卷九

乃命唐主谕意，令南汉主先以湖南旧地来献，唐主遣使致书，南汉不从。——《续资治通鉴长编》卷九

太祖没想到，北汉是一块烫手的山芋，吃起来不易。更没想到的是，北汉这道菜还没吃下去，南汉就急着上桌了，南汉不仅主动挑衅大宋，还断然拒绝与南汉关系还算友好的南唐的劝说。

不管李煜去劝说刘𬬮是出于太祖的压力，还是发自内心，总之，他对太祖安排的任务没有一次顺利完成，没有一步到位。因此，开宝三年（970）八月，他又做了一次努力，写了第二封信。李煜的这次劝降很给力，他选取手下文章好手写了一封情深意长的长信，将南唐与南汉双方的交情、目前的大环境以及今后的发展方向分析得非常透彻，然后派办事得力的手下官员亲自出使。结果，南汉的刘𬬮看到书信后"大怒"，把使者关押拘禁，很快回了一封信，通过驿站送到南唐，信中言辞非常无礼。李煜觉得在拉南汉下水这个问题上已经尽力，无计可施，总得对太祖有个交代，于是就把刘𬬮这封书信送到了开封。

此时，大宋对北汉的用兵由于客观因素而无奈终止，太祖又回到以前制定的先南后北的统一策略上来。这就叫弃北征南。

大宋上次对南汉用兵收回郴州之时，俘获了十几名宦官（南汉最不缺的就是这号人），将他们遣送到了开封。这些俘虏中有个叫余延业的宦官，太祖问他在南汉做何官，余延业说是扈驾弓官，就是皇帝出时行执弓负责保护皇帝安全的卫士，太祖于是叫人拿来弓箭让他表演一下，太祖为什么会这样做呢？史书上讲余延业这个人"人质幺麼"，就是说从外表看，余延业很不起眼，但又与众不同。果然，余延业连弓弦都拉不开，充当了一次"小丑"的角色，引得太祖皇帝哈哈大笑。太祖又问他南汉的国政如何，余延业一五一十地向太祖汇报南汉历代君主奢侈残暴的典型案例，太祖大为吃惊，说道："吾当救此一方之民。"《续资治通鉴长编》卷九

刘铱的荒淫残暴统治给太祖预留了一个征伐南汉的漂亮理由——解救南汉残暴统治下水深火热的南汉百姓。

南汉皇帝拒绝和平归顺并且出言不逊的无礼行径给了大宋一根征伐的导火索。因此，太祖决定正式讨伐南汉。

此刻，拒绝归顺的南汉情况如何呢？

整个国家一塌糊涂。

刘铱脑子好像进了水，让宦官、巫婆、宫女联手把持朝政，被他们哄得团团转。两次挑衅的失败，李煜的两封信，都没有将他惊醒。

南汉虽然是一个宦官、宫女、巫婆执政的政权，但是，宦官之中并非全部都是废物，也有一些有识之士。内常侍（宦官担任的内宫之官）邵廷琄就是比较有眼光的一个，他具有强烈的忧患意识，对中原的局势以及南汉的问

乃授以弓矢，延业极力控弦不开，上笑。——《续资治通鉴长编》卷九

题有较为清醒的认识。建隆元年(960)，大宋建立不久，他就向刘铱多次进言，而且始终围绕一个明确的主题：目前的形势和我们南汉的问题。

首先，他分析了南汉所以建国并得以延续的原因。

南汉之所以能够建国，是因为唐末以来中原的动乱，南汉的先人抓住了这个机会，乘机而动，才拥有了南越之地。而南汉政权之所以能够持续五十多年，也正是因为中原的动乱，中原政权交替频繁，战争频仍，而南汉处于岭南一带，远离中原，战火未及，因此得以延续五十多年。

> 中国乱离久矣，我先朝乘其间，故有南越之地。——路振《九国志》卷九（杭州出版社2004年版）

> 汉承唐乱，居此五十余年，幸中国多故，干戈不及。——《续资治通鉴长编》卷五

其次，邵廷琄指出了南汉政权存在的问题。

正是因为中原多有变故，无暇顾及偏远的岭南地区，岭南地区才没有发生重大的战事，由此也产生了严重的问题，那就是骄傲懈怠，其典型的表现就是士兵竟然不认识军旗战鼓，而君主不知道安危存亡。

再次，邵廷琄接着分析了当时中原的局势。

中原分久必合，乱久必治，听说中原地区真主已出，将要尽有海内之地，看势头，天下不统一是不会罢休的。

> 汉益骄于无事，今兵不识旗鼓，而人主不知存亡。——《续资治通鉴长编》卷五

> 夫天下乱久矣，乱久必治，今闻真主已出，将尽有海内，其势非一天下不能已。——《续资治通鉴长编》卷五

最后，邵廷琄提出了两条解决办法：战备和通使。

根据当时的大势，南汉有两种选择：要么整饬军队，加强防务；要么派遣使者，将内府的珍宝悉数进贡，与大宋建立外交关系，彼此友好往来。

邵廷琄特别强调了问题的严重性。

刘䥶不与中原大国来往，从没派遣一个使者，也从未往来一封书信，内府之中财宝堆积，却从来不用来与他国友好往来，一旦大国加兵，凭什么抵御呢？

对于南汉朝廷中比较罕见的头脑清醒者邵廷琄的进言，刘䥶的反应是："憃然莫以为虑。"《续资治通鉴长编》卷五 脑子进了水，对时局自然一无所知；刀还没有架到脖子上，自然也就不用担心。而且，因为邵廷琄多次进谏，说话直截了当，惹得刘䥶很恼火，对他很不满。

摧枯拉朽　声东击西

开宝三年（970）九月，宋太祖以潭州防御使潘美为讨伐南汉前线总指挥，朗州团练使尹崇珂为副总指挥，道州刺史王继勋为监军，同时派遣使者到各州，令各州发兵齐聚南汉贺州城下，正式对南汉大规模用兵。

刘䥶拒不归顺，而且出言不逊，这是不是说明南

请饬兵备，不然，悉内府琛宝遣使通好也。——《续资治通鉴长编》卷五

陛下未尝遣一介之使，驰咫尺之书，珠贝犀象，玳瑁翠羽，积于内府，岁久而不可较，陛下未尝以修聘，一旦兵至，何以御之？——《九国志》卷九

以潭州防御使潘美为贺州道行营兵马都部署，朗州团练使邮人尹崇珂副之，道州刺史王继勋为行营马军都监，仍遣使发诸州兵赴贺州城下。——《续资治通鉴长编》卷十一

汉的军事防御力量很猛很强大,能够与大宋军队抗衡呢?其实不然。

第一,良将殆尽。

刘𬬮在历史上几乎没有值得称道的事情,这在上一章中已经言及。此外,刘𬬮非常喜欢听小报告,喜欢听小道消息,而且信以为真,屡屡借此将得力将领免职、处死。看几个例子。

第一个例子,诬杀邵廷琄。

前面讲过,邵廷琄这个人虽是宦官,却有明显的大局意识、忧患意识,有清醒的头脑,文武双全,是不可多得的人才。宋朝刚刚建立之时,他就直言进谏,惹得后主恼羞成怒。当宋军攻下郴州之后,刘𬬮才想起他,令他在洸口驻兵。他在洸口训练军队,整修战备,南汉因此得以暂时稳定。乾德三年(965),有人写了一封匿名信,诬告邵廷琄图谋不轨,刘𬬮不调查,不取证,立刻派遣使者前往赐死。当时,邵廷琄手下的士卒一致向使者诉说邵廷琄没有任何谋反的迹象,请求调查验证,没有得到允许。邵廷琄死后,士卒相约在洸口修了一座寺庙,哀悼祭祀这位良将。在南汉生死存亡之际,邵廷琄被诬陷诛杀,南汉失去的何止是一员良将,而是军心大失。

第二个例子,罢免潘崇彻。

史书上说,南汉西北招讨使潘崇彻颇读兵书,从刘

士卒排军门见使者,诉廷琄无反状,请加考验,弗许,乃相与立庙洸口祠之。——《续资治通鉴长编》卷六

龚时就一直为南汉政权服务,多次立下战功。开宝元年(968),刘𬬮听到一些流言蜚语,对潘崇彻起了疑心,于是派遣一个宦官前往窥探。临行之前,刘𬬮嘱咐宦官说:一旦发现潘崇彻真的有什么风吹草动,可立即斩杀。太监到达桂州,潘崇彻接见了他,警卫森严,宦官哪敢动手?回来以后,他不敢汇报实情,因为那样的话他就没有完成刘𬬮安排的任务,于是,他就撒谎说:潘崇彻日夜带领伶官百余人,打扮得花枝招展,吹拉弹唱,听听歌、跳跳舞、喝喝酒,就是不管军政,并没有什么谋反的迹象。刘𬬮听后大怒,也不做深入调查,罢免了潘崇彻的兵权。

> 崇彻日夕领伶官百余辈,并衣锦绣;吹玉笛,为长夜之饮,不恤军政,非有反谋也。——《续资治通鉴长编》卷九

除此之外,刘𬬮的一些荒淫、残暴的行为,引起了一些有识之士的叛离。如南汉士军知兵马使李廷珙,不满刘𬬮大肆杀戮忠臣良将,于乾德四年(966)投降大宋。投降以后,反戈一击,献《平岭表策》,积极进言讨伐岭南的策略,并作为宋军向导,随军出征。

在亡国前夕,刘𬬮不明形势,听信谗言,诛杀良将,罢免功臣,终至将士离心,实乃自毁长城、自掘坟墓。

第二,军备废弛。

南汉刘氏从刘晟以来,以享受生活为中心,沉溺于游宴,荒淫无度。宦官投其所好,大兴土木。城墙、护城河都装修成宫殿馆舍、池塘湖泊,楼船战舰、武器

铠甲都腐烂败坏而不加整治。这样的国防，这样的武装，又怎么能够抵御气势如虹的大宋军队呢？

第三，士气低落。

南汉良将被诛、军备废弛，又有南汉投降的将领带路，大宋军队很快兵迫贺州。贺州刺史急忙向南汉朝廷求援，刘鋹派遣"天使"宦官龚澄枢立刻前往贺州前线慰问。当时南汉士兵长期守边，大多贫困疲乏，听说朝廷派人来了，都很兴奋，以为一定会得到犒赏。谁知，龚澄枢只带来了刘鋹的一纸诏书，安抚宣谕，士兵很失望，很丧气。

大宋军队兵围贺州。南汉朝廷急忙召开紧急会议，商量对策。众大臣一致推荐潘崇彻领兵抵抗宋军。潘崇彻自从被罢免兵权以后，一直闷闷不乐，对此事耿耿于怀，借口自己眼睛有病，不肯出师。刘鋹大怒，不信离了你就不行，于是派遣伍彦柔率兵支援贺州。

宋军听说伍彦柔率兵前来援助，后退二十里，在南乡岸边给伍彦柔下了一个套，布下了三层伏兵。这个潘崇彻的替补，真以为自己是带兵打仗的行家里手，夜泊南乡，天明上岸，放眼四望，自认为敌人尽在眼中，于是摆下椅子，蹲在上面，一副高傲自得的神情。他哪里知道，他的这幅特写，最终凝结为生命中最后的"光辉形象"。大宋的伏兵突然发起攻击，措手不及的南汉军队一下子就傻了眼，慌了神，乱了套，死者十之七八，还在那里自我陶醉的伍彦柔瞬间就掉了脑袋，成为向贺州城内坚守的南汉士兵示威的有效展品。这个史书上连爵里世系都失载的替补，唯一的一次出面就是送死。接着，大宋负责运输的随军转运使王明带领手下百余人、民夫数千人，拿着挖运泥土的工具全部出动，瞬间填平壕沟，直抵城门之下，城中人大为恐惧，开城投降。

贺州攻克之后，大宋放出口风，扬言要顺流东下，直奔广州。刘𬬮忧虑着急，但无计可施，只得厚着脸皮，给潘崇彻加官，派他领三万人在贺江上堵截宋军东下。其实，大宋要直奔广州，只是一个烟幕弹，实际直奔贺州西北的昭州（今广西平乐县）、桂州而去，这是一着典型的声东击西之计，昭州刺史、桂州刺史弃城逃跑。这个时候，刘𬬮无奈之下起用的潘崇彻，对刘𬬮仍心怀怨恨，因此屯兵贺江之上，拥兵自保，表现得很不积极。

在收取昭州、桂州以后，大宋军队又杀了一

> 夜泊南乡，舣舟岸侧，迟明，挟弹登岸，左右四顾，自谓敌在目中矣，踞床指麾，殊有矜色。——《十国春秋》卷六十五

> 明乃躬擐甲胄，率所部护送辎重卒百余人，丁夫数千，畚锸皆作，埋其堑，直抵城门。城中人大惧，遂开门以纳王师。——《续资治通鉴长编》卷十一

> 声言顺流趋广州，南汉主忧迫，计无所出，乃加潘崇彻为内太师、马步军都统，领众三万屯贺江。——《续资治通鉴长编》卷十一

个回马枪，回师贺州，向东进发，顺利收下连州。

连战连败的刘鋹，此时竟异想天开，他对身边的人说：昭州、桂州、贺州、连州本来就属于湖南，现在北方军队占领这些地方就足够了，不会再继续南下了。事实会如此吗？

东进·南下·收工

这种想法当然是刘鋹的一厢情愿，大宋的军队才懒得去配合他，军队直趋韶州。

韶州是南汉北部的重镇，又是都城兴王府北面最重要的门户。刘鋹急忙派南汉都统李承渥领兵十余万，列阵于韶州城附近的莲华峰山下。这次，南汉摆下了大象阵，将威武的大象列于阵前，每只象背上坐着数名手执武器的士兵。这不仅可以壮军威，还可使背负全副武装的战士杀入敌阵，并为其余部队开道，就像现代步兵作战中开道掩护的坦克。但大象不是坦克，而是有生命的，宋军用强弩对准大象一通猛烈射击。负伤的大象失去控制，象背上的士兵纷纷滚落下来不说，掉头逃跑的大象踏入南汉军队的阵地，一顿狂踩。南汉军队大败，韶州失守。宋军乘胜东进、南下，开宝四年（971）一月，雄州（今广东南雄市）、英州相继易手，南汉北部防线全线崩溃。

到这个时候，大宋军队已经占据了南汉西北、北部诸州县，对南汉都城兴王府形成了半包围的态势，刘鋹慌忙下令在兴王府城东挖战壕，部署六万人马，做最后的抵抗。

领兵的是宫女梁鸾真的养子郭崇岳和大将植廷晓。郭崇岳是个无勇无谋但有点小聪明、很会逢迎人的宦官。刘鋹先前对手下大将杀的杀，免的免，此时已无人可用，梁鸾真就推荐他为招讨使。植廷晓倒是个合格的将领，有勇有谋，以前因不满刘鋹的暴虐，辞职不干了。这时，刘鋹又起用他，与宦官郭崇岳，统率六万人马，在距离都城兴王府仅一百里外一个叫马迳(今广东佛山市南海区西北、三水区东)的地方用竹木修起栅栏，布下防线，阻挡宋军。

大宋王师则在马迳附近一座山上驻军，居高临下，频频派出游骑出阵挑战。郭崇岳本无将才，所率又多为来自韶州和英州的残兵败将，已经被打怕了，没有丝毫斗志，一直坚壁自守不肯应战，郭崇岳却日夜忙着乞求神灵保佑。

刘鋹做好了三手准备：一是负隅顽抗，二是下海逃亡，三是投降。他准备了十几艘大船，装满金银财宝，还有妃嫔宫女，时刻准备从海上逃亡。谁知，他最宠信的宦官乐范和一千多名卫兵盗取大船，带着刘鋹的财宝和女人，提前跑了。

幼为阉竖，颇慧黠，善伺人意。——《南汉书》卷十六

有勇略，见后主酷虐日甚，解去兵柄。——《南汉书》卷十三

南汉主取船十余艘，载金宝、妃嫔欲入海，未及发，宦官乐范与卫兵千余盗其船以走。——《续资治通鉴长编》卷十二

刘铱内心凉了半截，急忙派遣使者奉持表章到大宋军前乞降。大宋兵发之前，太祖就给潘美交代好了，说南汉如有能力作战就和他作战，没有能力作战就让他防守，防守不了了再劝他投降，不投降就让他死，死不了就让他逃亡，攻伐南汉的这五部曲要按部就班地进行。潘美就把这层意思告谕使者，你们不是还能打吗？大宋兴师之前劝你们归顺，你们不答应，现在乞求投降还为时过早，我们也不答应。于是就派人把使者押送开封。刘铱见乞降使者一去不返，只得硬着头皮再次组织抵抗。

大将植廷晓不愿坐以待毙，率领前锋部队据水而阵，但终究挡不住渡水来攻的宋军，植廷晓兵败身亡；郭崇岳则继续坚壁自守。

南汉军用竹木构筑的栅栏能够阻挡宋军的顺利进入，同时也有着致命的弱点，这个弱点就被宋军所利用。潘美等组织了几千名丁夫，每人手持两把火炬，从小道偷偷地来到栅栏周围。在夜幕逐渐笼罩大地之时，骤然间万炬俱发，火光四起，当时大风猛烈，南汉的军营变成一片火海。对手慌乱无措之际，宋军全线出击，大败南汉军，郭崇岳也在混战中丧命。

南汉内宫掌握实权的龚澄枢等几个宦官谋划说：北军大举南来，只是贪图我国的珍宝罢了，现在全部烧毁，让他们得到一座空城。这样，他们一定不会长

美因谕以上意，以为彼能战则与之战，不能战则劝之守，不能守则谕之降，不能降则死，不能死则亡，非此五者他不得受。——《宋史·潘美传》

遂分遣丁夫，人持二炬，间道造其栅。会暮夜，万炬俱发，天大风，烟埃坌起，南汉军大败。崇岳死于乱兵。——《续资治通鉴长编》卷十二

久驻扎，必当很快返回。于是，一把大火，南汉内府国库、皇宫殿宇，一夜之间化为灰烬。

开宝四年（971）二月，宋军兵临广州城下。抵抗失败、逃亡无路的刘鋹"素衣白马"，出城投降。宋初岭南战争至此基本结束。大宋的领土多了六十州、二百一十四县，人口多了十七万二百六十三户。

大宋开宝四年（971）五月，刘鋹及其宗族、官属一行被送至东京。宋太祖对刘鋹反复无常、纵火焚烧府库之事耿耿于怀，要彻底清查。于是，派遣参知政事吕余庆问罪，刘鋹将所有罪责归于龚澄枢、李托之流。太祖又遣使问李托等人，他们全都低头沉默。当时南汉的谏议大夫王珪责问李托说：昔日在广州时，机要政务全被你们把持，大火又是从宫中烧起来的，如今你们还想把过失推给谁呢？一时间，唾沫、耳光同时并进。李托、龚澄枢等认罪。王珪就是刘鋹派到大宋军前求和的使者之一，他先一步到了开封。

宋朝有司按照处理俘虏的仪式，以帛系刘鋹及其官属，献于太庙及太社。太祖至明德门，派遣刑部尚书卢多逊宣诏叱责刘鋹，刘鋹一再推诿，说：臣十六岁僭越称帝，龚澄枢等人都是先父的旧臣，每遇大事，臣下不能做主，在原来的国都，实际上我是臣子，龚澄枢才是国主。刘鋹这个人，不仅荒淫是把好手，而且口才极佳，史书上说刘鋹"有口辩"《续资治通鉴

北军之来，利吾国中珍宝尔。今尽焚之，使得空城，必不能久驻，当自还也。乃纵火焚府库、宫殿，一夕皆尽。——《续资治通鉴长编》卷十二

珪谓托曰："昔在广州，机务并尔辈所专，火又自内中起，今尚欲推过何人？"遂唾而批其颊。——《续资治通鉴长编》卷十二

臣年十六僭伪号，澄枢等皆先臣旧人，每事，臣不得自由。在国时，臣却是臣下，澄枢却是国主。——《续资治通鉴长编》卷十二

长编》卷十二。经过他的一番狡辩，太祖赦免了他的罪行，当然太祖的责问只是给他一点颜色看看，本来并不想杀他。龚澄枢、李托等人的命就没那么好了，当即被斩杀于开封千秋门外。

  作为一国之主的刘铱，从即位到亡国的十四年中，谈不上有啥政绩。对于国事毫不关心，一切委任于宦官、宫女、女巫，任其操纵朝政，胡作非为。这样的君主，即使没有外来力量，其灭亡也为期不远。面对大宋一统天下的大势，他没有丝毫的忧患意识，依然纸醉金迷，自得其乐。大宋军队入境以后，又听信谗言，诛杀良将，甚至决计流亡，没有丝毫的政治责任感。亡国之后，刘铱在东京城内，也没有一丁点儿故国之思，而是极尽所能地讨好宋帝，成为大宋皇帝日理万机之余取乐的一个活宝。因此，刘氏南汉政权的灭亡，既是当时统一大势所趋，也是刘氏自掘坟墓的必然。

  当南唐国主李煜在接受太祖赵匡胤的任务、积极劝说南汉刘铱归顺的时候，不知道他有没有想过，他下一步的命运又会如何，他如此这般战战兢兢地侍奉大国，真的能让大宋网开一面吗？

风花雪月

二十六

公元973年的七夕，在古城金陵的一所王府大院里，一个幼小的生命呱呱坠地。在中国传统的乞巧节诞生的这个婴儿，他的一生伴随着无数的巧合。他出生的这一年十月，他的祖父坐上了一个王国的头把交椅，三十九年后，这个婴儿为他祖父建立的王国送了终。太平兴国三年（978）的七夕（一说七月八日），他不明不白地离世。他在中国历史上很有名气，他的名气，不是缘自他安邦治国的政治才能，而是缘自他纤弱忧郁的文人气质、缠绵悱恻的诗词作品以及他风花雪月的爱情故事。这是哪一个王国呢？这个一生伴随无数巧合的婴儿又是谁呢？

机会来了，躲都躲不过

这个政权国号大唐，自称是李唐王朝的后裔，史称南唐；这个婴儿叫李从嘉，后来做了南唐的国主，也就是众所周知的李煜。

> 后主名煜，字重光，初名从嘉。——《十国春秋》卷十七

李煜是他当上南唐国主后才使用的名字，他最初的名字是李从嘉，字重光。之所以取"重光"这个字，是因为他有一只眼睛是重瞳的。"重瞳"就是一只眼睛里有两个瞳孔，尽管现代医学认为这是一种眼病，但在古代被认为是一种吉相，是圣人之相。在李煜之前，以重瞳而出名的有两人。一个是五帝之一的虞舜，因为他天生重瞳，所以又名重华，他接替尧，做了上古的帝王。另一个出名的是项羽，项羽在秦汉之间风云一时，自立为西楚霸王，虽没有正式称帝，其实是楚汉之间真正的王者，所以司马迁在《史记》中把他写在"本纪"系列里，显然是把他看成一代帝王了。

对李煜而言，这还不是最巧合的。

历史上最为有名的两姐妹同时嫁给一个男人的当属唐尧的女儿娥皇、女英，这两个姐妹同时嫁给了舜。老爸是尧，老公是舜，两姐妹嫁给一个男人，具备这三个条件，想不出名都难。李煜的老婆也是两姐妹，而且姐姐也叫娥皇，要是妹妹也叫女英就好了，但历史上没有记载妹妹的名字，都称她为小周后（有学者考证，小周后其实真

叫女英)。即使这样，也已经是巧上加巧了：大舜重瞳，李煜也重瞳；大舜娶了姐妹俩，李煜也是；大舜娶的姐姐叫娥皇，李煜的大周后也叫娥皇。

而且，史书上还说，李煜长得很有特色，宽宽的额头，胖胖的脸颊，牙齿重叠。天庭饱满一向被认为是富贵的吉兆，骈齿更是圣人之相。历史上记载圣人有此相者有帝喾，上古五帝之一，他长了很整齐的龅牙。其次，据说圣人孔子也是这种牙齿。

> 广额丰颊，骈齿，一目重瞳子。——《十国春秋》卷十七

与历史上的帝喾、大舜、孔子等帝王圣人有这么多的相似之处，这就很不一般了。李煜天生就有做皇帝的体貌特征，而且生在帝王之家，显然是个皇帝胚子；但是，他也有不利的客观因素。

第一，他的父亲李璟曾经立下兄弟传国之盟。

南唐这个国家，是李煜的祖父李昪从别人手里抢来的(当然不是明抢，是通过禅让的方式)。李煜六岁这年，他那一生传奇的祖父去世了，他的父亲李景通以嫡长子身份成为南唐皇帝，改名李璟。

李昪晚年的时候对嫡长子李景通并不满意，曾经想立另一个儿子做太子，不过最终没有实现。为了安抚诸弟，李璟刚一即位，就在父亲的灵柩前立下盟约，发誓要将皇位传给弟弟们。

> 盟于昪柩前，约兄弟世世继立。——《新五代史·南唐世家》

李璟说到做到，他即位的当年就下令将政务交给弟弟齐王李景遂全权处理。四年后，他正式宣布册封李

景遂为皇太弟，这显然是兄终弟及、兄弟相传之意。

后周显德三年(956)，柴荣统一天下的步伐踏进了南唐。吴越乘势进攻常州，李璟的长子李弘冀这时已经长大成人，处事果敢，颇有抱负。他率军击败吴越，显示了非凡的才能。他的叔父李景遂也算识趣，坚决辞去皇太弟之位，愿做藩王。因此，李弘冀被立为太子。但是，李弘冀为人非常专断严刻，李璟曾不止一次借传位于李景遂来鞭策他改变作风。李弘冀感到来自叔父的威胁，就秘密派人鸩杀了叔父。就这样，南唐的权力继承从兄终弟及又彻底回到父死子继的轨道上来。

第二，李煜是李璟的第六个儿子。

李璟一生有十一个儿子，李煜排行第六，无论怎么算，皇位都不会轮到他。但是，李煜的三哥、四哥、五哥，很早就夭折了，史书上连名字都没记载下来，他的二哥也在保大九年(951)的秋天，很配合地死去。排行第六的李煜实际上成为李璟的次子，他上面是太子李弘冀。李弘冀对这个紧随其后且有帝王之相的弟弟很不放心，李煜为了避祸，表现出对政治的极端不热心，一门心思地读书。但是，李弘冀有做皇帝的条件，却没有做皇帝的命，在他设法毒死他的叔父后不久，也染疾身亡。就这样，排行第六的李煜成了实际上的长子。于是，李璟封李煜为吴王，任尚书令，迁入东宫居住。

文献太子恶其有奇表，从嘉避祸，惟覃思经籍。——《十国春秋》卷十七第三，大臣中有人反对立李煜为太子。

李煜入住东宫，距离货真价实的太子仅差一纸册封的文件而已，但这时，大臣中有人觉得李璟的打算不靠谱，因此反对。反对的理由是李煜轻率、放肆、懦弱，又热心佛教，没有政治才能，根本就不是当皇帝的料，万万不能把国家交给他，要立储君就得立果敢、老练的李从善。没承想，反对立即招来了李璟的勃然大怒。李璟之所以如此，也许正是因为他吸取了李弘冀的教训，唯恐在自己的儿子中再次出现争夺继承权的悲剧，再不敢轻易更改立嫡立长的固定制度。因此，反对者不但被贬，而且还造成了相反的效果：坚定了他立李煜为太子的信心。就这样李煜很快被正式立为太子。这一年，是大宋的建隆二年（961）。当年六月，李璟在南都洪州（今江西南昌市）晏驾，在金陵监国的李煜即位。

> 从嘉德轻志懦，又酷信释氏，非人主才。从善果敢凝重，宜为嗣。——《资治通鉴》卷二九四

看来不光有圣人之相，还要因缘巧合。对帝王宝座本来也没多大热情的李煜，最终却登上了南唐国主的位子，可说是巧上加巧。但是，李煜是个才子，喜欢诗词创作，能写一手好文章，书法、绘画、音乐无不精通。像他这样的一国国主，有能力挽救南唐的颓势吗？

> 雅善属文，工书画，知音律。——《十国春秋》卷十七

空有当年旧烟月　芙蓉城上哭蛾眉

李煜没有当帝王的条件，但有当帝王的命，机缘巧

合，成了南唐的国主，这是他的幸运，不过，幸运的李煜又是一位很不走运的国主。为什么这么说呢？

因为当时大宋统一的趋势已经非常明朗，统一的步伐一刻也没停止，李煜受命于危难之际，有心图治，但无力回天。他越来越明白自己和自己的国家终有一日会被强邻所吞噬，所以，一方面，南唐通过向大宋王朝连绵不断地巨额进贡获得暂时的苟安，这无异于饮鸩止渴；另一方面他即位之后短暂的政治热情很快被严峻的现实击得粉碎，因此抱着一种今朝有酒今朝醉的态度，趁着尚有机会尽情享乐。在这个方面，李煜是很有才能的，这位本来就精于此道的国主日渐殆于政事，几乎把所有的时间与精力都消耗在了享受生活上。

李煜当然不是一个人玩，有人陪他疯。陪着李煜在金陵肆意享乐的是两姐妹：大周后、小周后。这两位亲姐妹，先后陪伴李煜演绎了一场又一场风花雪月的故事。

大周后比李煜大一岁。她的本名已经不可考，"娥皇"其实是她的乳名。她出身南唐世家，父亲周宗，做到宰相的位置，早在徐知诰（即李昪）任刺史的年月，就已经跟随在这位未来南唐烈祖的左右，是不折不扣的三朝元老级别的重臣。中主李璟，对其尤为赏识。有时赐宴近臣，李璟竟当众亲手为他整理幞头，以示周宗独享

小名娥皇，司徒宗之女也。——陆游《南唐书》卷十六（杭州出版社2004年版）

殊荣。更令群臣莫及的是，周宗和李璟结成了儿女亲家，而且这桩婚事是李璟亲自定下的。

在古代，君臣联姻，大多为了政治利益，从不考虑青年男女是否有感情基础，因此他们的婚姻往往并不遂意。但是，李煜的一生，伴随着太多的巧合。他的父亲李璟为他订下的这桩婚姻可谓珠联璧合，小两口兴趣爱好相当一致，心心相印，心有灵犀，从而引发了炽烈的爱情。

周娥皇是美女，那是毫无疑问的，史书说她们姐妹俩"皆国色"马令《南唐书》卷十一。如果南唐举行选美大赛，她们不夺魁的话，那肯定是评委受了贿赂或被潜规则了。长得漂亮就不用说了，而且，周娥皇不只是偶像派，更是实力派。

第一，通书史。

周娥皇看过哪些史书，文献中没有详细罗列。但既然是"通"，就不是单纯的没事乱翻书，一定反复阅读研究过。

第二，善歌舞，通音律，工琵琶。

周娥皇是一身的艺术细胞。作词、作曲、演唱、伴奏，自己一个人就全包了，一个人就能干一支乐队的活。周娥皇精通的乐器是琵琶，她精通到什么程度，可以从一个侧面反映出来。有一次，周娥皇为李璟祝寿，亲自弹奏琵琶，李璟听了以后佩服不已，把历史上著名

> 元宗亲为折幞头脚，以表殊礼。——陆游《南唐书》卷五

的烧槽琵琶赐给了她。

说起烧槽琵琶，就让人想到著名的"焦尾琴"。焦尾琴的问世有一段故事，跟东汉时期的学者蔡邕有关。蔡邕是个音律高手，某天吴地有个人正焚烧桐木做饭，路过的蔡邕听到桐木在火中爆裂的声音，知道这是一段很好的木头，是做乐器的绝妙材质，就立刻从火中取出这段桐木，请人用这段木头做了一张琴，果然弹出了美妙的音乐，音色美妙绝伦，盖世无双，可是木头尾部烧焦了，所以当时把这张琴就叫作"焦尾琴"。而烧槽琵琶采取了类似焦尾琴的制作工艺。对于亲自选定的儿媳妇，李璟肯定是非常满意的，所以才把这珍贵的乐器赏赐给她。

第三，打牌下棋，样样精通。

史书记载周娥皇采戏弈棋，靡不妙绝。 陆游《南唐书》卷十六

漂亮、有知识、有文化、能歌善舞、琵琶棋牌样样精通的周娥皇，与"雅善属文，工书画，知音律"的李煜，在954年的金陵举行了一场盛大的婚礼。这一年，李煜十八岁，娥皇十九岁。几年以后，李煜成了南唐的一把手，娥皇成了国后。

对一个国主来说，找个漂亮的女人不难，但是要找一个红颜知己就不是那么容易的事了。大周后既漂亮又和李煜有那么多的共同语言，李煜不宠她就真的奇

> 尝为寿元宗前，元宗叹其工，以烧槽琵琶赐之。——陆游《南唐书》卷十六

> 吴人有烧桐以爨者，邕闻火烈之声，知其良木，因请而裁为琴，果有美音，而其尾犹焦，故时人名曰"焦尾琴"焉。——《后汉书·蔡邕传》（中华书局1965年版）

怪了，于是大周后"宠嬖专房"陆游《南唐书》卷十六，一个人把李煜给包了。

按理说，周娥皇是读过史书的，她应该清楚，作为国后，她的职责是什么。但是，从文献的记载来看，大周后根本没有做过任何辅佐、劝说李煜治理国家的事情。史书上记载的都是她与李煜风花雪月的浪漫故事。

第一，周娥皇引领了南唐美容化妆的时尚。

女为悦己者容。大周后精心设计了"高髻纤裳"和"首翘鬓朵"的装扮，这是两种什么样的装扮，我们现在想象不出来，但可以肯定，这在当时是很前沿很时尚的两种设计，因为一出现就成为南唐少女们追捧的潮流，要是哪个少女不这样装扮那她根本就没脸见人。对于大周后的这种装扮，李煜自然是喜欢的。老婆每天都是新的，李煜以艺术家的眼光，审视时尚漂亮的老婆，在他诗词中不断地加以赞美。

第二，创作新曲。

在一个大雪纷飞的深夜，大周后和李煜把酒言欢。大雪、深夜、喝酒、聊天，真的很浪漫。酒酣之际，大周后举起酒杯请李煜一起跳舞。李煜道：你要是能写首新歌出来我就依你。大周后当场就写了一首曲子出来，而且写的过程中没有丝毫的停顿，一下子就写好了，这首曲子就是《邀醉舞破》，李煜当即叹服。另外，还有一首

> 创为高髻纤裳及首翘鬓朵之妆，人皆效之。——陆游《南唐书》卷十六

比较出名的曲子叫《恨来迟破》，也是大周后的作品。当然，李煜也不甘落后，他是填词的好手，在周娥皇的浪漫与才艺比拼下，他的创作灵感源源不断，写了不少反映他们通宵达旦歌舞狂欢的香歌艳词。

第三，补全《霓裳羽衣曲》。

在唐朝的时候，天下最流行的乐舞是《霓裳羽衣曲》，但经过了安史之乱和唐末战乱，这首曾经风靡中华大地的舞曲已经失传。周娥皇多方努力，找到一个残谱，用琵琶演奏，并把这个残本给补全了，于是大唐的盛世之音在南唐再次响起。

> 于是开元天宝之遗音复传于世。——陆游《南唐书》卷十六

我们看李煜与大周后的婚后生活，喝酒、作曲、填词、唱歌、跳舞、化妆，夫妻二人同声相应，同气相求，特别浪漫。

一个男人浪漫对女人来说是件好事，但是，一个皇帝浪漫对国家来说不啻是灾难。李煜是个男人，同时也是南唐的国主。

李煜与娥皇填词、作曲、唱歌、跳舞的浪漫行为，几乎占据了他日常生活的全部。因此，他把政事抛到了九霄云外。他即位之初有所作为的想法早就无影无踪，他一门心思地与娥皇夫唱妇随进行着他们的文艺创作与研究，哪里还管南唐百姓的民生，就更加顾不上国外的赵匡胤正在大踏步推进他的"世界一体化"事业。

> 后主以后好音律，因亦耽嗜，废政事。——陆游《南唐书》卷十六

监察御史张宪实在是看不下去了，冒死向李煜进

谏，进谏的结果是李煜"赐帛三十段"，但是仍然继续他的享受事业。南唐的三朝老臣萧俨也曾怒气冲冲地冲入宫中，把不理朝政却在与妃子下棋的李煜的棋盘掀翻在地，气得李煜厉声责问：你是想做魏征不成？萧俨也不示弱，针锋相对地还了一句：老朽比不上魏征，陛下也不是唐太宗。尽管当时李煜那盘棋是不下了，但对朝政仍不以为然，依然继续他风花雪月的生活。

李煜坐上国主的位子后，和大周后仅仅过了三年浪漫的日子，大周后就染上了重病，而且一病不起（历史上的美女往往都这样）。在临死之前，大周后支撑着虚弱的身体，亲自取出当初李煜的父亲赐给她的那把烧槽琵琶和手上的镯子，向李煜告别。大周后还先洗了个澡，并在嘴里含了块玉，才在瑶光殿死去。到底是美女，就是死，也一点不马虎。大周后死时才二十九岁，一共和李煜做了十年的夫妻。

大周后是个多才多艺的女子，单就作为一个女子而言，她是相当出色的，因为外美内秀的女子一向是稀缺的。但作为一个国后来说，她是相当的不称职，尽管她并没有干预朝政，也没有做什么滥杀无辜的事情，但是她只知道和李煜在深宫里饮酒作乐，唱歌跳舞，风花雪月，而不是规劝李煜把精力放到他的本职上。当然，我们不能过多地苛求大周后，毕竟是

旌其敢言，然终不能改也。——《续资治通鉴长编》卷九

后主大骇，诘之曰：'汝欲效魏征邪？'俨曰：'臣非魏征，则陛下亦非太宗矣。'后主为罢弈。——《十国春秋》卷二十五

李煜自己喜欢这种有风、有雾、有美女的生活，是他自己不愿意处理朝政。

大周后死后，李煜十分悲痛，把自己和大周后都十分喜爱的烧槽琵琶给大周后陪葬，并且写了一篇十分感人的诔文，洋洋洒洒几千字，句句酸楚动人。同时，用他那最擅长的文艺样式写了不少哀悼思念的词。史书上还讲，李煜因为失去大周后而悲恸欲绝，身体消瘦虚弱，站立走路都需要拐杖。

> 哀苦伤神，扶杖而起。——《十国春秋》卷十八

记得当时月朦胧　两心融、一心共

陆游《南唐书》里记载了这样一种说法，说李煜为大周后的死悲哀过度，形销骨立，要扶杖才能站立，其实是为了掩饰他与小周后的不伦之情。

小周后是大周后的亲妹妹，小她姐姐十四岁。

大周后病重之时，小周后已经入宫，并且与他的姐夫李煜发生了一段意料之中的故事。有一天，周娥皇无意中撩开床幔，竟然见到了她的妹妹，大为惊讶，于是问：你什么时候来的？小周后那时还很年轻，不懂得掩饰，就说：我进宫已经有一段日子了。娥皇立刻明白了怎么回事，于是很生气，转身朝里，到死也没往外看一眼。这件事也加剧了大周后的病情。

> 后寝疾，小周后已入宫中，后偶褰幔见之，惊曰：『汝何日来？』小周后尚幼，未知嫌疑，对曰：『既数日矣。』后恚，至死面不外向，故后主过哀以掩其迹云。——陆游《南唐书》卷十六

这件事的真实性难以考证，不过有两点可以肯

定,一是李煜有一首词记载了类似的一件事;二是大周后死后,取代她的正是她的妹妹小周后。

李煜这首词,词牌是《菩萨蛮》,他写道:

花明月暗笼轻雾,今宵好向郎边去。刬袜步香阶,手提金缕鞋。画堂南畔见,一向偎人颤。奴为出来难,教郎恣意怜。

这明显是一首男女幽会之词。后来评论家一致认同这是李煜与小周后情事的纪实。从这首词的内容看,月暗雾笼之夜,小周后光着脚丫,提着鞋子,生怕被人发觉,偷偷摸摸地前去与李煜约会偷情。没着鞋的小周后,偎在李煜的怀里,嘟着粉嘴喃喃:我来一趟可不易哟,你想怎样就怎样吧。这显然不是一次光明正大的见面。如果正如评论家所认定的,那这件韵事一定发生在小周后成为国后之前。

多情未必真无情。

李煜对大周后的情感是真实的,对小周后的情感也是真实的。但姐姐娥皇死了以后,李煜并没有立即把她的妹妹娶过来。原因有两个:一是那时的小周后年龄还小,比她姐姐小十四岁,身体纤瘦,还撑不起礼服,只好在宫中再等几年。没想到,第二年,太后驾崩,李煜服丧三年。直到开宝元年(968),才举行了一场正式

后未胜礼服,待年宫中。——马令《南唐书》卷六(杭州出版社2004年)

的仪式。当然，这只是一场仪式而已，史书上如此说：乃成礼而已，也就是走个形式罢了，因为小周后一直在宫中，早已是实际上的国后了。

即使是一个仪式，李煜也颇费了一番心思。因为在南唐的历史上，在位的国主娶国后是第一次，以前的国主如李昪、李璟以及李煜娶的大周后娥皇都是还没登基之前娶的老婆，所以应该采取什么样的仪式，一时拿不准。为此，李煜还专门组织了一次研讨会。

参加者有中书舍人徐铉、知制诰潘佑以及负责礼仪的官员。讨论的焦点有三个。

一是要不要用乐的问题。徐铉认为，按照古礼，不应用乐。潘佑认为，古今不同，这么重要的仪式，应该用乐。徐铉又说，古代的房中乐，不用钟鼓。潘佑辩解说，《诗经》中讲"窈窕淑女，钟鼓乐之"，所以应该用钟鼓乐器。

二是后初见君的答拜问题。徐铉引《后魏书》中"皇后先拜后起，皇帝后拜先起"的记载，认为皇帝应该答拜；潘佑认为，王者婚礼不能和老百姓的一样，皇帝不用答拜。

三是车辆服饰方面的问题，双方亦争执不下。

最后，李煜请出元老级别的徐游决定是非，徐游知道当时李煜非常宠信潘佑，就以潘佑所言为是。很有意思的是，不久，徐游身上生了一些毒疮，徐铉戏曰是不是周公、孔子在作祟啊，以此讥讽徐游见风使舵，不遵古礼。

李煜迎娶小周后的场面相当大。公元968年十月的冬天，李煜与小周后的这次婚礼造成了金陵万人空巷的景象。早在此前，李煜与小周后的那些风流韵事以及李煜纪实性的艳词传遍民间无疑增加了百姓的无限期待，他们都想目睹这个光着脚丫、提着鞋子、半夜与姐夫幽会偷情的小女子的风采。他们围观的不是婚礼，是风流韵事。史书上还记载，因为围观的人太多，有些人就爬到了屋顶上，希望能够来个全景性的鸟瞰，竟然有踩破屋顶而掉下来送命的。

> 及亲迎，民庶观者，或登屋极，至有坠瓦而毙者。——马令《南唐书》卷六

婚礼举行的第二天，李煜大宴群臣。按照惯例，赴宴的群臣自韩熙载以下，都要写诗贺喜（这的确是个文艺的国度），然而大家都知道大周后死后，如今的这位新国后就已经长住宫内了。昨天那隆重的大场面，其实不过是走走过场。因此，众人写出来的贺诗阴阳怪气，与其说是恭贺，不如说是讽刺。对于群臣的态度，李煜倒也不动气，难言之隐，一笑了之。

> 韩熙载以下皆为诗以讽焉，而后主不之谴。——马令《南唐书》卷六

在姐姐大周后去世四年之后，小周后终于正式取代了姐姐的位置。

小周后受到的宠爱，超过了她的姐姐。为了增加浪漫的氛围，李煜在花丛里建造了许多亭子，雕镂华丽，但是只能容得进两个人，这两个人自然就是李煜和小周后了。李煜和小周后在此对酌、赏花、填词、唱歌，他们喜欢在这狭小空间中耳鬓厮磨，并且容不下任何第三人，确实够浪漫的。他们的房间，装扮得富丽堂皇，金银珠宝，镶嵌四壁。每逢七夕（恰逢李煜的生日），

> 被宠过于昭惠。时后主于群花间作亭，雕镂华丽，而极迫小，仅容二人，每与后酣饮其中。——陆游《南唐书》卷十六

都要用红白锦罗百匹,把房间装扮成天河月宫的样子,歌舞达旦,一醉方休。这就是李煜和小周后浪漫生活的一瞥。

一个普通人整天和情人一起花前月下、吟诗作对,那叫浪漫,是爱情。一个皇帝也这样,那叫不务正业,是犯罪。李煜正是这样一个和老婆花前月下、吟诗作对的国主。治理国家是正业,他当成了业余爱好;填词唱歌是业余爱好,被他当成了正业。当然,作为一国之主,他并不是只会风花雪月,完全不理政事。他是两手抓:一手抓文艺,很给力;一手抓治国,很无助。李煜难道就这么无能吗?

李煜并非不想有所作为。他从父亲手中接过南唐这个烂摊子的时候,有心振作,却无力回天。只有在风花雪月中逃避现实,只有在醉生梦死中乐以忘忧。因为南唐从他父亲开始,就已经陷入了进退两难的困境。那么,这个进退两难的困境是怎样形成的呢?

二十七 进退失据

后周显德年间,一代英主周世宗对南唐连续三次用兵,南唐失去了半壁江山,江北十四州悉数并入后周,后周的疆域扩展到长江一线。南唐成了后周的附属国。李煜即位以后,不谙政事的他,遵从苟且偷安的国策,通过连绵不断的巨额进贡,勉强维持着南唐国主的地位。然而,随着宋太祖赵匡胤的崛起,荆南、湖南、后蜀、南汉先后并入宋朝,南唐陷入四面包围之中,进退失据,已经失去了存在的理由。曾几何时,甚至有实力统一中国的南唐,怎么会沦落到这个地步呢?

迁都洪州

这要从李煜的父亲李璟说起。

李璟即位以后，不顾他的父亲李昇临死之前交代的"守成业""交邻国""保社稷"《十国春秋》卷十五的告诫，在新贵大臣开疆拓土的众声喧哗中，以为自己真的就是大唐的后裔，甚至一度产生了平定中原、恢复大唐旧都的想法。他悍然对邻国用兵，先是与东南的闽、西部的马楚政权交兵，结果非但未能开疆拓土，反而极大地消耗了南唐的国力，南唐由盛转衰当由此始。李璟扩疆失利，由进转守，甚至发出终生不再用兵的慨叹。

但是，自己不用兵，并不能阻止邻国用兵。此时，中原的后周崛起，周世宗统一天下的步伐已经迈开。显德年间，周世宗三次亲征淮南，南唐失去了长江以北的半壁江山，李璟被迫从唐皇帝变成了唐国主。

淮南战败之后，中原王朝的疆域推进到长江一线，南唐的都城金陵与江北只有一水之隔。南唐的君臣都清楚，中原绝对不会以划江为界而满足，一旦时机成熟，定会举兵渡江南下。因此，这个时候，唐主李璟产生了迁都的想法。

宋太祖登上皇位的建隆元年（960），淮南节度使李重进举兵叛乱，曾派遣使者前往南唐，请求出兵援助，但李璟断然拒绝了李重进的请求。宋太祖平定李重进叛

——自以唐子孙，慨然有定中原、复旧都之意。——陆游《南唐书》卷十五

——兵可终身不用，何十数年之有！——《十国春秋》卷十六

——遣使求援于唐，唐主不敢纳。——《续资治通鉴长编》卷一

乱后，李璟立即派遣使者前去犒师，接着又派遣他的儿子李从镒、户部尚书冯延鲁前往大宋军前，为远道来到南唐家门之前的太祖献上吃饭喝酒的钱，以实际行动向太祖表示：你们远道而来辛苦了，喝酒吃饭，我来买单。

> 复遣其子蒋国公从镒、户部尚书新安冯延鲁来买宴。——《续资治通鉴长编》卷一

请客吃饭并不能消解宋太祖对李重进与南唐往来的疑虑，另外，太祖也想趁此机会，给南唐一点颜色看看。于是板着脸，很不客气地责问冯延鲁：你们的国主为什么和我的叛臣暗中勾结呢？冯延鲁不慌不忙，说：陛下只知道他们有往来，不知道国主还参与了谋划呢。不能不承认，冯延鲁还是很有脑子的，他不但立刻承认南唐与李重进有往来（这没法否认），而且还说不止这些，这着是以退为进，立刻从被动转向主动。果然，太祖急忙追问此中详情。冯延鲁说：李重进派遣的使者正好在卑臣家中住宿，国主派人对他讲：男子汉大丈夫因为不得志而谋反的，历代都有，但时机有可、有不可。陛下接受禅让之初，人心没有安定，上党李筠发动叛乱之时，你不乘机造反；眼下人心安定，四海无事，你却想凭借残破的扬州以及几千乌合之众来对抗天下数万精兵，就是韩信、白起再生，也必定没有成功的希望。所以，我们就是有军队、粮食，也不敢援助。结果，李重进最终因为没有外援而失败。

> 陛下徒知其交通，不知预其反谋也。——《续资治通鉴长编》卷一

> 男子不得志，固有反者，但时有可，不可。陛下初立，人心未安，交兵上党，当是时不反，今人心已定，乃欲以残破扬州，数千弊卒，抗万乘之师，借使韩、白复生，必无成理，虽有兵食，不敢相资。重进卒以失援而败。——《续资治通鉴长编》卷一

冯延鲁把李重进失败的原因归结到没有南唐的出兵援助，同时又不失时机地奉承了大宋的神威。

太祖赵匡胤原想，一番问责，冯延鲁必定会恐惧万分，语无伦次，没想到他振振有词，在彻底撇清了与李重进谋反的关系后，又恰如其分地拍了一下大宋的马屁，赵匡胤就乐了。太祖接着说：即使这样，手下都劝我乘胜渡江南下，你看如何？冯延鲁说：陛下神威英武，亲率六师，光临小国，区区江南，又怎么能够抗拒陛下的神威？情况虽然是这么个情况，但我认为陛下还需认真考虑，我国有数万军队，都是先主的随身护卫，他们发誓要同生共死。陛下如果能够舍弃数万部众与之血战，那就可以了。况且有长江作为天堑，风浪不可预测，如果前进不能攻克城池，后退缺乏运粮通道，那也很值得忧虑。

太祖笑道：随便与你开个玩笑罢了，难道是听你来游说的吗？

在这场外交活动中，冯延鲁是代表南唐来请客吃饭的，对赵匡胤的厉声责问与放言恐吓，不卑不亢，绵里藏针，说话得体，圆满地完成了任务。

太祖本来是想恐吓一下南唐使臣，就是想看看他被问责之后的恐惧状与语无伦次状，没想碰了个软钉子。再说，大老远兴师动众前来讨伐李重进，没费吹灰之力就解决了，总觉得有一点点不满足。于

> 太祖初意延鲁必恐惧失次，及闻其言，乃大喜。——陆游《南唐书》卷十一

> 陛下神武，御六师以临小国，蕞尔江南，安敢抗天威？然国主有侍卫数万，皆先主亲兵，誓同生死，陛下能弃数万之众与之血战，则可矣。且大江风涛，苟进未克城，退乏粮道，亦大国之忧也。——《续资治通鉴长编》卷一

是，太祖命令大军在迎銮镇附近江域进行了一次水上军事演习。迎銮镇在扬州与金陵之间，大宋的水军可以沿着长江逆流直奔金陵。大宋的这次军事演习，收到了预期的效果。唐主李璟惊恐异常，更加认识到金陵作为都城存在的危险，于是决定迁都。

素来缺乏主见的李璟，在迁都问题上表现得异乎寻常地坚决，在一片反对声中，迁都洪州（南昌府）。

从金陵至洪州，要沿长江溯流而上，到江州（今江西九江）一带再往南由彭蠡湖（今鄱阳湖）进入赣水（今赣江），方能到达。当初谋划迁都之时，看中的正是洪州可以"居上游而制根本"的地理条件，金陵与中原仅隔一江，处于长江下游。中原王朝军队可以沿长江顺流而至，也可以从下游溯流而上，还可以直接渡江即可兵临城下，而金陵只能坚壁自守。洪州地处南唐腹地，比长江下游沿岸的金陵有更多的缓冲地带。以洪州为根据地，先实行退缩防守的战略，养精蓄锐，凭借长江之有利地形以及南唐水军的优势，等待时机，以图复兴，从南唐当时的局势来看，亦不失为一种可行的权宜之策。

但是，南唐的这次迁都，非常仓促，并未来得及对洪州进行大规模修缮营建。洪州这个城市狭窄局促，宫殿府库、军营官署还不及金陵的十之一二，群臣都无处立足。惯于享受生活的南唐官员日夜思念金陵的繁华，日夜思念东迁，无心与李璟共患难，不断抱怨洪州的简

上使诸军习战舰于迎銮。——《续资治通鉴长编》卷一

建康与敌境隔江而已，又在下流，敌兵若至，闭门自守。——马令《南唐书》卷四

陋与生活的艰苦，李璟也心生悔意。当初唯一赞同迁都的枢密使唐镐既惭愧又害怕，发病而死。

李璟当初即位之时，南唐地跨江淮三十余州，物力丰富，慨然有统一天下之志；及后周崛起，淮南失地，被迫削去帝号，改称国主；太祖平定扬州，耀兵迎銮，李璟恐惧，被迫退缩洪州一隅，满朝怨声，李璟灰心丧气。他时常回望金陵，潸然泪下，手下只能以屏风为他挡住视线。

建隆二年(961)六月，李璟在战败的屈辱与迁都的抑郁中离世。这个难得做出明智决断的国主，在临死之前，似乎已经预见了南唐的未来。在遗书中，他坚决要求留葬洪州，仅累土数尺为坟，并且说：违背我的遗言的，不是忠臣孝子。不过，即位的李煜并没有遵从他父亲的遗嘱，而是将其移葬金陵。

李璟死后不久，文武大臣都回到了金陵。南昌府这个短命的国都，仅三个月就被废弃了。南昌都城的废弃，标志着李璟退守以图东山再起策略的流产。

李璟一生，进则失利，退则失土，守则无成，将南唐的这个烂摊子交给了不谙政事的儿子。那么，在金陵即位的李煜，面对这日益危急的形势，又会采取什么措施呢？

> 豫章迫隘，宫府营署，皆不能容，群臣日夕思归，国主悔怒。——马令《南唐书》卷四

> 国主亦悔迁。北望金陵，郁郁不乐。澄心堂承旨秦承裕常引屏风障之。——陆游《南唐书》卷二

> 六月己未，疾革，亲书遗令：留葬西山，累土数尺为坟。且曰：违吾言非忠臣孝子。——陆游《南唐书》卷二

与时俱退　跋前疐后

南唐建国之初，李昪虽以李唐皇室苗裔自居，事实上对南唐国力有清醒的认识，未在军事上轻举妄动；李璟即位以后，一度雄心勃勃，甚至有觊觎中原之心，幻想成为真正的天子，战败的事实促使他迁都洪州，全面退守。李煜上台以后，面对中原政权，南唐彻底放弃了大国之尊：在名义上自降身份，小心侍奉；在物质上频繁进贡，非常给力；在军事上不敢作为，小心翼翼。

李煜即位的时候，南唐已经没有皇帝的称号了，他的职位是唐国主。面对日益强势的宋朝，他"与时俱退"，不断调整自己的身份，不断降低自己的级别，不断放弃自尊，这主要表现在以下五个方面。

第一，公文类别的变化。

建隆二年(961)六月，李煜在金陵即位，八月，立刻派遣中书侍郎冯延鲁出使大宋，向大宋皇帝赵匡胤汇报南唐最高权力的转移情况。在这份表文中，李煜以极其谦恭的词句一再申明甘愿臣服于大宋，甚至立下誓言说如果心有二志，不但违背祖训，而且必遭天谴。宋太祖下诏进行安抚。

当初，周世宗取得江北之地后，写给南唐的书信，如同唐朝给回鹘可汗的体式，称为"书"。从李煜这次上表开始，宋朝答复南唐的书信将书改称为诏。公文体

> 若日稍易初心，辄萌异志，岂独不遵于祖祢，实当受谴于神明。
> ——《宋史·南唐李氏世家》

式的这个变化有深刻的象征意义。书往往具有平等的意味，而诏则是帝王对下级所发布的命令文书，是上下级关系使用的公文样式。南唐地位的下降，从这一公文名称的改变中可见一斑。

随着这种变化，南唐内部的公文类别名称也开始更改。李璟在位之时，虽然也对中原王朝称臣，但在南唐自己的地盘上，依然是名副其实的皇帝。他发布的命令依然使用诏书的公文类别。李煜上台之初，依然沿用。但是，随着大宋统一步伐的加速与进程有条不紊地进行，李煜深感恐惧。特别是南汉刘氏政权灭亡之后，李煜再也不敢使用帝王专用的诏书类别，改用"教"。

第二，称谓的变化。

周世宗占领江北之地以后，与南唐书信往来，称呼国主。国主虽然没有皇帝响亮，但没有指名道姓，自然有一定尊重的意味在内。对于这个称呼，李煜诚惶诚恐，三番五次地向大宋朝廷上表，乞求直接称呼姓名。乾德元年 (963)，李煜上表，请求称名，太祖没有允许。开宝四年 (971)，南汉也已经消失，李煜更加担心自己的命运，再次上表请求称名，这次赵匡胤爽快地答应了他。

第三，礼制的变化。

《五国故事》中记载了这样一件事，说当初李煜在金陵即位时,要颁布诏书,大赦天下,因此在宫门前立金鸡。金鸡是传说中的一种神鸟,按照古代制度,天子登上皇位的那天,要大赦天下,在宫门前竖一根七丈高的长竿,顶上立着一只四尺高的鸡状物,头部用黄金装饰,口里衔一面七尺长的绛红色旗帜,下面用彩色的盘子托着,用绛红色的绳子捆扎固定,然后宣读赦令。既然是天子登基颁布赦诏时所用的仪仗,南唐已经成为大宋的附属国,怎么还用这种天子的仪仗?身在东京的赵匡胤听闻此事,勃然大怒,立刻召见南唐驻开封的进奏使陆昭符,厉声责问。幸亏陆昭符头脑机灵,有口才,辩解说:这不是金鸡,是怪鸟。赵匡胤也就一笑了之。这件事在陆游的《南唐书》中亦有记载(陆游《南唐书》中作"睦昭符",但《宋史》、马令《南唐书》中均作"陆昭符",今姑从之)。

此事虽然以陆昭符"金鸡变怪鸟"的巧辩,使赵匡胤未再深究,但是,李煜从此更加小心谨慎。有两件事,可以反映李煜侍奉大国战战兢兢的心态。

第一件事,紫袍见宋使。

李璟之时,虽对后周、大宋称臣,但仅是去掉了帝号,不再称皇帝而已,其他方面仍然使用皇帝的礼节。到李煜的时候,经历"金鸡事件"的他,

赦日,树金鸡于仗南,竿长七丈,有鸡高四尺,黄金饰首,衔绛幡长七尺,承以彩盘,维以绛绳。——《新唐书·百官志三》(中华书局1975年版)

初,煜建隆二年七月二十九日,袭伪位于金陵,因登楼建金鸡以肆赦。太祖闻之,大怒,因问其进奏使陆昭符,符素辩给,上颇怜之,是日对曰:"此非金鸡,乃怪鸟耳。"上大笑,因而不问。——《五国故事》卷上(《全宋笔记》第1编第3册,大象出版社2003年版)

每当宋朝使臣来临,便立刻换上臣子穿戴的紫袍,会见使者。等到使臣离去,才敢穿上帝王的黄袍。

第二件事,宫殿除鸱吻。

鸱吻其实就是宫殿上一种有象征意义的装饰。相传鸱吻是龙的儿子,所谓龙生九子,鸱吻为其中之一。据说这位龙子好在险要处东张西望,喜欢吞火。汉武帝建柏梁殿时,有人上书说大海中有一种鱼,似鸱鸟,是水精,能够喷浪降雨,可以防火,建议置于房顶上以避火灾。于是便塑其形象在殿角、殿脊、屋顶之上。汉武帝在历史上有名气,所以,到后来,鸱吻就成了帝王威严派头的一种象征。

南唐的宫殿上面自然也少不了鸱吻这样的标志。但是,"金鸡事件"发生以后,李煜就处处小心了。最初,每当大宋使者来的时候,他就叫人把这个象征物给拆下来,生怕宋朝的使者回去对赵匡胤一说,又刺激了赵匡胤的神经,认为他仍然想跟这个大宋天子平起平坐,惹来麻烦。等宋朝代表走了之后,他再叫人把它给装上去。到后来,南汉消失的时候,李煜大惧,下令彻底除去宫殿上的鸱吻,也不用拆下来再装上去那样麻烦了。

第四,国号的变化。

开宝四年(971),李煜派遣他的弟弟李从善朝贡大宋。李煜上表,将唐国主改称江南国主,唐国印改为江

初,元宗虽臣于周,惟去帝号,他犹用王者礼。至是,国主始易紫袍见使者,使退,如初服。——陆游《南唐书》卷三

初,金陵官阙,皆设鸱吻。元宗虽臣于周,犹如故。乾德后遇中朝使至,则去之,使还复设,至是,遂去不复用。——陆游《南唐书》卷三

南国主印。李煜自觉地除去了所谓的大唐皇室苗裔的身份，从名称上彻底消除了南唐形式上的独立性。

第五，官府、官号的变更。

南汉灭亡之后，李煜似乎看到了自己的未来，进一步加速了相关名号的变更。改中书、门下为左、右内史府，尚书省为司会府，御史台为司宪府，翰林为修文馆，枢密院为光政院。同时，原先分封的诸王，都降一级爵位，改称公。

如果说李煜以上的这些表现都还都是务虚的话（其实这是一个国家的尊严问题），李煜在务实的层面上也表现得相当给力，他不光是退——降低身份、取消国号、改变公文类别等等，而且也在进——进贡，金银器具、锦绮绫罗、酒器茶器、衣服粮食，络绎不绝地发往东京。文献中对他统治时期政治业绩的记录，除了连绵不断地向大宋派遣使者、进送礼品以外，几乎乏善可陈。

《宋史》中这样概括李煜在这方面的成绩：他每听到大宋朝廷出兵得胜或喜庆吉祥的事情，必定派使臣前往犒劳军队，进送贡品。每逢大的庆典，就更以买宴为名，正常进贡之外，另外进奉珍奇玩物作为献礼，吉凶大礼，都另备贡品。太祖的生日要进贡，太祖母亲去世了要出资，收复了其他国家要犒师，大宋祭祀要资助……总之，李煜抓住一切可能的机会，献纳金银财宝、绫罗绸缎、粮食茶叶，不断地向太祖表示自己的忠

> 煜每闻朝廷出师克捷及嘉庆之事，必遣使犒师修贡。其大庆，即更以买宴为名，别奉珍玩为献。吉凶大礼，皆别修贡助。——《宋史·南唐李氏世家》

心。据不完全统计，从建隆二年(961)李煜登基到开宝六年(973)大宋南征十三年的时间内，南唐通过各种名义向大宋进贡：金器不少于五千两，白金二十万斤，银不少于二十万两，绫罗绸缎不少于二十五万匹，钱不少于三十万，另有不计其数的金银器物(参见文后附表)。在五代十国时期，南唐怎么说也是个富庶的国家，但到李煜后期，连绵不断地向大宋进贡，导致国库空虚，一时竟难以筹措齐全贡品，不得不从富贵之家购买大量绢帛，以解燃眉之急。

> 后主数贡奉，帑藏空竭，昭符市于富民石守信家，得绢十万，后主大悦。——陆游《南唐书》卷八

附：李煜一朝进贡大宋粗略统计表

时间	名义	出使者	进贡详单	记载出处
建隆二年八月	表陈袭位	冯延鲁	金器两千两、银器两万两	《宋史·南唐李氏世家》《十国春秋》《续资治通鉴长编》
建隆二年十月	助太祖母杜太后丧葬	户部侍郎韩熙载、太府卿田霖		《宋史》《十国春秋》
建隆三年三月	入贡	冯延鲁		陆游《南唐书》、《十国春秋》

续表

时间	名义	出使者	进贡详单	记载出处
建隆三年六月（或作七月）	谢生辰之赐	客省使翟如璧	金器两千两、银器一万两、锦绮绫罗一万匹	陆游《南唐书》、《续资治通鉴长编》、《十国春秋》、《金陵新志》（见陆游《南唐书》注引）
建隆三年十一月	入贡	水部郎中顾彝		陆游《南唐书》、《十国春秋》
建隆四年三月	宋平荆湖，犒师，贺宋郊祀		银一万两，绢一万匹；贺册尊号，绢万匹	陆游《南唐书》、《十国春秋》、《金陵新志》
乾德二年五月	贺宋文明殿成		银万两	《十国春秋》
乾德二年二月	助安陵改卜		银一万两，绫绢各万匹；别贡银二万两、金器龙凤茶酒器数百事	《续资治通鉴长编》《金陵新志》
乾德三年二月	贺长春节		御衣二袭、金酒器千两、锦绮绫罗各千匹、银器五千两	《续资治通鉴长编》《金陵新志》《宋史》
乾德三年春	贺平西川		银五万两	《金陵新志》

续表

时间	名义	出使者	进贡详单	记载出处
乾德三年十月			银两万两、金银龙凤茶酒器数百事	《宋史》《十国春秋》
开宝二年六月		吉王李从谦、水部员外郎查元方		《续资治通鉴长编》
开宝四年三月	朝贡、买宴	吉王李从谦	珍宝器币，其数皆倍于前	《续资治鉴长编》
开宝四年七月	占城、阇婆、大食国进贡，唐不敢受，来献		物品众多，详见《金陵新志》；又贡茶二十万斤	《续资治通鉴长编》《金陵新志》
开宝四年十一月	郊祀朝贡（宋军屯兵汉阳，李煜惧）	郑王李从善		《续资治通鉴长编》
开宝五年春	长春节		增钱三十万缗，遂以为常；另二十万石米麦	《十国春秋》《宋史》
开宝六年十月		江国公李从镒	帛二十万匹、白金二十万斤（《宋史》作茶二十万斤）	《十国春秋》
开宝六年	买宴	起居舍人潘慎修	帛万匹、钱五百万（《金陵新志》作钱五千贯），御衣、金带、金银器用数百事，又贡银五万两、绢一万匹	《十国春秋》

我不惹你，你别打我

李煜的全面妥协还表现在对臣下军事行动建议的断然拒绝。

一是拒绝沿江巡检卢绛攻打吴越的建议。

在南唐形势岌岌可危之时，卢绛曾向李煜上书，陈述国家利害十余事，其中就有一条涉及国防，他建议在南京至镇江之间的军事要地设立驻军扎寨屯守。卢绛上书后，李煜没有任何回应。于是，他又拜访南唐的枢密使陈乔，滔滔不绝，纵横捭阖，把他上书的内容又陈述了一遍，这就很令陈乔刮目相看。卢绛后被任命为沿江巡检。他招募流亡，组建军队，进行水上训练，多次与吴越水军交战，缴获吴越战舰数百艘，有善战之名。他曾游说李煜说：吴越，是我国的世仇，早晚一天会充当北朝的向导，协助大宋进攻南唐，应该先灭掉它。李煜说：吴越是大宋的附庸之国，怎么敢施加兵力呢？卢绛又说：臣下请求诈称率领宣州（今安徽宣城市）、歙州的军队叛变，陛下声言讨伐，并请求吴越出兵援助，等吴越军队到达时，就联手攻击它，吴越必定灭亡。此时的李煜，对大宋采用的是全面妥协退守的办法，深恐一旦出兵吴越，必定招来大宋的讨伐，

> 京口至洄壁要冲之地，宜立栅屯戍。——马令《南唐书》卷二十二

> 诣枢密使陈乔，口陈所上书，词辩纵横，乔悚然异之。——陆游《南唐书》卷十四

> 吴越，仇雠也。他日必为北朝乡导，掎角攻我，当先灭之。——《续资治通鉴长编》卷十一

> 召募亡命，习水战，屡要吴越兵于海门，获舟舰数百。——《续资治通鉴长编》卷十一

只能加速南唐的灭亡，便拒绝了卢绛的建议。

二是拒绝林仁肇收复江北失地的建议。

开宝三年（970），南都留守林仁肇秘密向李煜上表，说：现在的淮南各州，守卫士兵各部不超过千人，宋朝前几年灭亡蜀国，眼下又攻打岭南，往返路途几千里，军队疲惫困乏。希望陛下拨给臣下几万军队，从寿春渡江北上，利用思念旧都的百姓，可以收复长江以北的旧日国土。如果宋朝前来增援，臣下占据淮河与之对垒抵抗，他们势必不能同我军抗衡。举兵之日，请向宋朝通报说臣下领兵叛变外逃，这样，事情成功了对国家有利，一旦失败请诛灭臣下全家，以此表明陛下对宋朝并无二心。

李煜恐惧失利，同样没有接受。

三是拒绝南唐商人焚烧大宋战舰的建议。

大宋收复岭南，开始为收复南唐做准备，在长江上游的荆南制造数千艘战舰。南唐的商人发现

> 淮南诸州戍兵各不过千人，宋朝前年灭蜀，今又取岭表，往返数千里，师旅罢敝。愿假臣兵数万，自寿春北渡，径据正阳，因思旧之民，可复江北旧境。彼纵来援，臣据淮对垒而御之，势不能敌。兵起之日，请以臣举兵外叛闻于宋朝，事成国家享其利，败则族臣家，明陛下无二心。
> ——《续资治通鉴长编》卷十一

了这一新动向，立即报告朝廷，建议潜入荆南，秘密焚烧大宋的战舰。李煜害怕，不敢答应。

在对大宋的军事行动方面，李煜采取了"三拒绝"的态度，不敢有任何反抗的行动，唯恐一点风吹草动，让大宋抓个正着，加快自己消失的速度和进程。

李煜为什么会一味退让呢？

李煜无论在名分上，还是在物质上、军事上，都对大宋王朝卑躬屈膝，唯命是从，竭尽所能地侍奉大宋，不敢有丝毫大意，他根本的目的也就是委曲求全，不想让祖业在他的手中化为乌有；他卑躬屈膝的行为，也只是想名义我可以不要，自尊我可以放弃，只要能够君临一方就满足了。

其实，李煜虽然对政治不在行，但也并非傻瓜，对于南唐的将来，他或许比别人更清楚，他之所以一味地退让，无非想尽量延长南唐的存在时间。

但是，李煜的这种想法能实现吗？

> 有商人来告，中朝造战舰数千艘在荆南，请密往焚之。国主惧，不敢从。——陆游《南唐书》卷三

万事俱备

对于南唐，宋太祖一直在做准备。他的目标很清楚：灭南唐。要发动一场消灭南唐的统一战争，完成如此重大的历史任务，赵匡胤有什么呢？换句话说，赵匡胤凭什么呢？一是土地。赵匡胤发动陈桥兵变，拥有了后周的全部土地。征服荆南、湖南、后蜀、南汉，让大宋获得了一百四十个州。此时南唐有多少个州？十九个州。凭借后周的国土，加上新获得的一百四十多个州，大宋的国土已远远超过南唐的国土。二是军费。打仗就是烧钱，没有钱打不了仗。大宋的财政状况并不好，但统一战争让它竟得了横财。仅仅灭掉一个后蜀就让大宋获得了巨大的财富。有钱好办事啊。三是兵员。大宋灭掉四个割据、半割据政权，兵员获得了大量补充。这就是大宋灭南唐的资本。赵匡胤要灭南唐，已经有了足够的资本。但是，一个人做事，不但要知道自己要干什么、自己有什么，更重要的还要知道自己怕什么、缺什么。

巧使反间计

赵匡胤灭南唐有两怕：首先是怕南唐的强劲对手。

南唐还有让赵匡胤害怕的强劲对手吗？有！

此人叫林仁肇。他是南唐的南都留守兼侍中。林仁肇一个人能影响大宋统一的步伐吗？能！

历史事实已经证明了这一点。当初周世宗征伐淮南，对淮南的寿州城围困了一年零四个月，才最终将这一军事重镇拿下。之所以持续如此长的时间，根本原因是防守寿州的是刘仁赡。刘仁赡"以一城之众，连年拒守"，"轻财重士，法令严肃"《旧五代史·周书·刘仁赡传》，曾亲自斩杀建议投降的儿子。寿州的最终失守，也是发生在刘仁赡病重昏迷之时。赵匡胤是亲自经历过淮南战争的人，对刘仁赡这样的将领还是有所忌惮的。

李煜不谙政治，不理政事，但并不代表他的手下就没有能人。林仁肇正是一个能人。

林仁肇有什么呢？

一是有威名。

史书上这样说："林仁肇有威名，朝廷忌之。"《续资治通鉴长编》卷十三"忌"就是畏惧、顾忌的意思。大宋朝廷对林仁肇之所以存有忌惮之心，是因为林仁肇"有威名"，在南唐，他是一个很有威望的人。而且，对于林仁肇的能力，赵匡胤也是见识过的。

二是有实战经验。

在后周时期的寿州之战中，林仁肇曾率领非主力部队（偏师）连续收复寿州外围已被宋军占据的营寨，又曾率领千人敢死队沿淮而上，意欲乘风烧毁周军在淮河上驾造的浮桥，断绝周军运粮的通道，没想到风向逆转，未果。后周的殿前指挥使张永德发兵追之，频频发箭，每每将要射中之时，都被林仁肇挡去。张永德吃惊道：对方有能人，不能紧逼。张永德为什么会吃惊？因为他的射箭技术一向百发百中。史书上说："永德猿臂善射，发无不毙。"马令《南唐书》卷十二文献中还说，林仁肇这个人刚强坚毅，有力气，身材高大魁梧，身上文有猛虎，因此军中称他"林虎儿"（陆游《南唐书》作"林虎子"）。一向箭无虚发的张永德频频发箭，竟然被林仁肇挡去，怎能不吃惊？

三是智勇双全。

上一章中已经讲过，当初林仁肇劝谏李煜趁着赵匡胤出兵各国军队疲惫、淮南兵力空虚之际，发兵江北，夺回之前被后周占据的江北十四州。大意就是让李煜同意他发兵，如若攻下江北，那么南唐还有逐鹿中原的机会，如果攻不下来，李煜可将他全家处斩，给赵匡胤一个交代。由此看来，他的确是个忠臣，跟刘仁赡有一拼，可话说到这种地步，李煜却不敢听从。

宋乾德三年（965），林仁肇被委任为洪州节度使，留守南都。洪州是长江中上游地区的重镇，林

> 周将张永德来争，会风回，火不得施，我兵少却。永德鼓噪乘之，遂败，仁肇独骑一马为殿。永德引弓射之，屡将中，仁肇辄格去。永德惊曰："此壮士，不可逼也。"——陆游《南唐书》卷十四

> 刚毅，有膂力，姿质伟岸，文身为虎儿，因谓之林虎儿。——马令《南唐书》卷十二

仁肇在此处屯聚军队，绝对能够对大宋的统一步伐造成阻碍。宋太祖对他心存忌惮是理所当然的。

赵匡胤怎样解决林仁肇这样的强劲对手呢？赵匡胤毕竟是赵匡胤，他玩了一个小把戏，轻松地将林仁肇除去了。这是怎么回事呢？

赵匡胤派人贿赂林仁肇身边之人，偷来一幅林仁肇的画像，挂在京都开封宫殿的别室，然后引领南唐使者来看，并问画像是谁。南唐使者道："林仁肇。"赵匡胤对南唐使者说：林仁肇将要来投降，以画像为信物。接着又指着一处空宅道：这是朕准备赐给林仁肇的居所。南唐使者归国之后，立即将事情原委向李煜汇报。林仁肇在南唐素有威名，也引起了一些人的嫉妒，于是这些人联合起来，竟共同把这件子虚乌有的事情证成事实。李煜立即派人到洪州，直接赐给林仁肇一杯毒酒。能令赵匡胤忌惮的一代名将，竟然死得如此简单、如此凄惨。

这种计谋在现代人看来如同儿戏，是"小儿科"，可当时偏偏就成功了。为什么能成功呢？

李煜鸩杀林仁肇是因为他了解林仁肇的能力，这样的人一旦真的归顺大宋，南唐剩余的时间就真的不多了。毕竟有几件事情引起李煜的猜疑：林仁肇曾经请求带兵收复淮南，这有收复失地的可能，也有借此降宋的可能；开封的宫殿中有林仁肇投降的信物，有给林仁

> 仁肇将来降，先持此为信。——《续资治通鉴长编》卷十三

> 使人持鸩往毒之。——陆游《南唐书》卷十四

肇准备的大房子；手下嫉妒林仁肇的人都积极提供林仁肇投降的证据。三件事情指向一种可能，他只有鸩杀林仁肇了。

这件事类似于《史记》中记载的陈平设计离间范增与项羽的故事。一次项羽派使者去刘邦那里，刘邦假装准备好酒好肉盛情款待使者，见到使者，假装错愕道：我以为是亚父的使者才如此款待，原来是项王使者。接着将丰盛酒席撤了下去，而以粗茶淡饭代之。使者回禀项羽，项羽怀疑范增和刘邦有勾结，逐渐罢免了他的权力，气得范增大怒辞官，路上毒疮发作而死。

李煜一定是读过《史记》的，至少对项羽的事情很熟悉，因为他有和项羽相似的外貌特征：重瞳。但是，读了史书的他，并没有吸取前车之鉴。项羽当初剥夺范增权力，也不过是多疑而已，最终还是范增自己辞官。再看李煜，直接将林仁肇毒死。

只是李煜没有想到，项羽赶走范增，兵马仍旧多于刘邦，仍旧处于优势，他的败亡并非仅仅因为范增辞官。而李煜呢，面对的是赵匡胤，大宋的实力远远强于南唐，李煜和如此人物敌对，处于弱势，还自毁城墙杀了大将，他真以为自己是项羽转世？要知道：有重瞳的不一定是项羽再世，还可能是一个容易上当的国主。

项王使者来，为太牢具，举欲进之。见使者，详惊愕曰：『吾以为亚父使者，乃反项王使者。』更持去，以恶食食项王使者。使者归报项王，项王乃疑范增与汉有私，稍夺之权。范增大怒，曰：『天下事大定矣，君王自为之。愿赐骸骨归卒伍。』项王许之。行未至彭城，疽发背而死。——《史记·项羽本纪》

宋太祖要除掉林仁肇，也是因为他了解林仁肇的能力，同时他也了解李煜。他只是选择了一个恰当的时机，顺利地促成了这件事。或许，他觉得，和李煜对决，并不需要动用过高的智商，所以只是玩了一个小把戏。

不管怎样，让赵匡胤心存忌惮的林仁肇死了。然而，成功征服南唐，只除掉一个林仁肇还远远不够。赵匡胤的第二怕是什么呢？

交聘契丹

二怕南北夹击。

如果大宋兵发南唐，北方的辽国出兵攻宋，大宋将面临腹背受敌的不利局面。这种威胁太大了。赵匡胤必须在出兵之前解决好这个问题。

开宝七年（974）三月，宋太祖派遣使者前往辽国，辽国使者涿州刺史耶律昌珠加官侍中，前来回访，商议两国和好之事。辽国与大宋通好的同时，派遣使者到他的附属国北汉发布命令说：时代不同了，势力也变化了，以后不要再动不动就南下侵伐。北汉国主接到这个命令都哭了。大宋与辽国通使往来，避免了南唐联合辽国的可能，避免了大宋腹背受敌的可能，大宋北方的军事隐患暂时消除，赵匡胤可以一心收拾南唐了。

遣使谕北汉主以强弱势异，无妄侵伐。——《续资治通鉴长编》卷十五

闻命恸哭。——《续资治通鉴长编》卷十五

命中就"缺水"

大宋灭南唐还有四个缺失。

第一，缺水军。

大宋中原立国，陆军、骑兵是大宋兵种中的强者。

南唐地处长江以南，丘陵纵横，河湖网织，拥有强大的水军。

早在周世宗征伐淮南之时，中原就开始设置水军，制造战船，训练士兵，水军对收复淮南起了重要的作用。大宋立国以后，赵匡胤一如既往地加强水军的建设，多次亲临造船务，视察宋军水上作战的实际演练。

乾德元年(963)，大宋收复荆南、湖南两个地方割据政权。这次前后相继的军事行动，进一步证明了对南方政权用兵时水军的重要性。为了下一步的统一大业，乾德元年四月，赵匡胤从内府中专门拨出一部分经费，在东京朱明门外(开封外城南面有三门，东为朱明门)开凿了一个战船制造与水上军事演练基地，名为教船池。把蔡水引入池中，制造了一百艘楼船，精选士卒，组建了一支强大的水军，番号"水虎捷"，日夜操练。具体负责教船池建造与水虎捷训练事宜的是陈承昭。

陈承昭原先是南唐的节度使，后周世宗征伐淮南时，交战之中，不幸碰上了所向披靡的赵匡胤，被

(建隆二年正月)壬寅，幸造船务观习水战。(建隆三年十月)丙戌，幸太清观。遂幸造船务，观习水战。——《续资治通鉴长编》卷二、卷三

出内府钱，募诸军子弟数千人，凿池于朱明门外，引蔡水注之。造楼船百艘，选卒，号水虎捷，习战池中。——《续资治通鉴长编》卷四

俘至中原。这个人对水很在行，是个地道的水利专家。大宋建国之初，他负责治理惠民河、五丈河，使漕运畅通，对京都开封的水上交通与物资供应做出了重要贡献。前面已经讲过，宋军北征太原时，向太祖进言引汾河之水灌淹太原的那个人就是他。太祖任命他负责教船池的建造与水军训练，可谓好钢用在了刀刃上。

李煜即位之初，尚有一丝进取之心，一方面和大宋搞好关系，另一方面也增修战备。再说，大宋要统一的大都是南方的割据政权，因此，宋太祖对大宋水军建设非常重视，经常令禁军在教船池进行军事演习，也多次亲临视察。

大宋水军水虎捷在后来征伐后蜀与南汉中都起到了重要的作用。最初，南唐与中原军事力量相比，优势在于水军，但是，随着大宋水军的组建和训练，南唐在这一方面已经没有什么优势可言。

为了完成统一大业，太祖多次巡幸讲武池，文献记载，开宝四年(971)四月至八月，太祖先后四次前往观习水战，督促大宋水军的训练，并赏赐水军。这些情形都表明，太祖马上就要开始征伐南唐了。而在开宝五年的冬天、六年的春天，太祖曾命参知政事吕余庆、薛居正兼淮湘岭蜀转运使，再设置川蜀水路转运计度使，这些都是为战争的运输做准备，兵马未动粮草先行，大宋已经做好了后勤工作。

> 督治惠民、五丈二河以通漕运，都人利之。——《宋史·陈承昭传》

> 唐主虽通职贡，然亦增修战备。——《续资治通鉴长编》卷四

还差一张图

第二，缺南唐地图。

南唐的山川地形、城池分布、人口聚散，只有南唐的地图上有详细的记载。怎样才能弄到南唐地图呢？这件事不用宋太祖赵匡胤操心，因为有人顺利地解决了。这个人是谁？他是怎么弄到南唐地图的呢？

这个人叫卢多逊。

开宝六年 (973) 四月，大宋王朝派遣翰林学士卢多逊为江南国主生日庆典贺使 (江南生辰国信使)，前往金陵，给李煜祝贺生日 (李煜生日是七月初七)。卢多逊抵达金陵，颇得南唐君臣欢心。等到回国的时候，船已经驶到了宣化口 (今南京市长江水域)，卢多逊忽然命令靠岸，派人对李煜说：朝廷准备重新绘制天下地图，国家历史馆现在就差你们国家几个州的地图，希望能给我一本，我顺便带回去。李煜马上命令绘制誊录一份，并令中书舍人徐锴等连夜校对，送到船上，卢多逊这才出发。就这样，南唐诸州的地图轻易得到了。

卢多逊向南唐索要图籍成功，有几个因素。

第一，他是大宋派到南唐给李煜祝寿的，表面上看，索要图籍只是一个临时性的想法，

> 朝廷重修天下图经，史馆独阙江东诸州，愿各求一本以归。——《续资治通鉴长编》卷十四

> 国主亟令缮写，命中书舍人徐锴通夕雠对，送与之，多逊乃发。——《续资治通鉴长编》卷十四

对卢多逊而言，这是他给自己制定的任务，赵匡胤此前并不知情；第二，卢多逊回国出发以后又停舟索要图籍，似乎想证明他此行的主要任务不在于此（当然，卢多逊内心深处的想法只有他自己清楚，或许他此行的主要目的正在于此）；第三，卢多逊在南唐的日子里表现得很得体，深得李煜及其臣下欢心；第四，卢多逊是打着大宋重绘天下地图的旗号索取的；第五，李煜即使明白卢多逊的意图，也无力拒绝，对于大宋的要求他一向逆来顺受，再说能够让他拒绝的力量比如林仁肇等，已经被他一一铲除了。地图虽然是一个国家尊严的象征，事实上，李煜早就不求什么尊严了，他只求暂时的平安，所以，他立刻命令手下去满足卢多逊的请求。

就这样，南唐十九个州的地理形势，军队驻防、道路远近、百姓户口等详情，卢多逊全部获得。卢多逊回到开封后，马上向皇帝赵匡胤汇报，说南唐衰弱可以讨伐的具体情况。卢多逊这次有意识的"意外收获"，着实令赵匡胤高兴，因此打算重用他。

南唐的军事地图有了，但要出兵南唐，还有一道难题没有攻克，即如何渡过长江天险。在赵匡胤的频频诱导与启发下，李煜仍然不主动投降的重要原因，就是长江。李煜幻想凭借长江天堑，能够有效地阻击大宋军队的攻击。

> 于是江南十九州之形势，屯成远近，户口多寡，多逊尽得之矣。——《续资治通鉴长编》卷四

就少一座桥

第三，缺"长江大桥"。

大宋从中原出发，渡过滔滔长江，才能攻克南唐都城金陵。要大宋的陆军主力顺利渡过长江，必须有"长江大桥"。

赵匡胤是个有福的人。在他最需要"长江大桥"时有人已经提出了修建"长江大桥"的方案，攻克了顺利渡江的难题，找到了顺利渡江的方案。这个人是谁呢？他是怎么解决"长江大桥"这个难题的呢？

这个人叫樊若冰（《宋史》等均作"樊若水"，今依《续资治通鉴长编》），是南唐人。他之所以投奔大宋，有两个原因。

第一，举进士不第。古代读书人的人生理想就是治国平天下，而实现此理想的首要途径就是通过科举考试，进入国家权力机构，只有如此，才有可能实现自己的理想抱负。但樊若冰很不走运，几次科举，都没考中。

第二，上书言事不报。科举考试不走运的他，又想通过上书朝廷的方式获得任用，但他的上书如石沉大海，朝廷并没有回复他。

两个原因可以归结为一句话——抑郁不得志。本想在政治上有所建树的樊若冰，两条道路都没有走通，于是心生他意，准备北上投降大宋。"士为知己者用"一直是古代文人的理想，而五代十国的乱世也消磨了文人的忠节观。在以提倡道统为己任的宋代史学家欧阳修笔下，这是一个"君君臣臣父父子子之道乖，而宗庙朝廷人鬼皆失其序"（《新五代史·唐废帝家人传》）的时代。在中原动乱之时，就有不少文人到相对稳定的南唐、南汉避难，谋求发展的出路。当南唐政权风雨飘摇、人心离散之时，一些长期抑郁不得志的文人，谋取新的发展空间、寻觅飞黄腾达的途径是可以理解的。据文献记载，从南唐投奔大宋的士人，樊若冰不是第一个。

早在建隆元年（960），赵匡胤平定扬州李重进之乱后，南唐的底层官吏杜著、薛良就乘机奔赴大宋。不过，这两个人选择的时机不对。一是赵匡胤通过陈桥兵变建立大宋以后，迫切需要恢复思想领域里的忠君观念；二是大宋刚刚建立，国内尚不稳定，统一的步伐暂未迈开。在这样的背景下，杜著、薛良的行为就被认定为卖主求荣，而不是择明主而事之举。所以，赵匡胤将杜著斩杀，将薛良发配至庐州（今安徽合肥市）为牙校（低级的武官）。不过，仔细考虑就会发现，赵匡胤对二人的处置是有区别的。只有一张利口的杜著掉了脑袋，而献上平南谋略的薛良则是发配至庐州，仍有官做。

> 其小臣杜著，颇有辞辩，伪作商人，由建安渡来归；而彭泽令薛良，坐事责池州文学，亦挺身来奔，且献平南策。——《续资治通鉴长编》卷一

但是，随着大宋统一进程的推进，在进攻南唐的前夕，迫切需要一些熟悉南唐情况的人。樊若冰选择这个时机，说明他的确是个人才，而且，他挖空心思，准备为赵匡胤送上一份厚礼，这是一份什么厚礼呢？

这是一份大队人马顺利渡江的方案，这是一份

修建"长江大桥"的方案。这份方案的制定，来自樊若冰亲身的调查研究。

有段时间，樊若冰在长江采石矶（今安徽马鞍山市西南五公里）江面天天做钓鱼状，暗中用绳子系在南岸，然后驾着小船快速驶往北岸，以此测量长江两岸的宽度，前前后后一共进行了几十次，得到了长江宽度的准确数据与架桥的最佳位置。

开宝七年（974），樊若冰结束了在采石矶假装钓鱼的科学探测，一个人偷偷地跑到大宋京都，向赵匡胤献上了一份及时的厚礼。

宋太祖立刻命令学士院对其进行考试，赏赐他进士科考试合格（进士及第）的身份，他在南唐多年的愿望在这里一下子就实现了，接着任命他为舒州（今安徽潜山市）团练推官。樊若冰又向赵匡胤请求，把自己的母亲以及亲属都接过来，以防南唐国主李煜的迫害。赵匡胤马上通知李煜，李煜不敢违背，立刻照办。接着，宋太祖派遣使者前往荆湖，按照樊若冰的计划，开始制造大型战舰几千艘，准备用来在长江上建桥，为历史上第一座长江大桥准备建材。

李煜说了"不"

第四，缺少攻伐南唐的理由。

虽然欲加之罪何患无辞，但有总比没有好，再说找到一个合适的理由也不是难事。

史书记载："上已部分诸将，而未有出师之名。"《续资治通鉴长编》卷十五宋太祖已经派遣各路人马出发了，但还没有找到征伐的理由。看来，有没有出师之名并不重要。那么，大宋是以什么理由讨伐李煜的呢？这是赵匡胤的第四缺。缺水军，缺地图，缺大桥，最后就是缺理由。相比前三缺，这应当是最容易解决的。

开宝七年（974）七月，大宋派遣梁迥出使南唐，梁迥从容地问李煜：朝廷如今有柴燎祭天的大礼，国主何不前来助祭？李煜支支吾吾不作回答。该年九月，太祖决定再做最后一次努力，派遣李穆出使南唐。

> 迥从容问国主曰：「朝廷今冬有柴燎之礼，国主盍来助祭？」国主唯唯不答。——《续资治通鉴长编》卷十五

李穆到达金陵，传达宋太祖的旨意，说："朕将以仲冬有事圜丘，思与卿同阅牺牲。"陆游《南唐书》卷三并且把大宋即将出兵、国主还是尽早入朝为好的意思都讲明白了。李煜准备听从，但遭到了大臣的反对。广政使陈乔说：臣与陛下一起接受先主的临终遗命，如今前往，必定被扣留，那宗庙社稷怎么办？我就是死了，也没脸到九泉之下去见先主。李煜最倚重的亲信之一张洎也坚决反对李煜到开封朝见。陈乔、张洎等人当时深受宠信，一时权势熏天，他们深知一旦国亡，自己以降臣身份，再不可能拥有目前的荣华富贵，因而坚决反对李煜入朝。于是，李煜就称病坚决推辞，并且说：恭敬侍奉大国的原因，就是希望能够保全宗庙祭祀香火。想不到还是这样，只有一死而已。李穆说：入朝与否，你自己看着办。不过还是劝告你，朝廷军队精良，物力雄厚，恐怕不是那么容易就能抵挡住的，你最好仔细寻思寻

> 臣事大朝，冀全宗祀，不意如是，今有死而已。——陆游《南唐书》卷三

思,以免日后后悔。就这样,李煜对大宋说了"不",拒绝前往开封。当然,李煜可以说"不",但他确实没有说"不"的后盾,反而坐实了早就加在他头上的"倔强不朝"的罪名,送给了赵匡胤一个出兵的理由。

到此为止,大宋水军、陆军、战舰、粮草、地图、向导、援军、名义,万事俱备,啥也不缺。大宋唯一要做的,就是立刻出师,对南唐展开全面的进攻。

赵匡胤还不放心,他要做到万无一失。此时,南唐东部,还有一个以杭州为中心的地方割据政权——吴越。吴越王一直遵循"开门做节度"的国策,是大宋的附属国,一直源源不断地向大宋进贡。对于吴越,宋太祖一是要求吴越不要与南唐联合,二是要求大宋出兵的同时,吴越也要出兵,从东面对南唐实行打击。

吴越王钱俶派遣使者到大宋进贡的时候,宋太祖对使者交代了四点要求:

第一,你回去和你们元帅（大宋封钱俶为天下兵马大元帅）讲,要抓紧时间训练军队;第二,李煜倔强不肯朝服,

朝与否,国主自处之。然朝廷兵甲精锐,物力雄富,恐不易当其锋也,宜熟计虑,无自贻后悔。——《续资治通鉴长编》卷十五

我要出兵讨伐；第三，元帅到时应当出兵援助；第四，不要被他人"皮之不存，毛将安傅"的言语离间迷惑。

接着，太祖赵匡胤又召见吴越驻开封的工作人员(吴越进奉使)，领着他参观了位于开封薰风门(里城南面偏东城门)的一所叫"礼贤宅"的巨大宅第，宅第连亘几条街坊，建筑宏伟壮丽，各种器物，无所不具。太祖对使者说：这座宅第是给你们元帅和李煜准备的，谁先来，这房子就是谁的。几年之前，朕就令翰林学士草拟了诏书。并且把诏书给吴越使者过目，让他禀告钱俶。太祖的这一着，意在分化吴越与南唐联合的可能。

不久，吴越王钱俶派遣行军司马孙承祐再次入贡。孙承祐是钱俶妃子的兄长，执掌政事，独揽国政，人送外号"孙总监"，就是无所不管的意思。孙承祐辞行回国时，太祖重币赏赐钱俶，并将发兵之日秘密告知。

万事俱备，大宋可以放手对南唐用兵了。那么，大宋对南唐用兵的情况如何呢？

汝归语元帅，当训练兵甲。江南偏强不朝，我将发师讨之。元帅当助我，无惑人言，云皮之不存，毛将安傅也。——《续资治通鉴长编》卷十五

上厚赐俶器币，且密告以师期。——《续资治通鉴长编》卷十五

以待李煜及汝主，先来朝者赐之。——《续资治通鉴长编》卷十五

六路并进

〈二十九〉

在宋太祖统一全国的道路上,他一贯遵循不战而屈人之兵、先礼后兵、恩威并用的策略。因此,在大宋对南唐用兵准备妥当之后的开宝七年,仍先后两次派遣使者,前往金陵,动员李煜主动入朝。对大宋王朝一向委曲求全的李煜,在手下的蛊惑下,这次对宋太祖断然说"不"。倔强不朝的李煜解决了大宋万事俱备、只差理由的问题。开宝七年九月,宋太祖发兵十数万,战船数千艘,正式征伐南唐。李煜可以对宋太祖说"不",但是,他有说"不"的能力吗?南唐能抵挡住大宋军队的多路进兵吗?

一一二一部署

南唐国主李煜对宋太祖赵匡胤召其入朝的要求断然说了"不",大宋通过和平方式解决国家统一的设想已无法实现,大宋只能通过军事征讨来解决问题。因此,开宝七年(974)九月,宋太祖先后派遣多路大军从不同的方向向南唐集结,前后共部署了六路兵马。

第一路:由郝守浚领导,率丁匠、携建材,从荆南沿江东而下。

第二路:由曹彬领导,率荆湖水军,从荆南出发,沿长江顺流而下。

第三路:由潘美领导,率领步兵、骑兵在和州(今安徽和县)集结。

第四路:由吴越王钱俶领导,统率吴越军队,从杭州出发北上。

第五路:京师禁军沿汴水南下,取道扬州进入长江。

第六路:由王明领导,统率黄州(今湖北黄冈市)地方部队,驻守长江中上游。

仔细分析一下赵匡胤的这一军事部署,可以概括为一一二一:一个总原则,一个进攻中心,两个进攻方向,一个侧翼牵制。

第一,一个总原则。

这个总原则可以概括为六个字:勿暴虐,广威信。

大宋在征讨西川的时候,当时王全斌为战敌总司令,进入蜀地以后,纵容手下抢杀掳掠,也因此导致了蜀地长达一年多的动乱,而当时负责伐蜀东路军的曹彬,军纪严明,秋毫无犯。赵匡胤吸取了伐蜀的教训,这次对南唐的征伐以生性仁厚的曹彬为前线总司令。

曹彬与诸将临行之前，去向太祖告辞。太祖嘱咐曹斌说：这次征伐江南的军事行动，就全部委托给你了，切记切记，一定不要抢杀掳掠、残害百姓，要树立威信，以信服人，让他们自愿归顺，不要一味用枪说话，一味急着军事攻伐。

为了保证曹彬命令的顺利执行，赵匡胤赐给曹彬尚方宝剑，严肃地说：副将以下人员，不听从命令的，可以立即斩杀。当时与曹彬一起前往告辞的潘美等人，都非常惊恐，脸色都变了，不敢抬头仰视。

让曹彬做前线总司令，是因为他生性仁厚，不会纵容手下抢杀掠夺胡作非为，同时赐予他生杀之权，是为了保证征伐南唐总原则的顺利贯彻执行。

第二，一个进攻中心。

此次攻伐南唐，以攻伐金陵为中心。选择金陵为攻伐中心，至少有两个因素：一是因为金陵乃南唐国都，金陵陷落，就意味着南唐的灭亡，所以要以此为进攻中心。二是因为南唐特殊的地理因素。南唐与其他割据政权不同，领土面积较大，腹地纵深，有很大的周旋余地。当初李璟决定将首都迁往洪州，正是从此方面考虑的。如果大宋军队沿路一一攻城的话，即使顺利到达金陵，也会精疲力竭，这在古代有个专有名词，叫"师老兵疲"，指长

南方之事，一以委卿，切勿暴略生民，务广威信，使自归顺，不须急击也。——《续资治通鉴长编》卷十五

自王全斌平蜀多杀人，上每恨之，彬生性仁厚，故专任焉。——《续资治通鉴长编》卷十五

且以匣剑授彬曰：「副将以下，不用命者斩之。」潘美等皆失色，不敢仰视。——《续资治通鉴长编》卷十五

时间用兵,战士劳累,士气衰弱。所以,金陵是大宋集中攻伐的目标,除去沿途不得已要攻伐的战略要地外,要尽量缩短时间到达金陵。六路大军中有五路是以此为最终目标的。

第三,两个进攻方向。

赵匡胤这一军事部署实际上是以金陵为目标,分为东、西两大部分。

金陵西部:以曹彬为最高统帅,任升州西南面战前马军、步军、水军总司令(升州西南面行营马步军战棹都部署),潘美为监军(都监),曹翰为先锋总指挥(先锋都指挥使)。这是大宋军队的主力,承担主攻的任务。这一方向进攻的军队又分三路人马,包括四个兵种。

一是工程兵。由负责京都建筑的工程师(八作使郝守浚)领导,乘坐大船,装载竹子以及粗大绳索,连同已经在朗州(今湖南常德市)造好的千艘黄龙船、黑龙船,沿着长江,顺流而下。目的地——采石矶一带,任务——架桥。

二是陆地部队,包括步兵和骑兵。由前线监军潘美率领,在离采石矶不远的和州集结,任务——等候与曹彬军会合,渡江。

三是水军。由总司令曹彬率领,沿江顺流而下。任务——清除池州以东长江南岸的南唐战略要地,保证架桥与渡江的顺利进行。然后与潘美军联合,围攻金陵。

上遣八作使郝守浚率丁匠自荆南以大舰载巨竹绠,并下朗州所造黄黑龙船,于采石矶跨江为浮梁。——《续资治通鉴长编》卷十五西路大军的会合地——采石矶，目的地——南唐都城金陵。

金陵东部：以吴越王钱俶为前线总指挥（升州南面行营招抚制置使），大宋外交官（客省使）丁德裕为监军兼先锋。此为攻伐南唐的辅助，负责助攻。此方向进攻分两路人马。

一路是吴越军队，约五万人马，由吴越都城杭州出发北上，任务——攻取常州（今江苏常州市），与宋军会合。

一路是大宋禁军与水军，从京师出发，沿汴河而下，经过扬州，进入长江水域，与吴越军队联合，攻取润州（今江苏镇江市），然后齐集金陵。

东路大军的会合地——润州一带，目的地——金陵。

第四，一个侧翼牵制。

在曹彬等大军未从京师出发赶赴荆州之前，赵匡胤已经对此侧翼做好了安排。宋太祖将韶州刺史王明调至黄州，仍任刺史，并向他当面传授策略。王明上任黄州以后，立刻下令修缮城池，加固防守堡垒，积极训练士兵，众人都不明白王明的意图。

曹彬等出师以后，宋太祖赵匡胤任命王明为池州（今安徽池州市贵池区）至岳州（今湖南岳阳市）江路巡检、战棹都部署，负责长江此段水域江面的安全以及战舰的调控部署。同时，向武昌等地进攻，牵制南唐在江西布置的军队，以便大宋主力顺利东进。

就这样，在一个总原则的指导下，曹彬、潘美率领

明既视事，亟修葺城垒，训练士卒，众莫谕其意。——《续资治通鉴长编》卷十六

的水军、步军、骑兵为主力，钱俶率领的东路军为辅助，王明率领的西路军为牵制，喊着"一二一"的口号，向南唐展开了全面的进攻。那么，这六路人马能完成任务，顺利到达目的地吗？

为了一个共同的目标

先看西路战线。

开宝七年（974）十月，曹彬率领水军，从荆南出发，沿着长江顺流而下，一路畅通无阻，很快就到了池州附近江域。为什么大宋军队能够如此顺利呢？主要有四个原因。

第一，在大宋未将南唐变为自己的河山之前，两国是以长江天险为分界线的。曹彬率领的大宋水师很可能是沿着长江北岸江域行进的。

第二，大宋每年都有派遣军队巡江的惯例，因此，南唐沿长江戍守部队都认为那是宋朝派遣的巡视军队，都关闭营垒自守。

第三，曹彬率领军队从荆南出发，直到池州，这是一段很长的江域，中间没有与南唐军队发生任何冲突。这就进一步强化了南唐沿江戍军普遍认为的是大宋巡视军队的认识。

第四，南唐的军队缺乏足够的警惕。按理说，大宋

缘江屯戍皆谓每岁朝廷所遣巡兵，但闭壁自守。——《续资治通鉴长编》卷十五

巡江的军队数量应该不是很多，而此次曹彬率领着大批战船，应该引起他们的警惕，事实上没有。单从这一点看，南唐亡国也很自然。

就这样，曹彬率领的部队顺利地躲过了南唐在长江南岸戍守的大批人马，比如，在湖口（今江西湖口县）南唐屯有十万戍兵。大军行至蕲阳（今安徽宿州区），忽然过江，直奔池州而去。

南唐的池州守军最初也以为是大宋的巡视军队，还和往年一样，准备了酒肉，派遣使者前去慰问。待发现真相，为时已晚，池州守将弃城而逃，宋军不战而下，顺利进入池州。

在此之前，负责架桥的军队已经顺利到达了石牌口（今安徽怀宁县西南长河口之南石牌河口处）。有人提议说，长江江阔水深，自古以来还没有架设浮桥而过者，最好先在石牌口试验一下。于是，郝守浚命令工匠，依据樊若冰的设计方案，按照采石矶的江面，立刻在石牌口江面架设浮桥，试验成功，派大军守护。

曹彬部占领池州后，先后顺利攻克铜陵、芜湖、当涂，直逼采石矶。采石矶是长江三大名矶之一（另两处为城陵矶、燕子矶）。自古南北分裂以江为界时，江北攻伐江南，十有七八是从采石矶渡江的，因此采石矶一向是兵家必争之地。大宋计划渡江之处正在于此。曹彬率军先灭采石矶周边的南唐军队就是为了顺利拿下采石矶。果然，

遣使奉牛酒来犒师。——《续资治通鉴长编》卷十五

或谓江阔水深，古未有浮梁而济者，乃先试于石牌口。——《续资治通鉴长编》卷十五

宋军一举击溃南唐军队两万余人，占领了采石矶。

占领采石矶以后，大宋负责架桥的工匠立刻将石牌口架设的浮桥整体迁移，沿江移到采石矶，然后系上绳索，三日而成，不差一尺一寸。在长江北岸早已待命的潘美军队立刻渡江，如履平地。潘美军与曹彬军会合。

这座浮桥在历史上创造了一个奇迹，它是长江上修建的第一座浮桥，而且是整体迁移建造的，仅仅三天就完成了。这是前无古人的，南唐的君臣听说此事后根本就不相信。

刚开始建造浮桥的时候，李煜听说了，对他宠信的张洎说起这件事。张洎就说：自从有文字记载以来，就没有过这样的事情，这浮桥一定搭建不成。李煜也说：我也认为这是儿戏。李煜万万没想到，采石矶上的浮桥不但搭成了，而且大宋的军队也顺利渡过了长江，两军会合，势力大增。他急忙派人前去攻击浮桥，结果大败。

同时，在长江中游的王明等人，先后在武昌、鄂州、潭州等地大败南唐军队。

开宝八年(975)二月，曹彬、潘美所率军队，到达金陵城下，开始准备围攻金陵。

再看东路战线。

开宝八年三月，吴越军队攻常州，南唐守将投

诏移石牌镇浮梁于采石矶，系缆三日而成，不差尺寸。王师过之，如履平地。
——《续资治通鉴长编》卷十五

初为浮梁，国主闻之，以语清辉殿学士张洎，洎对曰：『载籍以来，无有此事，此必不成。』国主曰：『吾亦谓此儿戏耳。』
——《续资治通鉴长编》卷十五

降。接着，吴越军与大宋军联合，攻伐润州。

润州位于金陵的东面，其得失直接关系到金陵的安危。当初为确保润州万无一失，李煜派遣自己平素一向宠信的侍卫都虞候刘澄为润州留后。临行之前，李煜对他说：爱卿不该离开孤，孤也舍不得和爱卿分开，但是防守润州之事，非爱卿不能，你不要辜负了孤。刘澄当时就感动得眼泪唰唰的，告辞回家，把家中金银财宝装上车，要一起运到润州，并且说：这些金银都是主上前后赏赐的，如今应该散发这些财宝来建功立业。这次轮到李煜感动了，认为真是用对了人。

吴越军队初到润州城下，营寨、堡垒还没有建好，刘澄手下人认为这是绝佳时机，建议趁机出兵。当刘澄将家中金银运走的时候，很可能就已经怀有二心（这难道就是他说的勋业），因此坚决反对出兵。他说：出兵胜了还好，但一旦失利就会成为俘虏，等援兵到了再出兵也不晚。就这样丧失了最佳时机。李煜又派遣卢绛为援兵，进入润州。卢绛当初曾对李煜说吴越早晚会帮助大宋侵略南唐，劝李煜尽早发兵消灭吴越，但李煜没有听从，卢绛当初的预言现在已经变成现实了。卢绛进入润州城后，面对日益严峻的情势，一筹莫展，与刘澄互相猜忌。

当初，卢绛对一员副将很生气，要杀掉他，还没最终决定。刘澄私下对这员副将说：卢公生你的气，后果很严重，你的命恐怕不保了。副将眼泪汪汪，请求刘澄保全他的性命。刘澄趁机说：我有一个办法，不但能免你一死，还能保你荣华富贵。于是安排他出城联系投降之事。副将说：我的家人还在金陵，一旦投降，他们怎么办？刘澄说：现在是危急时刻，当务之急是保全自己的性命，我家有百口在京，也顾不上他们了。当夜，副将出城联系投降之事。

> 事急矣，当自为谋，我家百口，亦不暇顾矣。——《续资治通鉴长编》卷十六

刘澄已经与外界取得联系，恐怕被卢绛算计，他掩饰内心的恐惧，故作镇静状，慢条斯理地对卢绛说：探子报告说都城被围已久，形势危急，要是都城都守不住，我们守卫此城能有啥用呢！卢绛是有长远眼光的，他也清楚润州早晚会失陷，于是说：你是润州守将，不能弃城而逃，应该为国捐躯，我就不同了。刘澄已经做好了投降的准备，唯恐卢绛在身边碍事，听他如此一说，正中下怀，不过他很会演戏，故作为难状，好像考虑了很长时间，才说：你说得对。卢绛于是突围而去。突出重围之后，卢绛听说金陵形势危急，就跑到宣州去了，日夜饮酒作乐，有人劝说应该援助金陵，卢绛一概不理。

> 间者言都城受围日急，若都城不守，守此亦何为！——《续资治通鉴长编》卷八

卢绛一走，刘澄把众将召集起来，说：我刘澄守卫润州几个月，立志不辜负国家，但是形势发展到目前这个地步，也应该考虑一下出路了，你们认为如何？将领士卒听闻此言，都放声大哭。刘澄恐怕

> 澄守城数旬，志不负国，事势如此，须为生计，诸君以为如何？——《续资治通鉴长编》卷十六

会因此发生兵变，也哭着说：我受主上的恩泽本来就比诸君要多，况且还有家人在金陵，难道不知道对主上忠、对父母孝吗？只是我们的力量难以抵抗宋军，诸君难道没听说过以前的楚州之围吗？

后周征伐淮南之时，楚州城久攻不下，攻克以后，周军大肆屠城。刘澄现在提及此事，当然是威胁众将士卒。

于是，刘澄率将吏开门请降，润州平定。东路军也开始围攻金陵。

按照战前部署，大宋各路大军已齐集金陵城下，南唐能否守住这座孤城呢？

宋太祖应该给他发锦旗

当初，大宋军队进入南唐的时候，陈乔、张洎亲自为李煜谋划，应对策略是"坚壁以老王师"，就是坚壁自守，时间一久，宋军就会疲惫，就会士气衰弱，无功而返。陈乔、张洎是李煜最宠信的臣子，他们的主意，李煜自然认可。所以，李煜一点也不担心，再说也没有多余的时间来考虑这些事情。他在忙啥呢？一是要陪他的小周后过风花雪月的浪漫生活，要填词作曲，要搞艺术创作；二是要组织学术研讨沙龙，天天邀请一批僧人、道士在后苑中诵经，探讨《周易》玄理，高谈阔论，气氛很是热烈。手下人也很体谅李煜白天开会搞研究，

日于后苑引僧及道士诵经、讲《易》，高谈不恤政事。——《续资治通鉴长编》卷十六

夜里还要忙有风、有雾、有美女的小资生活，所以，一封封告急的军书传来，都没有通知他。大宋王师在金陵城下几个月了，李煜还不知道。

南唐负责防守金陵的是皇甫继勋，这个人是名将之后，是个"将二代"，他的父亲就是南唐名将皇甫晖。

皇甫晖这个人是和赵匡胤打过交道的。后周显德年间，赵匡胤追随周世宗征伐淮南，南唐负责防守清流关、滁州战略要地的就是皇甫晖。皇甫晖一生参战无数，所向披靡，不过滁州一战，他很不幸地遇到了赵匡胤，身受重伤，被俘至行在，竟然不肯接受医治而死，怎么说也算条汉子。到南宋绍兴年间，滁州人仍有一日五次鸣钟，纪念皇甫晖。

都说将门出虎子，可皇甫晖偏偏生了个废物。皇甫继勋早年曾经和父亲一起参加过滁州的战役。当他父亲拼死作战的时候，他却想逃跑，气得皇甫晖操戈就想揍死他，可惜没有揍着，皇甫继勋竟然逃脱了。

连亲爹生命都不顾的皇甫继勋，却因为父亲为国捐躯而升为大将。像他这样对父亲都不孝的人，会对李煜效忠吗？

史书记载，他是一个特别会享受生活的纨绔

师薄城下累月，国主犹不知。——《续资治通鉴长编》卷十六

数日创甚，晖不肯治而死。——陆游《南唐书》卷十

滁州之役，晖力战甚急，继勋欲遁，晖操戈击之，弗及，遂逸。——马令《南唐书》卷十九

至今滁人一日五时鸣钟，以资荐晖云。——王铚《默记》卷一（中华书局1981年版）

子弟,堪为金陵首富。他有钱,相当有钱,好房、好车、歌舞声妓、金银财宝,一应俱备,奢侈享乐,可与王室相比。

> 营第宅,侈车服,畜妓乐,备珍美,择近郊之地,植花构亭,珠翠环列,拟于王室。——马令《南唐书》卷十九

大宋军队兵临城下以后,他最担心的就是自己的宅第家产,一旦发生战争,这些就全完了。因此,他不但没有为国效忠、为国捐躯的意思,而且迫切希望李煜赶快投降。像他这样本无斗志的人,却承担防守金陵的重要任务,看看他都做了些什么呢?

第一,沮遏士气。

> 保惜富贵,无效死之意,第欲后主呕降。——陆游《南唐书》卷十

这位负责金陵防卫的最高将领做的不是鼓舞士气,相反,常常在众将士面前大肆宣传:大宋军队强劲无比,谁能抗衡?每每听到南唐军队失利的消息,就喜形于色,说:我早就知道是打不过大宋的。

> 每与众言,辄云:"北军强劲,谁能敌之!"闻兵败,则喜见颜色,曰:"吾固知其不胜也。"——《续资治通鉴长编》卷十六

第二,劝主归降。

皇甫继勋的侄子皇甫绍杰,因为裙带关系,在军中为巡检使,皇甫继勋曾令他秘密向李煜陈说投降大宋之事,但李煜并没有听从。正好那几天,江南气候不大正常,狂风冰雹,皇甫绍杰又借此做文章,向李煜陈说这是国家灭亡的预兆,以此恐吓李煜,希望他尽早投降。

第三,严禁抵抗。

皇甫继勋手下有员副将,召集了一些人,组成敢死队,准备在夜间出城攻击宋军。皇甫继勋得知此

事，立刻拘禁了领头者，一顿皮鞭狂抽。因此，群情激愤。

第四，罕入朝谒。

皇甫继勋担心自己的所作所为被李煜得知，就借口军中事务繁忙，很少主动向李煜汇报军情，即使李煜召见，也不及时朝谒。

按照皇甫继勋的突出表现，赵匡胤应该给他发锦旗、荣誉证书啥的。可惜，他没这个机会了。为什么呢？

有一天，李煜在后宫中与小周后玩腻了，在后苑中与那帮和尚、道士也说腻了，就走出来透透气。李煜登上城墙，这不看不知道，一看吓一跳，满目尽是大宋军营、大宋旗帜、大宋士卒。他知道被左右大臣蒙蔽了，知道被皇甫继勋这厮蒙骗了。他立刻下令拘捕皇甫继勋，以"流言惑众罪""不听领导召唤罪"二罪并罚，连同皇甫绍杰，一起斩杀。众军士争相切割皇甫继勋的尸体，以发泄不满，顷刻之间，全部割光。

我没工夫和你耍嘴皮子

金陵东、西两个战略要地采石矶、润州相继失守，大宋对金陵的围困也有一段时间了，李煜

偏裨有募敢死士欲夜出营邀王师者，继勋必鞭其背，拘囚之，由是众情愤怒。——《续资治通鉴长编》卷十六

又托以军中多务，罕入朝谒。国主召之，亦时不至。——《续资治通鉴长编》卷十六

国主自出巡城，见王师列寨城外，旌旗满野，知为左右所蔽，始惊惧。乃收继勋付狱，责以流言惑众及不用命之状，并绍杰杀之，军士争裔割其肉，顷刻都尽。——《续资治通鉴长编》卷十六

信任的大臣张洎、陈乔说的"凭借金陵的固若金汤，大宋军队很快就会自动退去"的理想还没有变成现实。要命的是，金陵外围大宋的士卒在不断增加，而且宋军还在源源不断地南下。李煜黔驴技穷，他本来就没多少办法，都是张洎等人在背后挑唆蛊惑。这时，他们又想到派遣使者前往开封，向宋太祖赵匡胤游说，请求缓兵。

> 以为金汤之固，未易取也，北军旦夕当自退矣。——《续资治通鉴长编》卷十六

李煜这次派遣的使者是南唐两个重量级的人物。一个是在南唐"以名臣自负"的徐铉，一个是道士周惟简。徐铉"博学有才辨"，而道士周惟简，据张洎的推荐意见则是"有远略，可以谈笑弭兵锋"《续资治通鉴长编》卷十六。

曹彬严格贯彻赵匡胤确立的原则，并不急着攻城，还派遣使者将徐铉、周惟简送到了京师。

> 日夜计谋思虑，言语应对之际详矣。——《续资治通鉴长编》卷十六

徐铉一路上深思熟虑，把与宋太祖言语应对的细节都想好了。到了大宋的朝廷上，徐铉仰面大声而言：李煜没有罪，陛下师出无名。宋太祖从容不迫，令其上殿，让他把话说完。徐弦说：李煜侍奉陛下，以小事大，就像儿子侍奉父亲，没有过失，为什么还遭受讨伐？他滔滔不绝，长达数百言。宋太祖等他演讲完毕，问他：你说父亲和儿子分为两家，可以吗？徐铉登时哑口无言。

> 李煜以小事大，如子事父，未有过失，奈何见伐？——《续资治通鉴长编》卷十六

在周惟简出发之前，李煜亲自写了十几张纸，题

写奏目，让他找准时机呈给赵匡胤，请求赵匡胤哀怜，说愿意病退，辞去政务养病。这时，周惟简乘机进呈，宋太祖浏览了一下，说：你们国主所说的，我一点也不晓得。

亲写十数纸，题为奏目，令惟简乘间求哀，欲谢政养病。——《续资治通鉴长编》卷十六

李煜还有一根救命稻草，就是南唐在湖口尚屯有十多万士卒，李煜急召入援。这是大宋王明部的任务。这时是冬天，长江水浅，而南唐的援军却乘坐大船战舰顺流而下，准备烧毁采石矶的浮桥，解决金陵西面的围困。结果在皖口（今安徽安庆市西）遭遇大宋军队的阻击。南唐军放火烧船，顺流而下，想以此对抗宋军。事有凑巧，风向突变，玩火自焚，十几万士卒瞬间溃败。金陵成了地地道道的孤城。

援助失败，李煜又派遣周、徐二人再次入宋。这次，宋太祖在便殿接待他们。这次徐铉不再说儿子和爹的关系了，开始辩解李煜"拒绝来朝"的理由：李煜侍奉大国十分恭顺，只是因为身体染病，未能入朝谒见，并不敢拒绝圣上诏命。因此，恳切乞求延缓进兵，保全江南一邦的性命。徐铉言谈非常恳切，太祖和他反复争辩多次，徐铉声色更加严厉。宋太祖大怒，手按利剑对徐铉说：你也不用废话了，江南又有何罪，只是天下应归于一家，如同卧榻之侧，岂能容忍他

铉言李煜事大之礼甚恭，徒以被病，未任朝谒，非敢拒诏也，乞缓兵以全一邦之命。其言甚切至，上与反复数四，铉声气愈厉。——《续资治通鉴长编》卷十六

尔主所言，我一不晓也。——《续资治通鉴长编》卷十六

147

人鼾睡呢！徐铉惊慌退下。

宋太祖又责问周惟简，周更加恐惧，忙说：卑臣本来隐居山野，并没有进身仕途的想法，只是李煜强行派遣臣下前来，不得不从。臣下平素听说终南山有许多神灵草药，他日情愿得入终南山栖身隐居。这就是张洎推荐的"有远略，可以谈笑弭兵锋"的人。"有远略"是不错的，已经开始为日后打算了；"谈笑弭兵锋"却是笑话，哪敢谈笑，只有恐惧而已，风度全失，何谈退兵。宋太祖可怜他，答应了他的请求。然后将二人遣返。

援兵没有希望了，请求缓兵也彻底无望了，李煜接下来要做的事就是投降，可他还在固守。孤城金陵还能坚持多长时间呢？

不须多言，江南亦有何罪，但天下一家，卧榻之侧，岂容他人鼾睡乎！——《续资治通鉴长编》卷十六

李煜进京

三十

从开宝八年的春天到冬天的十一月,大宋军队持续九个月围困金陵。在向大宋派遣使者请求退兵、外围援助彻底无望、士气低落、城中居民生活困难、大宋前线总司令曹彬给予最后通牒诸情况下,南唐国主李煜仍拒绝投降,迟迟不肯归顺。十一月二十七日的最后期限已到,大宋对金陵发起全面进攻,金陵顷刻失陷,李煜率领众臣奉表纳降,仓皇辞庙。次年正月,李煜被送到京城开封,开始了做大宋臣子的生活。李煜在抵抗无望的情况之下,为什么迟迟不肯归顺呢?他入京以后,宋太祖是怎样安置他的呢?

最后的通牒

征伐南唐的总司令曹彬谨记临行之前宋太祖的旨意:"不可急攻","使自归顺"。就这样,大宋军队围困金陵长达九个月,一直没有发起最后总攻。进入十一月,曹彬多次派人向李煜发出警告:这个月的二十七日,就是金陵城陷落之时,你最好及早做好安排。这显然是最后的通牒。

> 此月二十七日,城必破矣,宜早为之所。——《续资治通鉴长编》卷十六

李煜无奈,说先让自己的儿子李仲寓入朝觐见。这也算是一个折中的办法,曹彬应允。但是,迟迟不见李仲寓的动静。大宋准备发起总攻的日子日渐临近,曹彬又多次派遣使者给李煜传话说:令郎现在也用不着到京城朝见,只要到大宋军前,宋军就会停止四面进攻。

> 郎君不须远适,若到寨,即四面罢攻矣。——《续资治通鉴长编》卷十六

事实上,为了贯彻赵匡胤征伐南唐的总体原则,大将曹彬已经做了两次让步。第一次允许李煜的儿子代表他入京朝见,第二次允许李仲寓不进京,直接出城到大宋军前即可。李煜的回答是:李仲寓的行装还没有置办完备,宫中饯别的宴会也没有完成,等到二十七日就会出城。国家都不保了,还置办行装、举行告别宴会啥的,这显然又是借口。于是,曹彬又派人说:不用等到二十七日了,就是二十六日出城,也来不及了。李煜仍然置若罔闻。

> 仲寓趣装未办,宫中宴饯未毕。——《续资治通鉴长编》卷十六

李煜一副"不见棺材不落泪"的样子，对曹彬的温柔政策虚与委蛇，迟迟不应。当时，金陵城已经成为彻底的孤城，连居民通往城外采薪砍柴的道路也被彻底阻断了，而城中发生了严重危机，物价飞涨，一斗米值万钱，百姓病死、饿死的不计其数。京城居民如此状况，李煜仍然拒绝投降，这是为什么呢？他还有什么凭借吗？

城中米斗万钱，人病足弱，死者相枕籍。——陆游《南唐书》卷三

李煜还抱着一丝幻想，什么幻想呢？坚固的金陵城。

史书上说，李煜被左右大臣的话语迷惑，认为金陵城如此坚固，不可能被立即攻破。李煜虽然在政治上没多大才能，经常被左右蒙蔽，但对金陵城的坚固应该是知道的。李璟、李煜父子都曾经多次加固城墙。他们加固的金陵城，到二百余年后的南宋绍兴年间，还大部分完好。陆游曾经记载说，李氏父子修建的金陵城，高三丈，外面壕沟重复，很适合坚守。正是凭着几代人不断加固的金陵防备，李煜在做最后的抵抗，李煜的这种想法有没有可能实现呢？

国主终惑左右之言，以为城坚如此，岂可克日而破。——《续资治通鉴长编》卷十六

建康城，李景所作，其高三丈，因江山为险固，其受敌惟东北两面，而壕堑重复，皆可坚守。至绍兴间已二百余年，所损不及十之一。——陆游《老学庵笔记》卷一（中华书局1979年版）

有可能。为什么这样说呢？

第一，此前已经有先例。不久前，宋太祖亲征太原，北汉凭借太原城坚固的防御，没有被迅速攻陷，时日一长，辽国援助，宋军患疾，宋太祖最终

无功而返。这是开宝二年(969)的事情。

第二，李煜也想复制太原的神话。南唐曾经派人秘密前往辽国，请求援助，但是，使者在边境为宋军所截获。其实，即使求援的密信能够安全送到辽国，辽国出兵的可能性也不大。为什么呢？一是因为辽国与大宋刚刚建立了外交关系，不可能为一个濒临灭亡的小政权出兵，这和北汉还是有区别的。北汉不但是辽国的附属国，而且在地理位置上也是辽国牵制中原的重要砝码。二是因为南唐早年虽然与辽国有来往，并且双方也曾约定共同对付中原，但也就是说说而已，辽国不会为与自己利益关系不大的南唐出力。

尽管辽国与南唐双方的约定稀松，而且也曾经断绝来往，但大宋军队兵临城下之时，李煜还是捡起了这根所谓的救命稻草，他在期盼奇迹的发生。不管你信不信，反正李煜相信。

第三，宋太祖确实有过退兵的想法。从开宝八年春天开始围攻金陵，一直到了秋天，金陵城还没攻下。宋太祖因为江南地区地低潮湿，加之秋日暑气，军中多患疫病，这和北征太原的情境比较相似。宋太祖就与身边的人商议，准备让曹彬等人先退到广陵(今江苏扬州市)一带休养，日后再做打算。参知政事卢多逊对此力争，但没有结果。不过，很快有一件意外的

王师围金陵，泊在城中作蜡丸帛书，使间道走契丹求援，为边候所得。——马令《南唐书》卷二十三

其实相结约挠中原，皆虚辞，非能为南唐助也。——陆游《南唐书》卷十八

时金陵未拔，上颇厌兵，南土卑湿，方秋暑，军中又多疾疫。——《续资治通鉴长编》卷十六

事情促使宋太祖改变了主意，让宋太祖改变主意的是扬州的代理长官(权知扬州)侯陟。

侯陟因收受贿赂被手下揭发，勒令回京协助调查，接受处罚。对于贪污贿赂的行为，宋太祖一向毫不手软。侯陟非常害怕，因为他与卢多逊平素关系不错，就请求卢多逊伸手救救他。卢多逊给他出了个主意，指使他上奏南唐的情况。当时侯陟患病，宋太祖令皇城卒架扶他入宫觐见。侯陟一见太祖，就大声说：江南平定就在旦夕之间，陛下怎么准备退兵呢？希望抓紧攻取。臣下若是贻误陛下大事，情愿诛灭三族。太祖立刻屏退左右，向他详细询问前方战场情况，摸清详情后，立即撤销了以前的决定，当然也没有进一步追究侯陟贪污的问题。

宋太祖确实因为长时间未攻下金陵而产生过退兵的想法，所以，李煜的"死挨"也不是没有可能成功。

除了依靠金陵的坚固防备以外，李煜迟迟不肯投降还有两个重要原因。

一是手下人的蛊惑。李煜在政治上的确是个外行，也没什么主见，甚至懒得操心，把国事全权委托两人：陈乔、张洎。这两个人是主战派，力主抵抗到底，并以金陵城的坚固、广陈符命、天象没有出现异常等各种办法忽悠李煜坚守到底。

二是李煜仍然抱有侥幸的心理。君临天下与亡国

> 江南平在朝夕，陛下奈何欲罢兵？愿急取之。臣若误陛下，请夷三族。——《续资治通鉴长编》卷十六

奴的差异，李煜是清楚的。在金陵未被攻破之前，他还抱着一丝侥幸心理，是不会主动投降的。

所以，对于曹彬的最后通牒，李煜采取了嘴上答应、就是不动的策略。离二十七日攻城的最后期限越来越近了，大宋军队很快就会发起对金陵的全面攻击。但是，正如李煜所怀疑的，你说哪天攻下就能哪天攻下吗？而且，在这个节骨眼上，大宋前线总司令曹彬忽然生病了，这又是怎么回事呢？

曹彬装病　李煜真降

曹彬的病来得很蹊跷。

因为计划攻城的日子马上就到了，在这个时刻得病，并且不理军事，攻城谁来指挥？所以，曹彬的病来得很不是时候。

众将领听说以后，纷纷前往询问病情。曹彬说：我的病不是药物能够治愈的，需要诸位帮忙才行。必须诸公立下誓言，破城之日不滥杀一人，那我曹彬的病就痊愈了。众将领答应，并一起焚香立下誓言。仪式一完成，曹彬就说病痊愈了。这明显就是装病。曹彬为什么要装病呢？

在此之前，宋太祖多次派遣使者对曹彬说，不

彬忽称疾不视事，诸将皆来问疾，彬曰：『余之病非药石所愈，须诸公共为信誓，破城日不妄杀一人，则彬之疾愈矣。』诸将许诺，乃相与焚香约言。既毕，彬即称愈。——《续资治通鉴长编》卷十六

得伤害金陵城里的人。这种告诫很有必要。在古时的城池攻坚战中，围困时间长了，一旦城池攻破，伴随而来的就是大肆屠城，就是抢杀，就是掠夺。宋太祖接受了征讨后蜀的教训，所以才派具有仁厚之心的曹彬率队出征，同时，又多次派遣使者提醒：万一城中困兽犹斗的话，对李煜一家也切勿伤害。看来，太祖的圣谕，就是曹彬的病因。诸将领的焚香立誓，就是良药。在攻城前夕生病，这病来得不早也不晚，恰逢其时。

开宝八年十一月二十七日，金陵城按时陷落。

对于最后攻下金陵的过程，史书中都没有记载更多的细节，只用了"城陷"二字。可以推测，大宋对金陵的最后一攻可能并没有费多大的劲，李煜幻想依靠固若金汤的金陵城可以退师、可以延长南唐的生存时日的想法通通成了幻想。

城破之前，为鼓舞士气，李煜下令在宫中堆积柴火，并且对左右说，一旦城破国亡，就会率领全家赴火而死。据说，李煜的这番誓言竟然还传到了宋太祖那里，宋太祖对身边的人说：这不过是穷酸书生的言语罢了，也就只会耍耍嘴皮子，不会真有赴死的勇气的。要是果真能如此，孙皓、陈叔宝也不会成为俘虏了。孙皓是三国时期东吴的最后一个皇帝，陈叔宝是南朝陈的最后一个皇帝，都建都

始，国主令积薪宫中，自言若社稷失守，则尽室赴火死。——《续资治通鉴长编》卷十六

此措大儿语耳，徒有其口，必无其志。渠能如此，孙皓、叔宝不为降虏矣。——龙衮《江南野史》卷三（杭州出版社2004年版）

金陵，都喜欢风花雪月的生活，都是亡国之君。宋太祖对李煜的本质看得非常清楚：属于空有其口、缺乏勇气的书生类型，没有为国自杀的勇气。

果然，城陷以后，李煜并没有自杀。但是，他还是做了样子，也做得很到位，极力做出要赴火而死的样子，左右都进谏阻止，急得都哭了，李煜才肯罢休。

> 后主欲自杀，左右泣涕固谏得止。——陈彭年《江南别录》
> 《全宋笔记》第一编第4册，大象出版社2003年版

城陷之前，李煜曾与他的妃嫔（保仪）黄氏约定，一旦城陷，把宫中收藏的所有书画珍品全部焚毁，不能把这些东西留给大宋，其中有不少钟繇、王羲之的珍品。金陵城陷落时，黄氏将之全部焚毁。此前，李煜也曾与静德院八十余名女尼有约，一旦城池陷落，宫中举火为号，李煜将和这些从宫中出家的女子一道自焚殉国。保仪黄氏焚烧书画珍品的时候，静德院遥望宫中之火，以为是相约的信号，于是点燃准备好的柴薪，全部自焚，八十余人，没有一个贪生怕死的。这个场面很悲壮，比起李煜的装样子悲壮多了。在这一点上，李煜的确不如女子。

> 元宗、后主皆妙于笔札，好求古迹。宫中图籍万卷，钟、王墨迹尤多。城将陷，谓所幸宝仪黄氏曰："此皆吾宝惜，城若不守，尔可焚之，无使散逸。"及城陷，黄氏皆焚，时乙亥岁十一月也。——《江南别录》

一起相约为国自杀的还有两个主战派实权人物：陈乔、张洎。

> 后主与约曰："如有不虞，宫中举火为应，吾与汝辈俱焚死。"……遂燃积薪赴火死，无一人肯脱者。——《十国春秋》卷三十三

> 相要以同死社稷。——《续资治通鉴长编》卷十六

城陷之时，这两个人一起去见李煜。陈乔首先劝李煜背城一战，言外之意就是劝李煜一起自杀殉国。李煜只是一个劲儿地哭，不作回应。陈乔又对李煜说：卑臣辜负了陛下，请陛下公开斩杀微臣。倘若中原朝廷要问责的话，请将责任全部推给卑臣。李煜说：国家气数已尽，卿死也于事无补。陈乔又说：陛下即使不杀卑臣，卑臣还有什么面目去见国人。陈乔最终在自己的办公地点自缢而死。陈乔明知国势难以挽回，仍为国尽心尽力，并以死证明自己的忠诚。虽然南唐的命运不会因为他而发生改变，但他自始至终表现出的勇气、决断与忠诚，仍令人敬佩。与陈乔相比，张洎的表现则有点表里不一。

臣负陛下，愿加显戮。若中朝有所诘问，请以臣为辞。——《续资治通鉴长编》卷十六

与陈乔相约同赴国难的张洎，也就是嘴上说说而已，实际上并没有自杀的念头，所以他早早地就携带妻子儿女、行装进驻宫中。陈乔自杀以后，张洎对李煜说：臣子与陈乔共同掌领国家中枢要务，照理应该一起为国捐躯。但又想陛下要到中原朝廷，还有谁能够帮助陛下说明江南的事情？臣下之所以不死，是有所等待啊。最终，张洎未履行诺言，跟随李煜，在宫门外跪拜出降。

然洎实无死志，于是携妻子及橐装入止宫中。——《续资治通鉴长编》卷十六

曹彬对李煜说，归顺朝廷后，俸禄赏赐有限，你平素花费那么多，还是多带一些宫中的财宝物品吧，如经官吏造册登记后，就连一件物品也不能再动了。于是，

又念陛下入朝，谁与陛下辨明此事，所以不死者，将有待也。——《续资治通鉴长编》卷十六

又让李煜入宫，一切物品随意拿取。

对于曹彬的指令，梁迥、田钦祚都很担心，担心李煜入宫自杀，说：一旦发生不测，该追究谁的过失呢？曹彬只是笑了笑，没有回应。梁迥等人为此争执不止，曹彬才说：李煜向来优柔寡断，看看他的神色，连懦夫、女子都不如，现在投降都投降了，还会自杀？诸位不必顾虑。

李煜国破家亡，内心的滋味自然不好受，哪还有心思蓄积财物，他利用最后这次机会，多将黄金赏赐侍奉近臣，自己所取极少。这多多少少还有点男人的气概。

关于李煜向曹彬投降时的表现，宋代的笔记中还有另外的记载。

城破以后，李煜穿白衫、戴纱帽在宫门迎候跪拜。先见潘美，行拜礼，潘美回拜。接着又拜曹彬，曹彬派人告诉他，盔甲在身，不能回拜。有见识的人都称赞曹彬做得符合礼仪。潘美、曹彬二人先行登舟，叫李煜也上船饮茶，上船的路是块独木板，李煜害怕，徘徊不前。于是，曹彬令手下搀扶着李煜上船。一杯茶后，曹彬对李煜说：你回去收拾一下行装吧，明早在此集合，同赴京城。潘美非常担心，怎么能让李煜回去呢？曹彬说：你没看到吗，李煜连一块独木板都不敢走，说明非常怕死，现在既然有机会活着赴京，又怎么会去死呢？

第二天早上，李煜果然如期而至。

开宝八年的深冬，李煜携南唐官员一行，在曹彬等人的"押送"下，冒雨乘舟，告别故国，前往东京。宋太祖会怎样安置李煜这个亡国之君呢？

江南江北

开宝九年(976)正月，曹彬派遣翰林副使郭守文奉持露布（告捷文书），押送南唐李煜及其子弟、官属等五十五人，前来进献。

宋太祖到明德门（宫门的南正门）接受献俘。李煜等人素服待罪于明德门前，太祖下诏一律免罪，并分别有所赏赐。当时有官员商议献俘仪式按照南汉刘鋹那次的模式举行，即用绳子拴着到太庙举行献俘。太祖说，李煜和刘鋹不同，李煜曾经奉行朝廷的历法，不能按照刘鋹那样。因此，收起露布而没有宣读。露布就是一种告捷文书，献俘时当面宣读，内容无非叱责李煜不识时务，当面数落、责骂一番。宋太祖没让人当面宣读，也算是给了李煜一点面子。

"煜尝奉正朔，非鋹比也。"寝露布不宣。——《续资治通鉴长编》卷十七

太祖给李煜留了一点颜面，但对他的手下徐铉、张洎就没那么客气了。

宋太祖召见徐铉，对其问责，责问他为什么不及早劝说李煜归顺朝廷，说话的声音、脸色都不那么温柔。徐铉回答：臣下身为江南大臣，国家灭亡，罪本该死，

不必再问其他。徐铉的一番话，反而让太祖非常敬佩，说：忠臣啊，以后侍奉我像侍奉李氏一样。并赐座安抚。

> 臣为江南大臣，而国灭亡，罪固当死，不当问其他。——《续资治通鉴长编》卷十七

宋太祖又找张洎的碴儿，并且准备杀掉他。宋太祖问：都是你在背后教唆蛊惑，李煜才拒不投降，以致拖延到了今天。太祖还出示了一份物证，是一封书信，是宋军围困金陵之时，张洎起草的令湖口驻兵救援金陵的密信，不知怎么到了宋太祖手里。张洎连忙磕头请罪，并且说：书信确实为臣下所写。不是狗的主人，狗见到了自然就狂吠。这封信只是其中之一，您没见到的还很多。如今能得一死，也是臣下的本分。张洎是个人才，说这番话的时候，语气沉稳，脸不变色（心跳不跳就不知道了）。宋太祖原准备将其斩首，没想到张洎如此有胆量，认为是个奇才，于是说：你有胆量，朕不加罪于你，从今以后，要像侍奉李煜那样侍奉我。

> 犬吠非其主，此其一耳，他尚多。今得死，臣之分也。——《续资治通鉴长编》卷十七

其实，张洎这个人的人格是很有问题的。我不相信他对赵匡胤说话时辞色不变不是装出来的，他是用了一着险中取胜的策略。看看入宋后他是怎么对待他从前的主子的吧。张洎经常去拜访李煜，不是去慰问，而是去索取钱财。李煜离开江南之时，心灰意冷，宫中财物几乎一无所取，入宋后生活本来就很清苦，手头也很紧。张洎来的次数多了，李煜就把自

己的一个白金脸盆给了他，张洎仍觉得不满足。当时，潘慎修在李煜家做文字账簿的工作（记室），张洎与潘慎修平素关系也不错，李煜给张洎白金脸盆的事情，张洎怀疑是潘慎修的主意，因此也疏远了跟潘的关系。《宋史》中说张洎这个人"尤险诐"，险诐就是阴险谄媚的意思，这个评价是不错的。当然，宋太祖不杀他，是看中了他的才能，这也体现出太祖不拘一格招纳人才的做法。

几天后，宋太祖拜李煜为右千牛卫上将军，封违命侯。违命侯自然不是一个光彩的称号，是对他不积极主动入朝、劳烦王师讨伐的一个惩罚性的称呼。

尽管宋太祖对李煜表现出了很大的宽容，但李煜忧郁的气质使得他不能像刘鋹那样没心没肺地自得其乐。

李煜降宋后的生活自然没有了一国之君那样的自在与前呼后拥，笔记中说，李煜在给南唐旧日宫女的书信中说："此中日夕，只以眼泪洗面。"《默记》卷下

宋太平兴国三年（978）七月七日（一说七月八日），李煜死于东京。

史书中记载李煜是病死的。但是，宋代的笔记中说李煜是被宋太宗赵光义用"牵机药"毒死的，而宋太宗之所以毒死李煜，也有不同的说法。

一种说法是李煜的文字惹的祸。惹祸的是李煜的那首著名的《虞美人》词：

春花秋月何时了，往事知多少。小楼昨夜又东风，故国不堪回首月明中。

雕栏玉砌应犹在，只是朱颜改。问君能有几多愁，恰似一江春水向东流。

据说这首词传到了赵光义的耳朵里，赵光义认为，你身在东京，还在思念江南，怀念故国，留着这样一个人在世，必为后患，于是赐毒酒给李煜。

另外一种说法是小周后惹的祸。小周后漂亮那没得说，她姐姐还没死，李煜就和她有了肌肤之亲，并且二人的偷情实录的歌词也传遍大江南北。宋太宗对小周后就上了心，经常召唤她入朝，一去就是好几天，每次她回来都大骂李煜，李煜只能是能躲就躲，任凭小周后怒骂。这显然是赵光义强幸了小周后，宋代因此还产生了一幅名画《熙陵幸小周后图》。赵光义喜欢小周后，自然就不容许她的正规丈夫李煜再活在世间，所以设法毒死了他。

以上的说法是否接近历史真实，是很难判定的，赵光义就是真做了这样的事，他也不会允许史官记载下来。但是，以李煜的性格与气质，即使没有意外的加害，估计不多久也会抑郁而终。

历来对李煜的评价无非两种，一是无能的国主，一是天才的词人。这两种观点实际上是从不同

> 李国主小周后随后主归朝，封郑国夫人；例随命妇入宫。每一入辄数日而出，必大泣骂后主，声闻于外，多宛转避之。——《默记》卷下

的角度说的,对李煜而言,是合二为一的。

作为一国之君,李煜是相当不合格的。他不但没有挽救南唐于颓势之中,也没有顺时而动,自觉归附大国。李煜的亡国,有很多原因,比如他不理政事,喜欢风花雪月的生活,崇信佛教,没有主见,等等。这一切,其实都可以归结到一个更高层次的原因:势。

一方面,中原地区一向被视为正宗,中原周围的分裂割据政权尽管也称王称帝,但在政治心态上始终觉得自己低中原王朝一等,这是一种"势"。南唐虽然也号称李唐余脉,其实主要是想证明自己政权的合法性而已,而这种做法恰恰也体现了作为中原周边割据政权统治者自卑的心理。在他们的内心深处,正统的中原王朝迟早会将周边割据政权统一的。另一方面,代表中原王朝正统的大宋,从开国不久即致力于统一,这也是一种"势",是历史大势。大宋对周边割据政权的吞并是顺应大势的行为,而南唐拒绝归附则是逆潮流而动。就此而言,作为独立于中原之外的南唐,不管是谁做皇帝,总有一天会被中原王朝吞并。只是李煜很不幸,因为他碰到了这个大势。

作为一个词人,李煜是伟大的。王国维评价李煜在词史上的地位说:"词至李后主而眼界始大,感慨遂深,遂变伶工之词而为士大夫之词。"《人间词话》(上海古籍出版社1998年版)毋庸讳言,李煜对词的发展与贡献,与其身份是密切相关的。若李煜不是一国之君,不是南唐的后主,他在词史上的贡献绝对不会有如此之大,这应验了"国家不幸诗家幸"的名言。

因为李煜是一个政治失败者,后人从同情弱者的心理出发,给予李煜很多同情，认为李煜不是一个好皇帝，但也绝对不能算是一个坏皇帝，他比同时期的其他一些帝王好多了。其实，对于李煜，不能简单地以好坏来评价，更应该从历史发展的大势评价他的作用。同时，因为李煜是一个多愁善感的词人，所以有人说，李煜的昏庸，是历代帝王所难免的；李煜的诗词，是历代帝王所难能的。这似乎也不错，但这就如同与一个足球运动员比打乒乓球、与一个乒乓球运动员比踢足球一样。李煜的本职是一国之君，他做得很不像样，这才是最要命的。

对宋太祖赵匡胤而言，江南的皇帝是谁，是个怎样的皇帝，不是他最关注的；他最关注的是江南是谁的江山。南方政权中最有实力的南唐消失了，但是，还有两个半割据状态的政权：吴越与漳泉。接下来，赵匡胤会实施怎样的计划呢？

迁都之争

〈三十一〉

消灭南唐之后,南方仅存吴越和漳泉两个名义上独立的政权。按理说,赵匡胤应当一鼓作气,乘胜灭掉这两个政权。但是,宋太祖并没有立即征剿它们,而是允许其保留了一席之地。大宋统一天下是既定方针,为什么要保留这两个政权呢?开宝九年正月十三日,宋太祖下诏,要到西京洛阳视察,并准备在洛阳南郊举行祭天活动。宋太祖的这次洛阳之行引发了一场大论争——迁都之争。宋太祖为什么想迁都呢?关于迁都,论争的结果如何呢?

南方收官

消灭南唐以后,赵匡胤并没有一气呵成,把南方剩余的吴越和清源军(习惯上称漳泉)两个政权一并收入大宋的领土。这是为什么呢?

一是因为这两个政权对大宋表现得相当顺从,尤其是吴越,积极响应赵匡胤的号召,亲自参与了攻打南唐的军事行动。吴越作为围困金陵的东路军主力,对攻灭南唐做出了重要贡献。割据漳州、泉州的陈洪进,从宋初就一直自称为大宋王朝的附属国(称藩),在南唐被攻灭之后,陈洪进意识到自己政权的危机,就派遣他的儿子前往东京,加强与大宋的友好关系。对于这样的顺从者、听命者、合作者,将其迅速吞并虽然不是难事,却有失大国风范,也不符合赵匡胤一贯追求的"和平统一"的最高理想。

二是因为在吴越与大宋联合攻伐南唐之时,李煜曾经亲自给吴越王钱俶写了一封信,企图瓦解两个政权的联合。信的大意是:今日没有了我,明天还会有你吗?一旦吴越也并入大宋的领土,圣明天子会怎样酬谢你?你也不过是大梁的一个布衣百姓罢了。吴越王钱俶为了表示对大宋的忠心,也有可能是耍了点小聪明,为避免

> 平海节度使陈洪进以江南、吴越入朝,不自安,戊寅,遣其子漳州刺史文颢来贡方物,且乞修觐礼,诏许之。
> ——《续资治通鉴长编》卷十七

> 今日无我,明日岂有君!明天子一旦易地酬勋,王亦大梁一布衣耳。
> ——《续资治通鉴长编》卷十五

大宋消灭南唐后的顺手牵羊,派遣使者将这封信送到了赵匡胤手中。面对李煜的这种预言,赵匡胤自然不愿被他言中,不愿落下口实。所以,赵匡胤在消灭南唐以后,没有顺便把吴越、漳泉给一锅端了。

事实上,大宋王朝对于南方的用兵,到此已经告一段落,至于剩下的这两个割据政权,赵匡胤在等待他们自动纳土,对于这一点,他有信心做到。这个时候,赵匡胤理应关注如何统一北方,如何攻灭北汉,如何应对辽国的威胁。但是,赵匡胤对大宋定都东京的认识发生了改变,产生了迁都的想法。为此,他想亲自做一番实地调研。没想到,赵匡胤迁都的想法激起了很多人的反对。事情的始末是怎样的呢?

迁都事件的始末

开宝九年(976)正月,宋太祖下诏说,将于四月到西京洛阳视察。宋太祖为这次视察找了两个很好的理由:一是到他父亲赵弘殷的永安陵(在今河南巩义市)祭拜,二是在西京洛阳南郊祭天。尽管这两个理由都很冠冕堂皇,但是,太祖身边的人都清楚他这次巡幸西京的真正目的,因此都极力反对。其中,起居郎李符上书,陈述此次西巡的八个困难:第一,西京洛阳地区衰败;第二,西京洛阳宫殿不完备;第三,郊祀的庙堂没有修建;第四,西京地区百官官署不完善;第五,西京地区百姓生活贫困;第六,西京洛阳军粮储备不足;第七,西京洛阳军事壁垒没有设立;第八,巡幸西京,需要成千上万的人马车辆在酷热的暑天扈从。史书上说，李符这个人很会做官，喜欢迎合皇帝的心意以求提拔任用。但在宋太祖要到洛阳视察这件事情上，李符并没有与赵匡胤站在同一条战线上，而是排列了八项西巡的困难，虽然有危言耸听的意味，但大都符合事实。对于李符的上书劝谏，史书记载赵匡胤的态度只用了三个字："上不从。"《续资治通鉴长编》卷十七太祖并没有采纳李符的意见。

就这样，赵匡胤无视众人的劝阻，仍然按照预定计划，先到巩义祭拜了他父亲的陵墓，又到洛阳南郊举行了祭天的仪式。一切事宜处理完毕，赵匡胤还留住洛阳，丝毫没有返回东京的意思，随从的大臣也没有敢劝谏回京的。这个时候，皇帝身边的扈卫人员铁骑左右厢都指挥使李怀忠瞅了个机会，乘机向太祖进言说：东京有汴河的水陆运输通道，每年运送长江、淮河的粮食几百万斛，京都军队几十万人全都依赖这条水路得到供给。陛下身居此处，将从哪里获得粮食？何况国库、重兵都在大梁，根基安定牢固已经很久，不可以动摇。如果仓促迁都洛阳，臣实在没发现有什么便利之处。对于李怀忠的这次劝谏，《续资治通鉴长编》中记载宋太祖的态度用了四个字：上亦弗从。赵匡胤做了同样的回

> 有吏干，好希人主意以求进用。——《宋史·李符传》

> 京邑凋敝，一难也。宫阙不完，二难也。郊庙未修，三难也。百官不备，四难也。畿内民困，五难也。军食不充，六难也。壁垒未设，七难也。千乘万骑，盛暑从行，八难也。——《续资治通鉴长编》卷十七

> 既毕祀事，尚欲留居之，群臣莫敢谏。——《续资治通鉴长编》卷十七

> 东京有汴渠之漕，岁致江、淮米数百万斛，都下兵数十万人，咸仰给焉。陛下居此，将安取之？且府库重兵，皆在大梁，根本安固已久，不可动摇。若遽迁都，臣实未见其便。——《续资治通鉴长编》卷十七

应：不听。

对身边大臣官员的两次进谏，赵匡胤一概不听，似乎铁了心要将都城迁到洛阳。那么，迁都洛阳的事情就这样定下来了吗？还有没有人继续进谏呢？

有。谁？晋王赵光义。

赵光义说：迁都洛阳，未见便利。太祖回答说：迁都洛阳还不算完，长久之计是要将都城迁到长安。长安经过唐末五代的战乱，比洛阳更加破败，更不可行。所以晋王赵光义又叩头恳切劝谏，太祖解释说：我想将都城西迁，没有其他原因，只不过是想凭借高山大河的险要地利来阻挡敌人，借此裁掉大量的军队，仿效周朝、汉朝的办法来安定天下。周朝（西周、东周）、汉朝（西汉、东汉）都城均在长安、洛阳，依靠高山大川的山河之固，成为历史上的盛世王朝。太祖的解释是说依靠地利的优势，省去冗杂的军队，实现大宋王朝的长治久安。对于这个迁都的理由，赵光义不以为然，他说：治国安邦的根本在于德政而不在于天险。孟子早就说过"天时不如地利，地利不如人和"的话，面对道德这顶大帽子，太祖一时语塞，哑口无言，《续资治通鉴长编》的记载是：上不答。也就是无话可说了。

等晋王赵光义出去之后，太祖对身边的人说：晋王说的也确实有点道理，现在姑且依他吧，但是恐怕

> 迁河南未已，久当迁长安。——《续资治通鉴长编》卷十七

> 吾将西迁者，无它，欲据山河之胜而去冗兵，循周、汉故事，以安天下也。——《续资治通鉴长编》卷十七

> 在德不在险。——《续资治通鉴长编》卷十七

不出百年，天下的民力就要消耗殆尽了。

第二天，宋太祖下诏，返回东京开封。自三月初九从开封出发，到四月十五回到开封，赵匡胤的这次西巡活动前后持续了一个多月的时间，而西巡考察西京洛阳、准备迁都西京的既定目标也在众位大臣尤其是晋王赵光义的劝谏之下，最终流产。这就是迁都事件的始末。

洛阳和开封

迁都的争议到此告一段落。现在我们回过头来分析一下，大宋定都开封与洛阳，到底有哪些利弊？

首先来看一下开封，大宋王朝建立之初就定都开封，这是为什么呢？

第一，历史因素。

大宋王朝开国者赵匡胤是通过陈桥兵变黄袍加身的和平演变方式获得了后周的政权，为了实现政权的顺利交接转移，赵匡胤对后周的一切几乎采取了全盘接收的方式。开封是后周的都城，也就理所当然地成了大宋的京都。在五代之中，有四个朝代在开封定都：后梁、后晋、后汉、后周。经过四朝的修建，尤其是后周时期，随着国家的繁荣，开封城人口剧增，房屋密集，导致火灾不断发生。百姓住宅不断扩建，占据交通要道，导致车马无法顺利通行，为此，周世宗对开封城进行了规模较大的改建：一是修筑周长近五十里的外城，把一部分居民从里城迁到外城，缓解人口压力。二是把影响交通的民宅全部强制拆毁，拓宽交通要道。三是把城内所有坟墓迁到城外，重新安葬，避免城内坟墓与住宅交错混杂，影响城市美观。

开封城经过周世宗的改建，形成了三重格局：外城、里城、皇城。开封城已经具备了担当一个统一国家京都的规模，这为北宋定都开封打下了根基。

第二，地理因素。

开封位于华北平原南端，处于中原的中心位置，占据此地有利于控制全国。《宋史》中说：开封是四方汇聚之地，是天下的中枢，可以据此控制全国，因此被选定为国都。开封周围一马平川，便于顺利出动军队，镇压地方动乱。

第三，交通因素。

开封不仅处于中原的中心位置，而且有四通八达的陆路、水路交通，是名副其实的"四达之会"。

陆路方面，有几条主要干道：从开封往北，经过滑州、澶州（今河南濮阳市）、大名（今河北大名县），可以到达河北诸州，并且可以直通辽国的南京（今北京市）。往东，有两条主干道，一是经过曹州（今山东菏泽市）、济州（今山东巨野县）、兖州（今山东济宁市兖州区）、齐州（今山东济南市），可以到达山东半岛

> 以大梁四方所凑，天下之枢，可以临制四海，故卜京邑而定都。——《宋史·河渠志三》

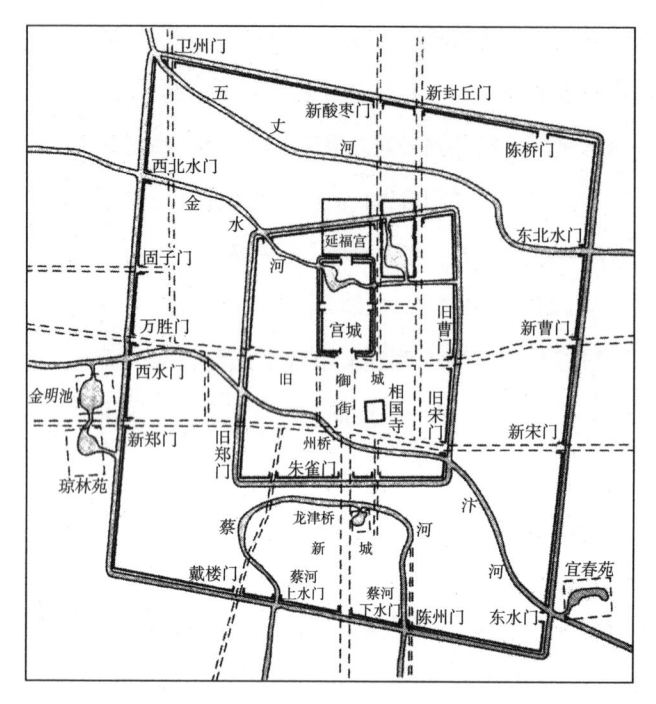

北宋开封水系分布图

等地；一是通过南京（今河南商丘市）、徐州（今江苏徐州市）到达海州（今江苏连云港市）。往南，经过陈州（今河南周口市淮阳区），可以到达淮河中游各地。往西，可以通过洛阳，进而到达秦州（今甘肃天水市）和蜀地。

开封虽有陆路之便，但在宋代，却是一个以水路交通为主的城市，是全国水路交通的中心。当时的开封，有四条河可通漕运：汴河、黄河、惠民河（蔡河）、广济河（五丈河）。尤以汴河最为重要。汴河经过开封，往南入淮。

北宋时候，京师人口众多，尤其是太祖采取"强干弱枝"的政策后，京城有数量众多的禁军，几乎占据全国军队数量的一半。规模庞大的人口，单靠开封及其周边的生产能力不足以维持用度，而当时的经济重心则在江淮一带。因此，以汴河为主的漕运系统能够有效地将两个重心联系起来：一个是国家的政治、军事重心开封，一个是江南的赋税重心江淮一带。通过汴河漕运，江南的财富保证了北宋巨额的军费支出，京师禁军的给养得以充足保证。宋代的笔记中记载了一件小事，说吴越王钱俶曾经向宋太祖进献宝带，太祖说：朕有三条宝带，与此不同。钱俶询问详情，太祖笑着说："汴河一条，惠民河一条，五丈河一条。"孔平仲《孔氏谈苑》(中华书局2012年版) 从这个意义上说，汴河是大宋朝廷地道的生命线。

第四，军事因素。

10世纪至12世纪，北方的格局发生了重要的变化。耶律阿保机建立的契丹政权在中国的东北部崛起，并不断骚扰中原地区。后晋的石敬瑭为了取得契丹的支持，将燕云十六州拱手相送，从此中原北方的门户大开，契丹可以长驱直入中原。对中原有重大威胁的周边政权从北方转向了东北方，作为对东北局势转变的必然反应，中原王朝也要把都城定在东部地区，以便对辽国实现有效抵御与控制，否则，只能是鞭长莫及。

总之，从经济重心的东移与军事格局的变迁来看，中原王朝的定都必然会相应地东移，北宋定都开封不仅仅是对五代都城的承袭，也是历史的必然选择。但是，任何事情都有利弊。大宋都城开封是典型的"四战之地"，也就是说，开封周围一马平川，虽然交通便利，但是四周没有山川之险、要塞之固。

清代的顾祖禹说，开封所处的黄河之南这个区域，在争夺天下的时候，是兵家必争的战略要地，但是天下平定以后，如果把都城定在这里，形势就岌岌可危了，就避免不了灭亡的命运。为什么会如此呢？因为开封缺乏高山大川的地理优势，没有任何可以依赖的自然屏障，特别是后晋将燕云十六州割让给契丹以后，开封就更加危险。契丹一旦南下，就可以在华北平原上纵横驰骋，如入无人之境，只要越过黄河，就可以直接威胁开封。这是定都开封最明显的劣势。

宋太祖赵匡胤宣称，正是因为开封无名山大川的天然险阻，易攻难守，所以他才想迁都洛阳，更长远的计划是迁都长安。那么，洛阳就一定优于开封吗？

从军事防御上来看，洛阳的确优于开封。洛阳是"山河拱戴"之地，北临邙山，南系洛水，更有群山环绕，东据虎牢关，西控函谷关。可以这样说，洛阳是南北有山，东西有关，中间有河，有许多便于周旋的地方。这样的地理条件，自然易守难攻，所以历史上有多个朝代在此定都，有十三朝古都之称。

到北宋时期，如果定都洛阳，有没有劣势呢？

英国地理学家柯立希曾经在《大国都》一书中归纳了建都的三个条件：岔路口、谷仓、要塞，也就是要交通便利，物质丰厚，防御有效。洛阳在防御有效方面优于开封，在交通与物资供应方面又如何呢？

洛阳在历史上的确曾经辉煌过。但是，从唐代安史

河南，古所称四战之地也。当取天下之日，河南在所必争。及天下既定，而守在河南，则岌岌焉有必亡之势矣。——顾祖禹《读史方舆纪要·河南方舆纪要序》（中华书局1994年版）

之乱以后，洛阳不断遭受兵燹之灾，渐趋没落。唐朝后期以来，整个中原的经济重心逐渐南移，朝廷的物资、官员的俸禄、国家的粮食，都要依靠南方供应，要通过水路从长江中下游地区运来。而洛阳的交通条件远远不如开封便利，即使漕运顺畅，也比开封增加了不少路程。何况当时从开封到洛阳的水路漕运基本废弃，赵匡胤到西京洛阳巡视的时候，洛阳的漕运已经不能用了，所以他才下令军队进行市内部分水路的疏浚，以便运输一些必备物资。因此洛阳一旦成为首都，物资供应必定会成为沉重的负担。除此以外，洛阳作为都城的劣势，李符在上书中列举的八条也分析得很清楚了。

　　根据柯立希的理论，到北宋时期，洛阳作为都城的条件仅是三者占其一：只是防御有效，而交通以及与其相关的物质供应则远远赶不上开封。开封则三者占其二，明显比洛阳更具优势。在这种客观情势存在的条件下，赵匡胤仍然打算迁都，况且，迁都并非一项小工程，不是那么容易的事情，他为什么还要这么做呢？除了他声称的依靠洛阳的山河之固，保证大宋的长治久安外，还有没有别的原因呢？背后有没有隐情呢？产生这样的疑虑很自然，因为对赵匡胤这样的国家最高统治者来说，他不会不清楚开封、洛阳两个地方作为都城的优势和劣势，他应该能够在权衡之后做出明智的选择，但他的做法似乎不够明智，这就令人生疑了。

> 是月，发卒千人，自洛城菜市桥凿渠抵漕口二十五里，以通馈运。——《续资治通鉴长编》卷十七

迁都背后的隐情

《续资治通鉴长编》中说：赵匡胤出生在洛阳，喜欢洛阳这个地方的风土民俗，因此产生了迁都洛阳的心思。

根据这个记载，赵匡胤之所以打算迁都洛阳，是因为洛阳夹马营是他出生的地方，是他童年生活的地方，他习惯了这里的风土民俗。一个人，对于自己的出生之地、自己童年待过的地方一定会留下不少回忆，而且这些经历会在不断的回忆与品味中历久弥新，会不断获得不同寻常的意义。宋代笔记中说，开宝九年(967)宋太祖巡幸洛阳的时候，驻跸在从前住过的房子，用马鞭指着驻地小巷的某个地方，对身边的人说：我小时候得到一个石马，经常与小朋友一起玩耍，他们多次偷我的石马，我就把石马埋在这里了。不知现在还有没有？手下人在这个地方一挖，果然挖出一个石马。赵匡胤对童年时代嬉戏的情景记忆犹新，而小时候的玩具竟然还在，这些都有可能引发他对童年生活的温馨回忆。由此产生对西京洛阳的喜爱，这也很自然。但是，如果仅仅因为这一点，就打算将国家的政治中心迁移，那这种思想就还没有脱离孩童时代。作为大宋王朝最高统治者的赵匡胤，思想不会如此幼稚。

赵匡胤虽然宣称他意欲迁都洛阳的原因在于洛阳

> 上生于洛阳，乐其土风，尝有迁都之意。——《续资治通鉴长编》卷十七

> 「朕忆昔得一石马，儿为戏，群儿屡窃之，朕埋于此，不知在否？」斸之果得。——《玉壶清话》卷七

有高山大川的天然屏障，可以保证大宋王朝的长治久安，但他不会不清楚开封比洛阳更具备作为国家首都的优势。所以，他的这个理由虽然冠冕堂皇，但不会是打算迁都的根本原因。当然，以他那清晰敏锐的政治头脑，他也不会幼稚到仅仅因为出生在洛阳、在洛阳有美好的童年回忆就将国家的政治中心搬到那里。除此以外，还有没有另外的原因呢？

赵匡胤在西京洛阳南郊祭拜天地的仪式完成以后，仍然留在洛阳，迟迟不肯离去，身边近臣的劝谏也打动不了他。当晋王赵光义磕头恳切劝谏他返回东京开封时，宋太祖说了一句话："吾将西迁者无它，欲据山河之胜而去冗兵，循周、汉故事，以安天下也。"赵匡胤对晋王赵光义所说的这句话，我们以前关注的是后面的部分，"以安天下"，即表明赵匡胤迁都的理由。现在我们再仔细考虑一下这句话的前半部分，赵匡胤为什么会对晋王强调：我想将都城西迁，并没有其他的原因。为什么会强调"无它"呢？联系到较长时段的历史，我觉得，宋太祖的这番强调，很有"此地无银三百两"的意味，强调"无它"，正说明"有它"，而且与晋王赵光义有关。这种可能，有没有呢？

有。

赵光义在大宋建立之前名位是不显的，他的权势的扩大是随着大宋王朝的建立开始的。建隆元年(960)五月，太祖亲征李筠，以赵光义为大内都点检，以致当时京都百姓传言："点检为天子，更为一天子也。"《枫窗小牍》卷上（《全宋笔记》第4编第5册，大象出版社2008年版）这说明此时的赵光义在普通民众心中已经具备了一定的威望。

从建隆二年赵光义担任开封尹,直至开宝九年(976),前后十六年之久。在此期间,他凭借首都一把手的权力,苦心经营,培植自己的势力,在京师开封形成了一张自己的权力网。据学者考证统计,仅晋王的幕府成员便有六十六人之多。蒋复璁《宋太宗晋邸幕府考》《大陆杂志》第30卷第3期,1965年)与此同时,赵光义还有意结交不少文官武将。即便是太祖的旧部,诸如楚昭辅和卢多逊等掌握实权的朝中要员,太宗都很用心地加以结纳。

赵光义在京城开封的威势,史书中少见记录,但也能从一些事件中有所反映。举一个例子,这个例子与党进有关。

党进这个人,前面已经提及。他本身没多少文化,但正因为质朴没有心机,而深得赵匡胤的喜爱。他曾经受诏巡视京都,开封城的百姓有畜养禽兽的,让他碰到,必定拿来放走,还捎带一通斥骂:买了肉不来供养你的父母,却用来喂养这些畜生。赵光义的一名亲信在开封街上溜达,肩膀上架着鹰雏,给赵光义遛鹰,被党进碰个正着,党进就急着要把鹰放飞。那人说:这是晋王的鹰。猜猜党进什么反应,他急忙道:你要小心喂养。宋代笔记中对此事的记载更形象,说党进在不知详情的情况下急着要放掉晋王的鹰,晋王的亲信说:这是晋王的宠物。并且要立即向赵光义汇报。党进急忙拉住这人,拿出一大把钱,让他买肉喂鹰,并

> 买肉不将供父母,反以饲禽兽乎。——《宋史·党进传》

且对他说：你要小心谨慎地看护，不要让它被小猫小狗给伤了。

党进这个人性情比较粗暴，动辄骂人，但一遇晋王的人，则前倨后恭，自掏腰包不说，还细加叮咛。深受太祖宠信的党进听到晋王的名字，也难免战战兢兢，如同变色龙一样，赵光义在开封的威势可见一斑。

事实上，赵匡胤与赵光义兄弟二人的关系，并非如史书记载的那么亲密无间，二人之间是有矛盾的，尤其是随着晋王势力的渐趋强大，赵匡胤明显感到了来自晋王的威胁。进一步而言，赵光义与赵普的一些明争暗斗，本质上也是赵匡胤与赵光义兄弟之间的争斗，赵普罢相出任河阳三城节度使，赵光义即被封为晋王，位居宰相之上，晋王赵光义的势力达到巅峰。

清人王夫之在《宋论》中说："迨及暮年，太宗威望隆而羽翼成，太祖且患其逼，而知德昭之不保。"等到赵匡胤统治后期，赵光义的威望日益攀升，党羽颇多，赵匡胤切切实实地感受到了威胁，有了为子担忧的急迫感。应该怎样处理这样的困境呢？如何摆脱赵光义羽翼已成的势力范围？怎样才能既摆脱赵光义势力的逼迫，又不用正面交锋，撕破脸皮，大动干戈呢？在这一点上，宋太祖赵匡胤

> 汝当谨视此，无使为猫狗所伤。——江绍虞《宋朝事实类苑》卷六十四（上海古籍出版社1981年版）

最终选择了迁都的办法。既可以选择地势险要的洛阳作为都城，又能不动声色地离开赵光义的势力范围，可谓一举两得的办法。

所以说，从本质上推测，迁都之争实际上是宋初高层的一场政治斗争。但是，对于赵匡胤名义上的迁都理由，赵光义用一顶道德的大帽子给顶了回去。有两种可能存在：一是在这场政治斗争中，赵匡胤以失败而告终；二是赵匡胤的迁都也只是做个样子，是明确地给赵光义一个警告而已，他内心深处实则也是不想迁都洛阳的。

宋初的这场迁都论争，最终以宋太祖赵匡胤的妥协而告终。宋太祖回到开封不久，就神秘离世，他的弟弟赵光义则继承了皇位，成为大宋王朝的第二位皇帝。宋太祖在烛光晚宴中不明不白地死了，这成了后人不断探讨的一桩疑案，史书上是如何记载的呢？

斧声烛影

三十二

不管出于什么意图,宋太祖迁都洛阳的计划在一片反对声中不了了之。回到开封的赵匡胤接下来又一次开始了对北汉的用兵。在此之前,大宋王朝曾经对北汉两次大规模用兵,均以失败告终。这一次,宋太祖势在必得。然而,历史总是喜欢开玩笑,大宋王朝这次对北汉的用兵很快就夭折了。这是为什么呢?因为大宋王朝的最高统治者宋太祖死了。事情发生在开宝九年十月二十日深夜。第二天,他的弟弟赵光义即位,这就是宋太宗。宋太祖是怎么死的?怎么之前没有预兆呢?即位的为什么不是太祖的儿子,而是他的弟弟呢?文献中对太祖之死的记载,隐约闪烁,给后人留下了无限遐想的空间。那么,我们还能了解太祖之死的真相吗?

两个版本　密布疑云

对于赵匡胤的死,《宋史·太祖本纪》中仅有"癸丑夕,帝崩于万岁殿,年五十"十二个字的记载,简单得不能再简单。但是,赵匡胤之死极为蹊跷,一夜暴毙,疑云密布。史料阙如,故而猜测纷起。更多的记载是在宋代笔记中出现的"斧声烛影"的离奇故事,难道这"烛光里的晚餐"会蕴含杀机吗?

有关"斧声烛影"的故事,有多个版本,其中以下列两种记载最为流行。

第一种,见于文莹的《续湘山野录》。文莹是生活在北宋中期的一个和尚,常出入当时达官显贵之家,对当时社会上层的一些传闻多有了解,他把这些北宋前期的见闻著录在了《湘山野录》《续湘山野录》两部笔记中。

在《续湘山野录》中,文莹对太祖之死、赵光义即位是这样记载的:

赵匡胤没有当皇帝之前,曾与一个道士有所交往。这个道士没有固定的姓名,有时自称混沌,有时自称真无。赵匡胤时常和他在一起饮酒,有一次,这个道士酩酊大醉,唱了一首歌,歌词大意是预言赵匡胤要做皇帝。从此以后,赵匡胤再没见到他。直到开宝九年,赵匡胤举行上巳节活动时,与之不期而遇。道士笑着对太祖作揖说:"别来喜安?"太祖大喜,急忙将其接到宫中,像从前那样,开怀畅饮。觥筹交错之间,太祖对道士说:我想见你好长时间了,想见你也没有其他的事情,我就是想知道我还能活多久,请告诉我一个准确的期限。道士说：只要今年十月二十日夜晚，天气晴朗，那么您的寿命还有一纪（一纪有十二年、三十年两说）；如果天气不是这样，那您应该抓紧处理后事。太祖就牢牢记住了道士的话。到十月二十日夜晚，太祖登楼观察天气，只见天朗气清，星光灿烂，太祖内心大喜。谁知，一会儿天气陡变，阴霾四起，大雪骤至。

太祖赶紧下楼，急召他的弟弟赵光义入宫，兄弟二人斟酒对饮。在此过程中，侍奉赵匡胤的宦官、侍女都被要求退避。从远处遥望，在烛光的辉映下，隐隐约约看见赵光义间或离席，似乎在诉说自己力不胜任，在避让和谢绝什么。当他们兄弟二人喝完酒，已经是午夜时分，宫殿外边的雪也已经下了厚厚的几寸，兄弟两人来到殿外，赵匡胤一边拿着柱斧戳雪，一边回头对赵光义说："好做，好做！"然后就回宫解带就寝，适时听得鼾声如雷。当晚赵光义留宿寝宫，天将五更，周围一片沉寂，赵匡胤已经死了。于是，赵光义接受遗诏，在太祖的灵柩前即位。天亮之后，太宗登上朝堂，向大臣们宣读了太祖的遗诏。文莹记载此事的前半部分在其他书中亦有记载，大同小异。《续资治通鉴长编》中引用的《国史·符瑞志》、杨亿《谈苑》中说这个道士的名字叫张守真，能通神灵，能预言祸

> 但今年十月廿日夜，晴，则可延一纪；不尔，则当速措置。
> ——文莹《续湘山野录》

> 急传宫钥开端门，召开封王，即太宗也。延入大寝，酌酒对饮。宦官、宫妾悉屏之，但遥见烛影下，太宗时或避席，有不可胜之状。饮讫，禁漏三鼓，殿雪已数寸，帝引柱斧戳雪，顾太宗曰："好做，好做！"遂解带就寝，鼻息如雷霆。是夕，太宗留宿禁内，将五鼓，周庐者寂无所闻，帝已崩矣。太宗受遗诏于柩前即位。
> ——《续湘山野录》

福。太祖生病的时候，召张守真进京设道场，神灵附张守真身体说："天上宫阙已成，玉锁开。晋王有仁心。"《续资治通鉴长编》卷十七 这些神乎其神的行为与预言显然是糊弄人的，可以置之不论。赵匡胤之死与赵光义即位的事件关键在后半部分的记载。

第二种，见于司马光的《涑水记闻》。

在《涑水记闻》中，对赵光义的即位是如此记载的：

太祖离世的时候，已经是夜里四更，孝章宋皇后派遣内侍都知（宦官职衔）王继恩（《涑水记闻》误为王继隆）立即召赵匡胤的第四个儿子赵德芳入宫，准备让赵德芳继承皇位。但是，王继恩认为太祖一直打算传位给弟弟赵光义，因此没有去召赵德芳，而是直奔晋王府召晋王赵光义。在晋王府门前，只见医官左押衙程德玄（《涑水记闻》误为贾德玄）坐在门口（四更天以后，一个人坐在晋王府门口，令人生疑），王继恩上前问其原因。程德玄说：二更天的时候，有人叫门说晋王召见，出门却不见人影。起初还以为听错了，没想到如是者三次。我恐怕晋王真生病了，所以赶来。王继恩听到此事，觉得很奇怪，就把宫中发生的事情告知，两人一起叩门晋见。赵光义听说太祖的死讯之后，犹豫不敢入宫，说要与家人商量一下，久之不出。王继恩催促说：时间一久，恐怕将为他人所有。于是，三人踏着积雪，步行入宫。

入宫以后，王继恩让晋王先在他的值班室（直庐）稍

以太祖传位晋王之志素定。——《涑水记闻》卷一

王大惊，犹豫不敢行。——《涑水记闻》卷一

候,说自己要先进去汇报一下。程德玄则说:直接进去就是,还等什么。三人于是一同进入内宫。宋皇后听到王继恩回来了,就问:德芳来了吗?王继恩说:晋王来了。宋皇后见到来的不是德芳而是晋王赵光义,大吃一惊,惊慌失措,急忙叫"官家(官家是宋朝宗室对皇帝的称呼)",说:我们母子的性命,都托付给官家了。赵光义则说:共保富贵,不用担心。就这样,赵光义即位,成为大宋王朝的第二位皇帝。

以上两个版本最大的不同在于,《续湘山野录》中说晋王赵光义在接受了太祖的嘱托后,在宫中留宿,太祖驾崩,然后即位。《涑水记闻》中则说太祖驾崩的时候,赵光义还在自己的府邸,宦官前来汇报以后,他才急忙赶到宫中,然后即位。

李焘的《续资治通鉴长编》为了弥合这种矛盾,对以上两种说法进行了折中:删去了《续湘山野录》中太宗在宫中留宿的记载,后面继以《涑水记闻》太祖驾崩于万岁殿的记录。如此一来,则变成了赵光义接受了太祖的嘱托以后,就回到了自己的府邸。

同时,李焘还对五个细节进行了改造:其一,在文莹记载的基础上增加了兄弟二人密谈的主旨内容,"属以后事";其二,将"有不可胜之状"改为"若有所逊避之状";其三,将"引柱斧戳雪"变为"引柱斧戳地";其四,在所说话语之前加了"大声"这个修饰词;其五,太祖说的"好做"变成了"好为之"。

通过李焘的改造,"斧声烛影"就成了另外一个画面:赵匡胤当晚召见赵光义,向他交代身后之事,在没有人在场的情况下,只看见赵光义时不时避席,好像有所避让,过了一会儿就听见赵匡胤拿着柱斧戳地的声音,并有对赵光义大声说"好为之"的声音传出窗外。这样的改造使得赵家兄弟二人完全与外界隔绝,将兄弟二人外出观雪发出的柱斧戳雪声音,变成了秘而不宣的戳地的声音。接下来,则写太祖驾崩,王继恩去晋王府密召晋王之事,显然太祖死时,晋王在自己的府邸。

李焘对以上两种记载既不全部肯定,也不全部否定,只是将其融合折中,力图使之合情合理。即使如此,仍然包含了太多的谜团。太祖到底是怎么死的?这是一个非常关键的问题。

通过以上的记载,能够比较清楚地看到四点:

第一,太祖是暴毙,死得很突然(道士的话显然是糊弄人的)。

第二,太祖没有指定继承人。没有指定继承人,原因是死得太突然。李焘增加的"属以后事",语意也模棱两可,但很显然赵光义不是太祖将要指定的皇位继承者,否则他也不会在得到消息后犹豫再三。

第三,想继承皇位、能继承皇位的人不止一个。宋皇后想让赵德芳继位,而王继恩则直接跑到了赵光义

上闻其言,即夜召晋王,属以后事。左右皆不得闻,但遥见烛影下晋王时或离席,若有所逊避之状,既而上引柱斧戳地,大声谓晋王曰:『好为之。』——《续资治通鉴长编》卷十七

那里。王继恩的一句话"事久,将为他人有矣"能够表达当时的复杂局面。

第四,赵光义是自立为帝。《辽史》记载说:十一月丙子,宋主匡胤殂,其弟炅自立,遣使来告。"《辽史·景宗本纪上》这揭示了事件的本质,"自立"就是自己授权自己称帝的意思,也就是篡权。

对于以上的记载,我们可以再进一步简化,得出两个基本的事实:第一,赵匡胤死了,死因不明;第二,赵光义自立,接了他兄长的班。二者之间有没有因果关系呢?当然有,赵匡胤不死,赵光义接谁的班呢?但是,问题的关键在于,赵匡胤是怎么死的,他的死与最大的受益者赵光义有没有必然的关系呢?简单一点说,赵匡胤是赵光义给弄死的吗?

头号嫌疑人赵光义

赵匡胤死之前接触的最后一个人是他的弟弟赵光义。按照刑侦学理论,赵光义是必须盘问的头号犯罪嫌疑人。如果赵匡胤之死属于非正常死亡,犯罪嫌疑人便是当时大宋王朝的第二号人物赵光义。但是,对于赵光义的弑兄行为,后人主要有两种不同的意见。

第一种意见认为,这是一起谋杀案,是蓄谋已久的夺权之变。

首先,赵光义有强烈的犯罪动机。

在大宋开疆拓土的过程中,赵光义是与赵匡胤同甘共苦的好兄弟,赵匡胤对于自己的弟弟也委以重任,最终赵光义形成了自己盘根错节的开封府势力圈。随着势力的增强、羽翼的丰满,赵光义的野心越来越大,他也想坐坐这把令万千人羡慕、让万千人畏惧的龙椅。他做了一系列的准备,比如重用武勇好斗之人、招纳亡命之徒、结交禁军首领,等等。其实,根据史书的记载,赵匡胤曾有传位于赵光义的想法,赵普曾坚决反对,认为应该将皇位传给儿子而不是弟弟。但是,将赵光义封为开封尹,按照五代惯例,皇族中只有未来的皇位继承人才能担任开封尹。所以,在传子还是弟及这个问题上,太祖一直没有拿定主意,一直没有定论。或许正是这种暧昧的态度,让苦苦等待的赵光义按捺不住了。

其次,赵匡胤死后最大的受益者便是赵光义。赵匡胤死后,兄终弟及,赵光义荣登大宝。

再次,赵光义有足够的犯罪时间。兄弟两人密谈之时,身边没有任何侍从,赵光义有足够的时间来伪装自己的顺从,有足够的时间来施行他的计划。

最后,赵光义做好了充分的准备,尤其是摆脱嫌疑的工作做得很好。兄弟两人密谈处于无人状态,如果这个时候,赵匡胤死了,直接责任人便是他赵光义。但是,赵匡胤之死是在他们密谈之后,直到早上才被发觉的。

从以上几个方面看,赵光义有犯罪动机,有犯罪时间,有犯罪计划,而且是最大的受益者,所以有理由认定这是一起蓄谋已久的谋杀。

第二种意见认为,这起弑兄案是临时起意的自保之举。

据宋末元初人、自称城北遗民的徐大焯所撰《烬余录》记载,后蜀的花蕊夫人在亡国之后成了赵匡胤的宠妾，但是这样一个女子也是赵光义垂涎三尺的对象。一天，赵光义入宫探望生病的赵匡胤，在赵匡胤入睡之后，乘机调戏他的"梦中情人"花蕊夫人。怎奈事不凑巧，赵匡胤在此时醒了。看到这样的一幕，赵匡胤怒火中烧，顺手拿起柱斧向赵光义砍去，不知是赵光义躲闪得急，还是赵匡胤在病中力不从心，斧子跌落在地。

但是躲过了这一斧子，并不代表能躲过以后的惩罚。紧张状态之下的赵光义为了自保，将病中的哥哥害死了。于是，赵匡胤之死成了争风吃醋的桃色新闻。

这种意见是在"斧声烛影"的历史画卷之上，添加了一定的情色因素，将宫廷政变与桃色案件联系在一起，可以吸引人的眼球，但还不足以让人信服。

首先，有记载称，花蕊夫人死在赵匡胤之前。赵匡胤在世之时，赵光义多次劝谏红颜祸水，但未被采纳。一次赵氏兄弟一起打猎，花蕊夫人陪伴左右，赵光义调弓拉弦，回头一箭将花蕊夫人射死。赵光义为江山社稷着想，将花蕊夫人射死，此条记载显示赵光义对花蕊夫人没有爱慕之情。

其次，从人物关系来推测。赵匡胤与赵光义兄

> 国朝降下西蜀，而花蕊夫人又随昶归中国。昶至且十日，则召花蕊夫人入宫中，而昶遂死。昌陵后亦惑之。尝进毒，屡为患，不能禁。太宗在晋邸时，数数谏昌陵，而未果去。一日兄弟相与猎苑中，花蕊夫人在侧，晋邸方调弓矢引满，政拟射走兽，忽回射花蕊夫人，一箭而死。——蔡絛《铁围山丛谈》卷六（中华书局1983年版）

弟两人，一个贵为当朝天子，一个位列开封尹，即使都对花蕊夫人情有独钟，也不会为了一个女人大动干戈，在他们心中，江山社稷最重，因为他们都不是李煜。

最后，从人物性格来推测。赵光义也是经过大风大浪的人，即使有非礼之举被哥哥发现，他也不会仓皇杀人，长期的政治历练让他有了足够的应变能力。

所以，如果让我们非要在两种意见中选择的话，第一种应该相对可信。

好像是用毒药毒死的

无论是蓄谋已久，还是临时起意，赵匡胤非正常死亡的责任都归结到了赵光义头上，这是共同之处。至于赵光义的作案工具又是什么呢？关于这个问题也有两种不同的观点。

一种观点认为，赵光义用斧子将赵匡胤砍死。

在"斧声烛影"的故事中，有一个非常重要的道具，那就是赵匡胤拿起的"柱斧"。在影影绰绰、若隐若现的灯光照耀之下，赵匡胤举起了柱斧。所以，探寻赵光义的行凶工具时，很自然，这样的一把似乎带有杀戮色彩的斧子成了最为可疑的对象。

赵光义真是用柱斧杀死了哥哥吗？柱斧到底是一个什么东西呢？

在中国古代，斧子是权力的象征，经常用于礼仪场合。柱斧，就是用水晶制的小斧，为朝官所用，在礼仪场合中为了美观，对其做了相应的装饰。那么,这样的装饰性物品能将人杀死吗?

我们来看两则记载:

第一,一次赵匡胤在后花园中用弹弓打鸟雀,玩得正起劲呢,有大臣说有急事要求觐见皇上,赵匡胤赶忙放下手中的弹弓去听奏言,结果所奏却是普通得不能再普通的事情。赵匡胤那叫一个气呀,不知道我正在兴头上吗,你偏偏为了这样一个事情败我的兴,大臣却不知好歹,说即使是这样的事情也比打鸟雀玩重要。听到这样不知死活、火上浇油的话,赵匡胤拿起柱斧柄就去打那大臣的嘴巴,结果打掉了大臣的两颗牙齿。

第二,屯田员外郎雷德骧在审案之时,发现大理寺官员与宰相赵普勾结,擅自增减刑罚。生性刚直的雷德骧愤而求见,要向赵匡胤面陈此事,还没等到赵匡胤召见,雷德骧就直接到讲武殿辞气俱厉地奏明此事,并且说赵普依靠强权夺取别人的宅院。听闻此事,赵匡胤呵斥他一番,并拿起柱斧将他上腭的两颗牙齿打掉了。

通过这两则记载,我们可以看出,柱斧虽是礼仪用具,虽然不像战争中用的斧子具备极

祖宗时,升朝官出入有柱斧。其制是水精小斧头子在轿前。——《朱子语类》卷一二八(中华书局1994年版)

尝弹雀于后苑,或称有急事请见,上亟见之,其所奏乃常事耳。上怒诘之,对曰:『臣以为尚亟于弹雀。』上愈怒,举斧柄撞其口,堕两齿。——《续资治通鉴长编》卷一

德骧判大理寺,其官属与堂吏附会宰相,擅增减刑名,德骧愤惋求见,欲面白其事,未及引对,即直诣讲武殿奏之,辞气俱厉,并言赵普强市人第宅,聚敛财贿。上怒,叱之曰:『鼎铛犹有耳,汝不闻赵普吾之社稷臣乎!』引柱斧击折其上腭二齿。——《续资治通鉴长编》卷九

强的杀伤性，但是，可以打掉人牙齿的柱斧，如果想用它致人于死命，应该有一定的可能性。但是，赵光义会不会采用这样的方法呢？

可能性不大。

柱斧虽可以致人死命，但是要致人死命需花费一定的时间，而且造成的犯罪现场必定是一片狼藉，受害人的身体必定是血肉模糊，而且在临死之前必定会有挣扎、呼喊。赵光义虽然当时有一定的势力，虽然最后也当上了皇帝，但是当时的他并不具备控制宫中一切的能力。况且，赵匡胤并非文弱书生，他戎马倥偬，叱咤风云，具备很强的攻击性与抵御能力，兄弟二人交手，年轻的赵光义不一定能占上风。所以，赵光义应该不会做这样的冒险之举。

另一种观点认为，赵光义用毒药将赵匡胤毒死。

柱斧伤人会有外伤，而且笔记中记载赵匡胤死后群臣瞻仰遗容之时，赵匡胤尚且是"玉色温莹如出汤沐"《续湘山野录》。那么毒药似乎就成了最好的致命物，而且历史上的赵光义对于这一着似乎颇为青睐。

公元965年，后蜀亡国皇帝孟昶身亡，一种说法认为是赵光义毒死的。

公元978年，一代词坛圣手南唐后主李煜死于赵光义所赐的牵机药。

公元988年，前吴越国王钱俶六十大寿，在赵光义赐宴之后，猝然身亡。

投毒似乎成了赵光义不声不响灭掉绊脚石的捷径。有着这样的前科、"后科"，赵光义如果要谋害赵匡胤，实现他弑兄夺位的阴谋，下毒就成了轻车熟路的不二选择。

那么，是谁为赵光义提供了毒药呢？

赵光义手下擅长医术的左押衙程德玄嫌疑最大。

首先，程德玄表现异常。

在赵匡胤驾崩之后，内侍马上将消息告知宋皇后，继而皇后命内侍都知王继恩即刻召四子赵德芳入宫。但是王继恩却径直去到晋王府为赵光义传送消息。等他到达晋王府的时候发现医官程德玄正坐在大门之外，似乎在等候什么。那么，程德玄为什么深夜不睡而等在晋王府门口呢？德玄自己的解释是唯恐赵光义有病，但是这样的回答似乎连王继恩也不太相信。

其他史书中也记载了赵匡胤死亡当晚程德玄的举止，这些举止似乎可以透露某些蛛丝马迹。什么事情可以让程德玄如此迅疾、如此不顾形象地起身飞奔至晋王府？如果真的是有人传召，如果真的是怕晋王有病，那么他为什么不叩门而入呢？即使是自己听错了，在看到大门关闭之后，又为什么不回家，而是要在那儿久久盘桓？由三更一直等到赵匡胤死讯传来，我们只能说程德玄太

> 德玄者，荥泽人，善为医。继恩诘之，德玄对曰："我宿于信陵坊，乙夜有当关疾呼者曰：'晋王召。'出视则无人，如是者三。吾恐晋王有疾，故来。"继恩异之，乃告以故，扣门与俱入见王。——《续资治通鉴长编》卷十七

> 太祖大渐之夕，德玄宿信陵坊，夜有扣关疾呼趣赴宫邸者，德玄遽起，不暇盥栉，诣府，府门尚关，方三鼓，德玄不自悟，盘桓久之。——《宋史·程德玄传》

敬业了。但是这样不同寻常的举动或许也是他心虚、恐惧的表现。我们不妨做这样的推测：

下毒毒死当朝天子，一旦事情败露，那就是诛灭九族的大罪。程德玄紧张，他在等待，等待着事情的最终结果。

终于他等到了，赵匡胤如期而死。

其次，赵光义对程德玄不太寻常的待遇似乎也在昭示着背后那不为人知的阴谋。

赵光义登基之后，对于程德玄颇为信任，虽然程德玄为人贪婪，人品不好，但赵光义对他甚为宽容。

通过上面的推测，可以归结为一种观点：宋太祖之死，是赵光义的蓄意谋杀，是通过下毒的方式实现的。但这仅仅是对赵匡胤之死的一种看法，那么还有没有其他的可能呢？

还有可能是病死的

关于赵匡胤之死，还有一种看法，认为是属于正常死亡。

这种观点将赵光义的犯罪嫌疑消除，认为赵匡胤的死与赵光义没有直接关系。因为赵匡胤曾有将皇位传于弟弟赵光义的想法，赵光义本可以顺利登基的，为什么要铤而走险，弑其兄长呢？那么，如果不是赵光义

德玄攀附至近列，上颇信任之，众多趋其门。——《续资治通鉴长编》卷三十二

德玄后为班行，性贪，故官不甚达，然太宗亦优容之。——《涑水记闻》卷一

行凶,赵匡胤又是怎么死的呢?

据说是病死的。

其实,史书上也有对赵匡胤生病的记载,在开宝九年(976)"斧声烛影"这一迷离事件发生之前,《续资治通鉴长编》中就记载说"上不豫","不豫"就是生病的意思。所以,赵匡胤有病死的可能,但是,对于如何病死的,也有两种不同的看法。

一种意见认为,赵匡胤是死于急性病。

赵匡胤一生与酒有着密切关系,有人就说他"成也酒,败也酒":杯酒释兵权,稳固君位;饮酒过度,导致一夜暴卒。根据文莹的记载,赵家兄弟二人喝酒至午夜,然后赵匡胤出殿看雪,或许这时大杯狂饮的赵匡胤感觉到胸口憋闷,要到外面清醒一下,结果出去看雪又吹了凉风。年龄渐长、日夜操劳的赵匡胤回屋之后,随即入眠,鼾声如雷,气息异常,观色听症,这应该是死于急性心肌梗死或者脑出血。

一种意见认为,赵匡胤是死于家族病。

这种观点认为,赵氏家族有着一定的家族遗传病,有人推测说是躁狂忧郁症。

这种观点主要是依据宋代宗室成员中有短命者,有患精神病者,然后从这些人的生命迹象推测,认为赵氏家族应该有遗传性的家族病史。赵匡胤与赵光义密谈身后之事,或许是赵匡胤想传位于自己的儿子,让一直在做皇帝梦的赵光义恼了,赵光义不甘心,将自己的不满倾泻而出。赵光义的激烈反应让赵匡胤很郁闷,毕竟自己是一国之君,毕竟传子是名正言顺的,你赵光义即使不满意也得接受啊！于是乎，赵匡胤郁闷之下睡觉去了，结果带着这样的郁闷与焦躁，离开了人世。

赵匡胤死时年仅五十岁，开宝九年一年之中，赵匡胤到巩义祭拜祖陵，到洛阳视察，指挥攻打北汉，精力充沛。如果属于正常死亡，从医学角度来看，只能是急性病致死的。也就是说，赵匡胤有急性病致死的可能。

所以，无论是急性病，还是家族病，都是从赵匡胤的一夜暴卒做出的合乎常情的推断。

赵匡胤之死，要么正常死亡，要么非正常死亡，二者必居其一，两派观点都具有一定的依据。但是，历史的真相只有一个。那么，在被谋杀与病死之间，哪一个更接近历史的真实呢？还有没有更多的事实为此提供更多的证据呢？

在关于"斧声烛影"影影绰绰的记载中,大宋王朝的第一位皇帝赵匡胤神秘离世。开宝九年十月二十日的那天深夜,在北宋的皇宫里到底发生了什么事情,赵匡胤究竟是怎么死的,是被蓄意谋杀还是因病猝死,这成了难有定论的千古疑案。"斧声烛影"事件的当事人一个死了,而另一个则成为事件的最大受益者,顺利地坐上了大宋王朝的头把交椅。人们不免对赵光义产生怀疑,这种怀疑有没有根据呢?有。那就是事发前后赵光义反常的举止。那么,历史为我们探寻赵匡胤之死的真相还遗留了哪些线索呢?

〈三十三〉

非常事件

异乎寻常的行为

第一，事发之时，赵光义留宿禁内。

据文莹的说法，事发之时，赵光义留宿宫中。按照当时的礼制规定，在正常的情况下，即使是皇帝的弟弟留宿宫中，也是不合礼制的，除非是处于非常时刻的权宜之法。所以《续资治通鉴长编》的作者李焘坚决反对这种说法，他认为文莹的这一记载有误。假定赵光义当晚的确留宿宫中，那对他而言，那天深夜，已经被视为一个非常时刻，从而暗示将有大事发生。

当然，还有一个版本，说太祖死时，赵光义不在宫中，而是与太祖交谈完后，就回到了晋王府。《涑水记闻》卷一如果是这样，赵光义似乎与太祖之死撇清了关系，但是，有一点他仍然摆脱不了：他是最后一个与太祖在一起的人。

如果说事发之前、事发之时赵光义的表现尚有可以摆脱嫌疑的可能，那么事发之后的众多表现堆积起来，赵光义仍然难以洗脱嫌疑。

第二，事件过程中，赵光义言谈举止前后对比鲜明。

在得知太祖死亡消息后，他惊慌、犹豫，在他人劝他入宫承继君位之时，他表现得迟疑，说要与家人商量等等。但是在入宫之后，他变得异常冷静，在宋皇后的一番央求之后，他爽快地答应照顾宋皇后和赵德芳。《涑

> 是夕，太宗留宿禁内，将五鼓，周庐者寂无所闻，帝已崩矣。太宗受遗诏于柩前即位。——《续湘山野录》

水记闻》卷一之前似乎是受下属怂恿,是别人在推着他走,他似乎对太祖的死很悲痛,似乎不太愿意在灵前继位,但是,"共保富贵"的爽快应诺,泄露了他的心事:他就是为君位来的。所有这些举止表现,似乎都指向一点:赵光义很有演戏的才能,他很会装。

第三,改元不逾年。

新皇帝即位后,一般都要改变纪年的年号,称为"改元"。改元意味着进入了一个新时代,要"重打锣鼓另开戏",因此古代对于改元特别重视。正因为重要,历代形成了一定的礼制规则,比如前任皇帝驾崩之后,继任者为了表示对前任的尊重、怀念,一般要在前任皇帝驾崩后的第二年才改元。在中国历史上,君王基本上都是按照这个模式进行的。当然,也有例外。唐朝的唐肃宗李亨就没有遵循常规。唐肃宗是唐玄宗的儿子,在安史之乱中,未经玄宗许可,自己在灵武(今宁夏灵武市)即皇帝位,遥尊玄宗为太上皇,并改元"至德"。这是社会战乱中的一个例外,再一个例外就是赵光义了。

赵光义于开宝九年(976)十月二十一日继位,到当年的十二月二十二日就宣布将赵匡胤时的年号"开宝"改为"太平兴国"。这很令人不解,还有几天的工夫,这一年就过去了,但是,赵光义似乎等不及了。如此急迫,到底是什么意图呢?他是想强化他即位的事实,他要整个国家迅速进入赵光义时代。

唐肃宗在玄宗尚在的情况下,未经玄宗许可,自行登基,虽在乱世,实际上就是篡位。如此推断,赵光义的改元应当有着与唐肃宗同样的性质,历史上做出同样举动的这两个人可称得上是异代知己!

第四，赏赐不寻常。

在赵光义继位的过程中，有一个人至为关键，那就是当时的内侍都知王继恩。当初太祖刚刚驾崩，宋皇后派王继恩速召赵德芳入宫。结果王继恩到了晋王府报信，并催促赵光义即刻入宫，否则可能就被他人抢得先机。王继恩作为内侍，却胆敢在当时国内的最高领导面前耍花枪，如果不是背后有人为他撑腰，如果不是与赵光义事先有联系，相信他不会做出如此胆大妄为之举。

我们不妨做这样的猜想：王继恩就是赵光义安插在宫中的眼线，或者说王继恩已被赵光义收买。所以，在继位之后，赵光义对王继恩恩宠无比。以至于想做官的人，就走起了王继恩这条终南捷径，而且还是屡试不爽。不仅如此，赵光义还给予了王继恩一个剑南西川招安使的官，让他执掌一方军权。这似乎没什么，但是必须搞清王继恩的身份，他是一个宦官。这样的一个阉余之人，竟能如此权倾一时，如果没有赵光义的支持，是不可想象的。所以说，对于曾经帮助过他登基的人，赵光义很慷慨。

与太宗登基事件直接有关的另一个人是程德玄，程德玄本来就是晋王的亲信，在赵光义登基之后，拜以翰林使，不久就做到了刺史的位子，深得赵光义宠信，身边也聚集了一大批趋炎附势之人。后来因为不法之事被降职，心里面就对太宗很不满意。一个因为自己

及崩夕，太宗在南府，继恩中夜驰府诣邸，请太宗入，太宗忠之，自是宠遇莫比。——《宋史·王继恩传》

的过失而被外放降职的官员，竟然对当朝的最高统治者心怀不满，而且还记载进了史书中，这就意味深长，值得人去思量。

第五，星象家的预言太准确。

赵光义的亲信医官程德玄有一个好朋友叫马韶，这个马韶平时研习星象之学。因为赵光义之前曾声明禁止私自研习天文星象之学，所以即使是自己的好朋友，限于赵光义的禁令，为了避嫌，程德玄屡次告诫马韶不要到他家中去，马韶一直也遵守着这一约定。

但是，在开宝九年(976)十月十九日晚，马韶突然登门造访，程德玄非常惊恐，责问马韶为什么要来他家。这时马韶说了一番石破天惊的话，他说：明天是对晋王大大有利的日子，所以我特意过来相告。不说不要紧，这话一说，程德玄赶紧去告诉赵光义，赵光义很果断，马上派人将马韶看住。结果等到第二天深夜，马韶的话应验了，赵光义进宫受命登基。

马韶能够精确地预知一天后将要发生的事情，实在是很神奇！他说是靠天文星象之学推算出来的，那是在糊弄人。赵光义得知此事后，将马韶暂时软禁，也是为了防止计划的外泄。马韶的消息是怎么来的，我们不清楚，很可能还是与程德玄有关，可能是从赵光义的亲信程德玄的举止中有所察觉，

开宝中，太宗以晋王尹京，申严私习天文之禁。韶素与太宗亲吏程德玄善，德玄每戒韶不令及门。九年冬十月十九日，既夕，韶忽造德玄，德玄恐甚，诘其所以来，韶曰：「明日乃晋王利见之辰，韶故以相告。」德玄惶骇，止韶一室，遽入白太宗。太宗命德玄以人防守之，将闻于太祖。及诘旦，太宗入谒，果受遗践阼。——《宋史·马韶传》

然后借天文星象之学做出预言，以求事件应验后获得好处。果然，太宗登基不久，就把这个平民提拔为司天监主簿，负责国家天文台的一些日常工作，而且这是一例典型的因人设岗，北宋的司天监主簿是从马韶开始设置的。

几天以后，当上皇帝的赵光义就在全国下了一道搜捕令，命令地方各州将从事天文、术数职业的人全部送到京城，如果敢有藏匿者，弃市；有告发者，赏赐三十万钱，可见这项命令的力度相当大。第二年的十一月，赵光义把从全国各地搜捕到的此类职业者三百五十一人进行了安置，其中六十八人进入了司天台，为国家服务，其余的近三百人比较倒霉，没有在国家职能部门获得一个位子不说，脸上还被刺了字，做了记号，当然也有安置的地方，流放海岛，给流放的人定的罪名是"矫言祸福，诓耀流俗"《续资治通鉴长编》卷十八，就是胡说八道罪。赵光义对社会上此类从业者处置迅速，而且力度相当大，非常强硬，显然是想禁止不利于自己的社会舆论和流言蜚语在民间传播，因为这批人往往是民间社会舆论、流言的制造者。对此，他采取了软硬兼施的两手：一部分人安置，为他服务；一部分人流放海岛，让他们与世隔绝，杜绝不利于自己的言论出炉。

综合上面几点，我们可以说，在太祖之死这件事情上，虽然没有直接证据证明太祖死于赵光义之手，但事

> 令诸州大索明知天文术数者传送阙下，敢藏匿者弃市，募告者赏钱三十万。——《续资治通鉴长编》卷十七

发前后赵光义的一系列反常表现，不但没有与太祖之死撇清关系，反而愈加证实他就是凶手的猜想，至少可以肯定地说，他仍摆脱不了头号嫌疑。

最令人惊讶的是，宋太宗的子孙们似乎也相信他们的老祖宗弑兄篡位的说法。南宋的第一个皇帝宋高宗赵构幼子早殇，此后一直无子，太子人选因而成为突出的问题。朝野上下都为此议论纷纷，民间普遍认为是他们的祖宗赵光义弑兄抢位遭到的报应，所以，朝廷里一种强有力的意见：宋太祖是大宋王朝的缔造者，应该在他的后代中选择皇位继承人。为此，宋高宗赵构费尽心力，找来宋太祖的七世孙赵伯琮（宋太祖四子赵德芳的直系后人），收为养子，并在日后将皇位传给了他，这就是宋孝宗赵昚。这件事情暗示，宋太宗的后代，似乎也承认宋太宗帝位得来的途径有问题。

赵光义的子孙怀疑祖宗取得江山的途径有问题，以致后来他们一支后代断绝，认为是上天的报复，这种认识本身没有什么科学性，但此说的产生也并非捕风捉影。为什么这么说呢？

因为当上皇帝的赵光义对赵氏家族内部成员的态度与处理不寻常。宋太宗在位期间，对宋太祖的皇后、儿子甚至自己的儿子的处置上，都发生了一些不同寻常的事件。那么，到底发生了什么事情呢？

皇室内部的清算

为了显示自己的宽容与情义，为了赢得人心，赵光义在继位之初，对于太祖的儿子以及自己的弟弟都给予了特别的照顾，任命太祖之子赵德昭为永兴军节度使、兼侍中，封武功郡王，任命赵德芳为山南西道节度使、兴元尹、同平章事，任命赵廷美为开封尹，并给予太祖与赵廷美的儿子、女儿"皇子""皇女"的称呼，视同己出。接着下诏，让赵廷美、赵德昭上朝时的顺序排在宰相之前。

我们可以推测一番：很可能，皇室中的某些成员当初对赵光义继位腹有非议，但经过了这样一段和风细雨的生活，无论是太祖之子、太祖之弟，还是众位大臣，都慢慢接受了赵光义的皇帝身份。但是，凭这些人的身份、地位，都有可能成为他的替代者，甚至可以说，他的皇位是从这些人手中抢来的。所以，对于皇室中的成员，赵光义采取了先安抚后清算的方法：一方面，通过封官、封王的方式予以安抚；另一方面，也在谋划着如何釜底抽薪，彻底除掉后患。做如此推测，是因为在皇室内部接连发生了几件不可思议的非常事件。

第一件，赵德昭死了。

赵德昭是太祖的次子，也就是说赵德昭曾有一个兄长，但很早就死掉了，因此，德昭是太祖名副其实的长子。

人没有不死的，关键是赵德昭死时只有二十九岁，而且是自杀，这就奇怪了。他为什么要自杀呢？

太平兴国四年 (979)，赵德昭跟随宋太宗征伐幽州。有一天晚上受到了敌军的侵扰，军中将士找不到赵光义身在何处。或许有人以为赵光义已经死了，就谋划让赵德昭继皇帝位，赵光义回来知道了这件事情，极为不满。等到班师回朝，赵光义以北征不利为借口，不赏赐从军将士。赵德昭为军士请命,这时的赵光义更为恼火,大声呵斥赵德昭说:等你当了皇帝之后,再赏赐他们也不迟!赵德昭回去之后就自杀身亡了。

就因为这样的一句话,赵德昭可不可能就自杀了呢?有可能。赵光义的"待汝自为之,赏未晚也"这句话,明显是话中有话,是很有分量的。但这句话也只是一个导火索,赵德昭的自杀,显然与此前误传宋太宗失踪、宋军将领欲立赵德昭为帝有关。赵德昭身为宋太祖之子,对"斧声烛影"之种种议论不可能没有想法,而现在被亲叔叔猜疑,无以自诉,只能以死来明志了。所以,赵光义在赵德昭尸体旁哭着说"傻孩子"的时候,似乎是在上演"悲情"大戏。

《续资治通鉴长编》中的这条材料来自司马光的《涑水记闻》,李焘对其稍微做了改编。李焘在此段后有小字注释:"此据司马光《记闻》,本传云德昭好啖肥肉,因而遇疾不起。今不取。"也就是说,奉宋太宗之旨反复修编的《国史》记载,赵德昭是吃肥肉吃死的。对这个死因,李焘不信,所以没有采用,我们也不信。

如果说德昭之死与赵光义没有关联的话,《国史》之编纂者也不会为德昭之死寻找个吃肉吃死

初,武功郡王德昭从征幽州,军中尝夜惊,不知上所在,或有谋立王者,会知上处,乃止。上微闻其事,不悦。及归,以北征之不利,久不行太原之赏,议者皆谓不可,于是德昭乘间入言,上大怒曰:"待汝自为之,赏未晚也。"德昭惶恐……自刎。上闻之,惊悔,往抱其尸,大哭曰:"痴儿,何至此耶!"——《续资治通鉴长编》卷二十

的原因了。《涑水记闻》中说宋太宗在听说军中准备立德昭为帝以后的表现是"衔之,不言",就是嘴上不说、心里牢记的意思,也就是说太宗内心深处已经给德昭记下了一笔账,所以他才用那样的话语大声斥责德昭。总之,德昭是自杀而死的,太宗的斥责是促其自杀的导火索。

第二件,赵德芳死了。

赵德芳是太祖的第四子。如果说赵德昭之死还事出有因的话,赵德芳之死就格外令人生疑了。

赵德昭死后一年多,也就是太平兴国六年(981)三月,宋太祖四子赵德芳神秘暴病身亡,年仅二十三岁。

史书上对他离奇的死没有做任何说明,成为又一桩疑案。"斧声烛影"当夜,宋皇后曾对赵光义说:我们母子的性命,都托付给官家了。其实就是担心赵光义日后会对赵德芳下手。历史上的宋太宗整体而言算是个有作为的皇帝,但是他性格之中有多疑猜忌的一面,赵光义对当初皇位的最大竞争者赵德芳自然也会"衔之"。请注意一个细节:当初对赵廷美、赵德昭、赵德芳等皇室成员分别加官晋爵以后,赵光义又下诏说以后朝会的时候赵廷美、赵德昭排在宰相之前,在宰相之前的排位中,赵德芳是被排除在外的。

赵德昭死后近两年,他的弟弟赵德芳也死了,在二十三岁正当青春年华之时死了,死得很蹊跷,死的症

> 六年三月,寝疾薨,年二十三。车驾临哭,废朝五日。——《宋史·秦王德芳传》

状与赵匡胤有点像,半夜里睡着睡着就睡过去了。这又是一起不同寻常的事件,也成了一桩疑案。

第三件,赵廷美死了。

赵廷美是赵匡胤、赵光义的弟弟。赵德昭、赵德芳相继死去,作为当时皇位继承人之一的赵廷美开始紧张不安了。赵廷美为什么会不安呢?其实这种不安,正好可以印证我们前面的猜测,赵德昭、赵德芳的死不是那么简单。赵廷美看到两个侄子的非正常死亡,他似乎感觉到赵光义下一个要对付的人就是自己。果不其然,没过多久,就出现了状告赵廷美阴谋篡位的奏章。

> 德昭不得其死,德芳相继夭绝,廷美始不自安。已而,柴禹锡等告廷美阴谋。——《宋史·魏王廷美传》

赵光义坐上皇帝的宝座以后,任命赵廷美为开封尹,这是赵光义从前的官职。从这一点看,他似乎非常看重赵廷美。但后来的事实与之相反。对于赵廷美,赵光义有着更周密的计划,如果做得太急了,反而令人怀疑。

看看赵光义的"三步走"计划:

先罢黜赵廷美开封尹的官职,授西京留守。

再由赵普授意开封府李符上书,说:赵廷美没有悔过之心,对皇上存在着怨恨之情,为了防止发生变乱,希望将他安置到京城以外的地方。赵光义遂借力使力,下诏将赵廷美降为涪陵县公,安置到房州。房州这个地方比较偏僻,当初后周的小皇帝柴宗训最

> 诏降廷美为涪陵县公,房州安置。——《宋史·魏王廷美传》

后就是被安置在这里并在此离世的。

最后，赵廷美死于房州。史书上说赵廷美因忧思成疾而死，又是一个因病身亡。如果真是这样，他们老赵家的基因真是有问题啊。如果真是这样，不知道赵光义会不会担心自己也会一夜暴卒？事情太巧了，巧得让人生疑。但是，史书中的另一则记载，似乎透露出了某些玄机，这就是与赵廷美关系很好的赵元佐疯了。

第四件，赵元佐疯了。

赵元佐是赵光义的长子。赵元佐疯了，变得异常残忍，手下人但凡有一点点小过失，他就拿起刀将人伤了。赵元佐为什么会疯呢？

或许有人会说，那是他们赵家的躁狂症家族病。但要注意一个细节，即赵元佐精神失常的时间，赵元佐是在赵廷美死后疯的。所以，事情远没有那么简单，赵元佐年少时聪明机警，又因为长得特别像他的父亲赵光义，所以赵光义对他特别喜爱，而且赵元佐并不是文弱书生，也擅长武事。这位未来事业的预定接班人疯了，必定是受了极大的刺激。

这与赵廷美的死有直接关系。赵元佐与叔叔赵廷美关系不错，当初赵廷美被降职离开京城去房州之时，赵元佐就极力为赵廷美求情，希望赵光义可以收回成命，而且在赵廷美死后，赵元佐接着就疯了。联系前后

因忧悸成疾而卒，年三十八。——《宋史·魏王廷美传》

初，秦王廷美迁涪陵，元佐独申救之。廷美死，元佐遂发狂，至以小过操挺刃伤侍人。——《宋史·汉王元佐传》

事件，我们相信，赵元佐是在洞悉了父亲残杀骨肉的恶行之后，受到了刺激。反过来再推断：赵廷美之死，赵光义脱不了干系。

第五件，孝章皇后死了。

赵光义当初对宋皇后很爽快地做出了"共保富贵，勿忧也"的承诺，在即位之初，赵光义多少还能做做样子，但是等他君位稳固之后，他就背弃了承诺。

至道元年（995），宋皇后去世，赵光义竟然没有按照皇后的礼节来安葬，甚至不允许诸位大臣服丧。宋皇后死后，赵光义将这位皇嫂的棺木在普济佛舍停放了三年，才用一个根本不够皇后规格的葬礼马马虎虎地下葬于宋太祖永昌陵北面。史书上记载，孝章宋皇后性情柔顺、严守礼制，并没有什么过失，为什么不用皇后的礼节下葬呢？

这样的决定让当时的一些大臣议论纷纷，其中翰林学士王禹偁对此就大为不满，他私下里对别人说：宋皇后曾经母仪天下，如今去世了，应当按照固有的礼制规定，葬以皇后礼。王禹偁的直言并没有收到应有的效果，而且此等话语无疑是逆鳞之言，让赵光义很没面子。后来赵光义找了个借口，以"谤讪"的名义把王禹偁贬官。"谤讪"就是背后非议、讽刺的意思，说白了就是诬蔑领导罪。

> 至道元年四月崩，年四十四。有司上谥，权殡普济佛舍。命吏部侍郎李至撰哀册文，神主享于别庙。——《宋史·孝章宋皇后传》

> 禹偁与客言："后尝母仪天下，当遵用旧礼。"坐"谤讪"，罢为工部郎中，知滁州。——《宋史·王禹偁传》

赵光义之所以如此对待宋皇后，如此对待直言的王禹偁，原因其实也很明显。应当是在太祖死亡当夜，宋皇后急忙召见赵德芳引发的。虽然宋皇后见到赵光义之后，说过"吾母子之命，皆托于官家"这样的话，但是，赵光义知道宋皇后和他不是一条心，不在一条战线上，所以，他记恨着这个女人，也一直在提防着这个女人。现在她终于死了，赵光义终于可以放下这颗忐忑的心了，于是，他以一种极端的方式发泄他积压多时的担忧。从这件事情上来看，赵光义又很小气，是个睚眦必报的人。

赵光义在处理兄弟、侄子、皇嫂这些事情上，无一例外地遭到了后人的非议。比如《宋史》的编纂者对宋太宗一生的文治武功，给予了极高的评价，然而对于"太祖之崩不逾年而改元，涪陵县公之贬死，武功王之自杀，宋后之不成丧"四件事情，深为慨叹，再三质疑，并且说"后世不能无议焉"。

虽然没有直接的证据（恐怕不可能找到）能够证明赵光义是弑兄而登基的，但是，如果硬要说宋太祖之死与赵光义没有任何关系的话，这一系列的非常事件始终都无法获得一个令人信服的解释。

无论当时的实情究竟如何，已经改变不了这样的事实：宋太祖死了，他的弟弟赵光义即位了。因此，赵光义当上皇帝以后，首先需要解决的问题就是与太祖之死撇清关系，更为重要的是，他必须解决其皇位的合法性问题，也就是说他以宋太祖弟弟的身份继承皇位究竟有什么依据呢？其实，这两件事是不能分割的。如果赵光义有正当的理由和程序继承皇位，如果他是大宋皇位的指定继承者，那么，对于宋太祖的死，他基本可以撇清关系了。所以说，探索赵光义即位的合法性问题，其实也是寻找赵匡胤死因的问题。当然，这样的事情难不倒赵光义，他是如何证明自己继承皇位是合法的呢？他的证明能够使自己与太祖之死撇清关系吗？

匪夷所思

〈三十四〉

赵匡胤是怎么死的，最大的受益者赵光义自然是首先被怀疑的对象。赵光义有没有谋杀他哥哥的动机？太祖有不止一个儿子，而且都有继承皇位的条件，赵光义以太祖弟弟的身份继承皇位是否合法呢？如果他的登基是太祖钦定的话，那么，太祖之死与他基本没有多大关系了，至少他弑兄的动机不存在了。那么，赵光义是不是大宋皇室指定的继承人呢？有没有诏书呢？今天能够见到的文献中记载，赵光义的即位，不但有诏书，而且不止一份诏书，不但有宋太祖的诏书，还有他们的母亲杜太后的遗诏。但是，这些诏书的出现总让人觉得有点蹊跷，总觉得诏书的背后似乎还隐藏着什么。那么，诏书的背后到底有什么可隐瞒的呢？

金匮之盟

建隆二年(961),也就是赵匡胤当上大宋皇帝的第二年,他的母亲杜太后身体不适,染病卧床,太祖侍奉床前,端药喂饭,不离左右。但是,杜太后的病情不见好转,日益严重,于是,杜太后召赵普进宫接受遗命。杜太后问太祖:你知道你为什么能够取得天下吗?太祖这时已经泣不能对。太后说:我这是老死,哭也没用,我要和你谈一件大事,你怎么哭个没完?太祖止住眼泪,杜太后又一次问他:你知道你为什么能从柴氏手中取得天下吗?太祖说:孩儿之所以能拥有天下,完全是祖宗及太后积德所致。对于这样的回答,杜太后显然不满意,语重心长地说:此话不对。你能坐得江山,完全是因为周世宗让他幼小的儿子坐天下,治理不力,人心不服,才让你有了可乘之机。倘若周朝有年长的君主,这天下还有你的份儿吗?所以,你死后应当将皇位传给你的弟弟。一个疆域广阔、百姓众多的国家,如果能够让年长的人做皇帝,实在是国家的福气啊。听到母亲的一番临终教导,太祖叩头回复母亲:我一定听从您的教导。太后听后很欣慰,回过头去对赵普说:你将我刚才所说的话一同记下来,不可违背。赵普随后在太后的授意下,在太后的床前将誓书写好,再在末尾附上了"臣

及疾寝,上侍药饵不离左右。疾革,召普入受遗命。后曰:『吾自老死,哭无益也,吾方语汝以大事,而但哭耶?』太祖呜咽不能对。后曰:『汝自知所以得天下乎?』太祖鸣咽不能对。后曰:『此皆祖考及太后余庆也。』问之如初。上曰:『此皆祖考及太后余庆也。』——《续资治通鉴长编》卷二

普记"三个字,并把它藏入金匮之中。太祖随即命处事谨慎的可靠宫人掌管金匮。

这就是宋代历史上著名的"金匮之盟"的故事。

按照"金匮之盟"的记载,赵光义在太祖死后继承皇位,是合理合法的,是出自他们的母亲杜太后的旨意,而且经过太祖许可,并由赵普记录在案的。如果的确有"金匮之盟"这档子事,赵光义弑兄的动机似乎就不存在了,太祖之死当然就是正常的死亡了。

对于"金匮之盟",宋代及以后漫长的岁月里,很少有人怀疑这件事的真实性。直到清代,阳湖文派的恽敬对此事提出了疑问,认为"金匮之盟"这件事是虚构假托之言,但他仍承认从赵匡胤到赵光义皇位继承的顺序,并且认为此皇位顺序议定不可能在杜太后临终之前迅速议定,或许早有议定,也绝非一日。恽敬对此事的怀疑引发了近代学者的进一步探索。近现代的史学家指出了"金匮之盟"存在着许多不可理解的破绽,现综合整理如下:

第一,杜太后怎么能够预知太祖死时德昭等人尚未成年?

杜太后是在建隆二年(961)六月去世的,这时太祖三十五岁,其弟赵光义二十三岁,太祖次子德昭十一岁,四子赵德芳三岁。按照"金匮之盟"的说法,

后日:"不然,政由柴氏使幼儿主天下,群心不附故耳。若周有长君,汝安得至此?汝与光义皆我所生,汝后当传位汝弟。四海至广,能立长君,社稷之福也。"上顿首泣曰:"敢不如太后教。"因谓普曰:"汝同记吾言,不可违也。"普即就榻前为誓书,于纸尾署曰『臣普记』。上藏其书金匮,命谨密宫人掌之。——《续资治通鉴长编》卷二

杜太后不主张把皇位传给幼儿，而当时才三十五岁的太祖不可能立即死掉，杜太后又怎么能预知太祖死时，德昭仍为儿童呢？事实上，太祖于开宝九年(976)去世之时，已经五十岁，而赵德昭也已经二十六岁，赵德芳也已经十八岁，都已成人。这是一个明显的不可理解之处。

第二，太宗即位之时，为什么没有公布"金匮之盟"的内容？

在太祖之子都有资格继承皇位的情况下，赵光义以兄终弟及的方式继统，这在当时，一定会引起许多人的怀疑。如有"金匮之盟"的遗诏，太宗为什么不公布？要知道，这是对他即位的合法性最有利的证据，是堵塞悠悠之口的最佳武器。事实上，太宗没有公布太后的遗诏。这一点也令人颇费思量。

第三，"金匮之盟"为什么在太宗即位五年之后才公布？

太宗即位之时，没有公布太后的遗诏。直到五年之后的太平兴国六年(981)，才由罢相多年的赵普密奏朝廷，赵光义才将盟约公布于世。赵普是订立"金匮之盟"的当事人，如果说因为太祖在世时不敢或不愿泄露盟约内容尚可理解，为什么在太宗即位之后还要等待五年的时间，他为什么不在太宗即位之时立刻上奏，而坐失讨得太宗欢心的机会呢？

第四，为什么有关此事的一切行动都在秘密中进行呢？

太祖既然坦荡无私地接受母命，又何必将之深藏封固，命可靠的宫人保管？如果这是国家秘密文件尚可理解的话，后来的赵普上书为什么也使用密奏的方式？为什么整个事件需要如此保密呢？这里面有没有猫腻，有没有暗箱操作的可能呢？

第五,"金匮之盟"记载的来源很可疑。

有关宋太祖赵匡胤的事迹收录在官修史书《太祖实录》中。实录一般是在一个皇帝死后,根据继位皇帝的旨意编纂而成的。由赵光义直接授意编写的《太祖实录》经过三次编纂修改,从太平兴国三年 (978) 到真宗咸平元年 (998),才最终修订完结。《太祖实录》的新旧版本在记事方面有很多不同的地方,其中"金匮之盟"就是典型的一例,在《旧录》中未著一字,但是在《新录》中则敷衍成一段绘声绘色的故事。从赵光义多次要求修改《太祖实录》,再联系这些前后不一的地方,可以看出"金匮之盟"实在可疑。

以上这些疑点指向了一种推测:"金匮之盟"是伪造的,伪造的时间在太平兴国六年。如果这一推测成立,那么,是谁伪造的呢?伪造的动机又是什么呢?

据说这是赵普一手炮制的

许多学者都认为,炮制"金匮之盟"的主要人物就是赵普。

赵普是北宋初年政坛上举足轻重的人物,深受太祖信任。从北宋建国的陈桥兵变到强干弱枝的杯酒释兵权,以及大宋先南后北统一政策的确立,都与他密切相关。他从乾德二年 (964) 开始出任大宋宰相,赵匡胤视其为左膀右臂，不管大事小事，都向他咨询，同他商量，然后才做决定。但是，赵普大权在握，随着地位提升，他似乎也有点忘乎所以，经常利用自己的职权和地位干些违法乱纪的事情，这主要表现在以下几个方面：

第一，处事专断。

赵普为政期间，处理政事非常专断，群臣奏章不如他意的，统统烧掉。

第二，排挤异己。

例如，宋太祖认为窦仪这个人做事很有原则，准备提拔他做宰相。赵普觉得窦仪为人做事刚正不阿，担心不会和他站在一条战线上，于是就联合几个人集体排挤窦仪，赵匡胤的计划也就不了了之。

第三，嫉贤妒能。

如赵匡胤曾经和赵普说过，有个叫冯瓒的人当世罕有，准备大力提拔他，赵普就对冯瓒心生嫉妒，找个机会把他弄到偏远的蜀地去任地方官了。

第四，结党营私。

赵普除习惯性联合一些人共同排挤太祖欲提拔的人员以外，还犯了一大忌，就是与枢密使李崇矩结了儿女亲家，李崇矩的女儿嫁给了赵普的儿子。这不是一桩普通的婚姻，而是宰相与负责军

上视如左右手，事无大小，悉咨决焉。——《宋史·赵普传》

上以翰林学士、礼部尚书窦仪在滁州时弗与亲吏绢，每嘉其有执守，屡对大臣言，欲用为相。赵普忌仪刚直，遽引薛居正及吕余庆参知政事，陶谷、赵逢、高锡等又相党附，共排仪，上意中辍。——《续资治通鉴长编》卷七

先是，上与赵普言：「枢密直学士、右谏议大夫冯瓒材力，当世罕有，真奇士也。」尝欲大用之，普心忌瓒，因蜀平，遂出瓒为梓州。——《续资治通鉴长编》卷七

事的枢密使二人之间的联姻，这种情况的出现，就有可能在一定程度上架空皇帝，所以这起联姻事件不仅仅是国家的最高行政领导与军事领导之间的结党，而且直接挑战了太祖的权威。因此，赵匡胤听说之后，很不高兴，找了个机会，将李崇矩的枢密使罢免了。

利用自己的职权，谋求个人私利的事情，赵普做过不少。例如：私下收受吴越国送的黄金；当时朝廷下令禁止私运秦陇一带的木材，但赵普却偏偏到那里运木料为自己建造住宅，而且还被人告发贩卖营利；还私自用自己的空地，换取专给皇家供应蔬菜的"尚食蔬圃"的土地，用来扩建自己的宅第，建造商店旅馆，与民争利。

赵普的一系列不法行为，被政敌卢多逊告发，太祖震怒，准备严令查办。在他人的营救之下，赵普的属下官吏被治罪，赵普被贬。开宝六年（973），赵普罢相，以同平章事出为河阳三城节度使。

在赵普任地方节度使期间，太祖皇帝离世，赵光义即位。太宗即位之初，赵普向朝廷上表，请求参加太祖入葬山陵的仪式，太宗准许，顺势罢免了他同平章事的级别与地方节度使的职务，给了一个太子少保的虚衔。

据说太祖还活着时，赵普与赵光义的关系并不十分和谐，因此，赵光义当上皇帝后，当然对赵普也不会

> 枢密使李崇矩与宰相赵普厚相交结，以其女妻普子承宗，上闻之，不喜。——《续资治通鉴长编》卷十三

> 河阳三城节度使赵普来朝，乞赴太祖山陵。乙亥，授太子少保，留京师。——《续资治通鉴长编》卷十八

很热情，赵普备受冷遇。而且，新任宰相是赵普的公开政敌卢多逊，一直揭他的短，在卢多逊的排挤与打击下，赵普品尝了失去权势后的世态炎凉。不过，很快，赵普就迎来了一次翻身的机会。

当上宰相的卢多逊与赵廷美交往太过密切，这引起了太宗的猜疑。如何打击卢多逊？太宗就想到了卢多逊的政敌赵普，想借赵普的力量，打击卢多逊、赵廷美，巩固自己的皇位。

太平兴国六年（981），赵光义召见了赵普。富有权术的赵普立刻意识到自己的机会来了，他当即表示："愿备枢轴，以察奸变。"《续资治通鉴长编》卷二十二 意思就是说，把我安排到中枢、轴心的位子（宰相），我来帮你解决这个棘手的问题。为了巩固太宗重新起用他的信念，退朝以后，赵普立刻上了一份密奏，打出了"金匮之盟"这张王牌。按照"金匮之盟"，赵光义继承皇位是名正言顺的。赵光义见到赵普的密奏，如获至宝，立刻又召见赵普，当面向赵普表示歉意说：人谁能没有过失，我虽然还没到五十知天命的年龄，但也知道以前的四十九年都错了。太宗这样说，引用的是先秦的一个典故，表示自己以前对赵普的看法全错了。所以，不久后，赵普就恢复了相位。

丧失权力的赵普要翻身，必须投靠太宗；要取得太宗信任，必须解决事关太宗切身利益的大事；事关太宗

> 太子太保赵普奉朝请累年，卢多逊益毁之，郁郁不得志。——《续资治通鉴长编》卷二十二

> 人谁无过，朕不待五十，已尽知四十九非矣。——《续资治通鉴长编》卷二十二

切身利益的大事，就是他的即位问题，因而伪造遗诏，为太宗篡位披上合法外衣。而且赵普造假，有优势条件，他曾是太祖亲信，造起假来容易使人信以为真，这自然契合了太宗的心意，重新起用赵普为相。于是，赵普诬陷卢多逊与赵廷美勾结谋逆，制造了一起大冤狱，除掉了他与太宗的眼中钉。简单地说，赵普编造遗诏的目的是投靠太宗，恢复相权，报复政敌。赵光义与赵普为了各自的目标，走到了一起，"金匮之盟"是两人政治勾结而伪造的赝品。

经过这样的逻辑分析，似乎已经弄清了许多疑问，赵普造假的动机，"金匮之盟"的真实性，赵光义皇位的不合法，等等，似乎已经看到了历史的真相。但是，事情真的如此简单吗？

事情远非如此简单

如果"金匮之盟"是彻头彻尾的伪造，仍有几个问题难以解释。

第一，宋太祖赵匡胤为什么一直没有立自己的儿子为皇储？

赵匡胤有四个儿子，其长子与第三子早夭，但次子赵德昭、四子赵德芳一直健康成长，也没有什么不良的行为，而且太祖离世之时，赵德昭已经二十六岁，赵德芳也已经十八岁，也就是说他们都具备继承未来皇位的条件。如果没有像"金匮之盟"这样的盟约存在，赵匡胤为什么一直没有立他们当中的某一个为未来皇位的继承人呢？这一点令人不可理解。

第二，赵光义的实际地位为什么像皇储？

其实，"金匮之盟"的核心问题是兄终弟及，如果没有"金匮之盟"这件事，或者说"金匮之盟"是伪造的，那为什么宋太祖不立自己的儿子为未来的接班人？而且依照赵光义的实际地位，怎么越看越像未来的接班人呢？从大宋建立不久，宋太祖就让弟弟赵光义担任最有权势的开封府的最高行政长官开封尹，后来又晋升为晋王，位居宰相之上。五代时期，有个不成文的惯例，就是亲王尹京表明已经具备继承人的地位，晋封晋王更加确立了其皇储的地位。后周世宗即位前就是晋王兼开封尹，赵光义即位后，让弟弟赵廷美担任开封尹，赵廷美似乎也获得了皇储的地位。如果"金匮之盟"出于伪造，上述这些现象该如何解释呢？

第三，为什么不少文献记载显示，赵光义的确是皇位的继承人？

据宋代笔记《曲洧旧闻》记载，太宗即位以后，有一次召见赵普，赵普曾经说过这样的话：先帝要是听从了我的话，今天我就看不到您的光辉形象了。先帝指的是宋太祖赵匡胤。

> 先帝若听臣言，则今日不睹圣明。——朱弁《曲洧旧闻》卷一（中华书局2002年版）

宋代笔记《玉壶清话》记载，宋太宗赵光义将赵普的政敌卢多逊贬谪之后，曾经对赵普说过这样的话：我有好几次想把你给结果了。是什么事情使赵光义如此痛恨赵普，多次欲开杀戒呢？

据另外一部笔记《丁晋公谈录》记载，赵光义当上皇帝后不久，无意之间对卢多逊说漏了一句话：要是赵普还当宰相，我也不会得到皇位。

上面这三则笔记史料反映了这样的问题：赵光义与赵普之间是有矛盾的，赵普自己承认，他曾经坚决反对让赵光义即位，赵光义也说要是赵普还有权力，他也不会继承皇位，他甚至为此事想对赵普大开杀戒。在此，我们不谈赵普、赵光义之间的冲突，我们从中发现了这样一个事实，即宋太祖是准备将皇位传给赵光义的。如果没有"金匮之盟"这样的约定，兄终弟及虽然也是皇位传承的方式之一，但毕竟不是常例，而且太祖还有两个健壮的儿子存在。这一点也很难理解。

第四，宋太祖为什么不听赵普的劝阻呢？

赵普是大宋的开国功臣之一，在许多问题上，他都坚持己见，据理力争，宋太祖最后都采纳了他的意见。赵普在皇位继承人这件事情上给过太祖许多忠告，但太祖始终没有接受。而且，赵普罢相不久，太祖就晋封赵光义为晋王，俨然确定其为继承人。如果没有"金匮之盟"这样的约定，太祖为什么听不进赵普的忠言呢？这一点也很难理解。

承认"金匮之盟"存在的观点，有五大疑点；认为"金匮之盟"出于赵普伪造，虽然赵普有作伪的动机，仍然有四大不可理解之处。对于这种矛盾重重、互为扞格的情形，有的学者对此进行了一种折中式的推测。

杜太后死于建隆二年(961)，刚刚从五代中走过来的杜太后对五代时局的记忆格外清晰，五代时期帝王在位时间最长的不过十年，平均在位时间不足四年，所以杜太后的担心并非杞人忧天，因此，在她临终之时有可能提出保持长君在位的遗言，但极有可能只是一个口头遗言。

承认杜太后遗言事件的发生，就可以解释为什么太祖迟迟不立皇储了。因为有亲生儿子在世，他立自己的弟弟即位有些不太情愿；但是，立自己的儿子，又违背母亲的遗嘱。所以，他左右为难。承认杜太后的遗嘱仅是口头遗嘱，就可以解释"金匮之盟"的几个疑点，上面提及的关于"金匮之盟"的种种疑问，其实只能否认这盟约书面成文的存在，并不能否定杜太后临终遗言事件的发生。因为没有书面的盟约，所以赵光义即位初年无人提及此事；赵普本来是站在反对太宗即位的立场上，而且离开了权力的中心，所以他也不会在赵光义即位之时立即提及此事，而且也没有书面的依据。但是，五年之后，在赵光义想拉拢赵普时，赵普献上了这份密奏。

如果赵光义获得的仅仅是杜太后命太祖传位给他的遗嘱，那么对于已经在皇位上坐了五年多的赵光义而言，这份迟到的合法性依据还有意义吗？如果有，能有多大的现实意义呢？

按照我们现在的理解，如果赵普所提供的原始盟约如此，那对宋太宗而言几乎没有任何现实意义。事实上，当赵普的密奏送达天听后，身为皇帝的赵光义却立即召见赵普，当面向这个历来阻挠他当皇帝的人道歉，坦诚地说自己不用等到五十岁已经知道以前四十九年全错了，而且，赵普因为上奏，重新回到了宰相的位置上。这是仅提供一个没有多大现实意义的文字盟约就能实现的吗？

李焘《续资治通鉴长编》中关于"金匮之盟"的文字来自司马光的《涑水记闻》,《涑水记闻》中记载杜太后对太祖说:"汝万岁后,当以次传之二弟,则并汝之子亦获安耳。"而李焘看到的《新录》中则变成了"汝后当传位汝弟"。也就是说,杜太后的本意是依次传位给赵光义、赵廷美,然后再传给太祖的儿子,在经过修改的《国史》中,则变成了仅传位给赵光义而已。杜太后本意为三传,在《宋史·赵廷美传》中也有类似的记载,史书上说,杜太后以及宋太祖的本意,是想让太宗传位给赵廷美,赵廷美再传给赵德昭。所以,宋太宗即位后,立刻让赵廷美做了开封尹,赵德昭也称皇子。

但是,三传的口头约定在太平兴国六年 (981) 赵普炮制的文字盟约中,变成了单传,即由太祖传位赵光义,一传而止。这份单传的"金匮之盟",不仅为太宗的即位提供了合法的依据,更重要的是赵光义独传天下的政治局面也获得了合法依据。

综上所述,"金匮之盟"并不是彻头彻尾的谎言,而是经过改造的政治赝品。该盟约订于建隆二年 (961),原始内容是"三传约",目的是既保证国有长君,最后帝位又传回太祖一系;而太平兴国六年所公布的"金匮之盟"则经过了赵光义和赵普的共同篡改,最重大的改动就是把"三传约"改成"独传约",目的是既证明赵光

> 或谓昭宪及太祖本意,盖欲太宗传之廷美,而廷美复传之德昭。故太宗既立,即令廷美尹开封,德昭实称皇子。
> ——《宋史·魏王廷美传》

义继位的合法性,又除掉其他潜在的皇位继承人,保证太宗帝位的一脉单传。

有遗诏,太宗就没有弑兄的动机了吗

承认"金匮之盟"的存在,赵光义继位的合法性已然得到解释。那么,"金匮之盟"的存在,能把他和太祖之死撇清关系吗?

仍然不能。

按照"金匮之盟"的口头约定,宋太祖是要将皇位传给赵光义的,赵光义的实际地位也隐然是皇位的合法继承人。但是,在传位赵光义的问题上,宋太祖心里一直是矛盾的,自己的儿子一个二十六岁、一个十八岁,完全都可以继承大业了。况且,太祖晚年与赵光义之间并不是十分和谐的,宋太祖一度考虑迁都西京,重要的原因就是企图摆脱赵光义在开封府业已形成的盘根错节的势力。何况在历史上,皇帝临终易储,也不是没有先例。因而,对赵光义来说,能否继承皇位还存在着不小的变数。

需要特别注意的是太祖离世的时间,他是在意欲迁都后不久便神秘地死去的。因此,也可以这样推测,正是太祖迁都的想法与行为,让赵光义意识到杜太后口头盟约极有可能会失效,所以,在宋太祖还没有改变主意之前,他加快了行动的步伐。于是,"斧声烛影"事件就发生了。

有学者依据《宋会要辑稿》(礼二九之一)、《宋大诏令集》(卷七)中保存的太祖遗诏(《开宝遗制》)对太宗篡弑说提出了怀疑。的确,在这份太祖的遗诏中，明确说明晋王赵光义可于柩前即皇帝位。以前的研究者在忽略了此份遗诏存在的情况下，得出赵光义弑兄篡位的结论，因此这个结论需要重新审视。但是，此份遗诏的发现，并不能完全洗清赵光义的嫌疑。

研究者据此遗诏认为赵光义弑兄的动机不存在了。其实不然，正如前面所言，甚至"金匮之盟"的部分内容是真实的，赵光义依然存在弑兄的动机。因为宋太祖一直没有昭告天下他要立晋王赵光义为继承人，而是在赵光义与自己的儿子之间犹豫不决，而且离他去世不远的时期，他甚至对赵光义有了明显的抵触。在这种情况下，赵光义铤而走险的行为发生，很容易理解。

研究者还认为，如果能够证明这份遗诏出于赵光义伪造，那么篡弑说仍可成立。问题在于，现在很难证明这份遗诏是赵光义伪造的。但是，不能证明这份遗诏是假的，并不代表它一定是真的。从情理上讲，如果赵光义真的弑兄夺位，他不会傻到连一份即位的诏书都不伪造。所以，可以这样说，太祖遗诏只能证明赵光义

> 皇弟晋王某，天钟睿哲，神授英奇。自列王藩，愈彰厚德。授以神器，时惟长君。可于柩前即皇帝位。——《宋大诏令集》卷七（中华书局1962年版）

即位有没有遗诏的问题，并不能证明遗诏是真是假的问题。

再说，即使太祖生病，他在开宝九年(976)十月二十日那天夜里仍然可以和赵光义饮酒，这说明他的病情并不严重，而且因为是猝死，或许他根本就没有机会来准备一份诏书。如果这份诏书是太祖在平日里准备好的，那他在自己的儿子和赵光义之间做出选择之后，仍可重下诏书。这就表示赵光义弑兄的动机依然存在。

现在可以基本肯定的是，杜太后临终之时的确有传长君的口头遗言，但与赵普后来炮制的太后遗诏有所不同。宋太祖在自己的儿子与自己的兄弟之间犹疑不决，成了赵光义最终弑兄即位的直接动机。

宋太祖的死，正如他登上皇位一样，里面有太多的谜团。对于太祖之死，各家说法都带有相当的猜测成分，谜底的完全揭开已经不太可能。

以上我们主要从宋太祖一生的重大事件中追溯了他的政治历程，宋太祖到底是怎样的一个人，是怎样的一个皇帝？随着开宝九年十月二十日夜晚宋太祖的离世，对于他的一生可以盖棺论定了。

下面几章，我们就从几个侧面进一步认识这位大宋的开国之君，探寻他的治国方略、兴趣爱好、个性品质、爱情生活等诸多方面的问题。

太祖誓约

〈三十五〉

宋朝是读书人的黄金时代，后世的读书人对此津津乐道，无比羡慕，这是因为宋代读书人的地位不仅是空前的，而且是绝后的。据说，读书人地位的提高与权利的保障来自大宋开国之君宋太祖秘密立下的一份誓约。宋太祖当上皇帝后不久，在太庙里立下誓碑，命令后来的继任者不但要善待前朝宗室柴氏子孙，而且不能滥杀士大夫和上书言事之人，违者必遭天谴。这反映了宋太祖这位开国者胸怀宽厚、执政仁慈的一面。但是，有一些研究者对太祖誓碑的真实性提出了怀疑，认为这是大宋的继任者又一次精心编造的一个故事。那么，到底有没有太祖誓碑这档子事呢？

神秘的誓碑

这需要先从记载此事的文献开始梳理。

对太祖誓碑记载最为详细完整的是一部笔记，叫《避暑漫抄》。这部笔记中对太祖誓碑是如此记载的：

宋太祖赵匡胤开创宋朝之后第三年（建隆三年），秘密镌刻了一块石碑，将其立在太庙寝殿的一个秘密夹室里，这块碑叫誓碑，用镶嵌金线的黄色丝幔遮盖着，门锁闭得十分严密。每当四时的祭祀和新皇帝登基时，都由一个不识字的宦官拿钥匙将夹室的门打开，新皇帝进去焚香、跪拜、默诵碑文。群臣和侍从都不知道碑文的内容，历代皇帝都严守这个秘密，就是他们最信得过的心腹大臣也不知道。北宋后继的皇帝都如此相承，按时拜读。等到北宋末年，靖康战乱爆发，金军攻破开封城，掠走朝廷诸多器物，所有的门都被打开了，人们才看到了这块神秘之碑。碑高七八尺，宽四尺余，上面刻有誓词三行：第一条是柴氏家人不管有多大的罪行，都不能处以死刑，即使是犯了谋反的大逆之罪，最多只能赐狱中自尽，不能公开行刑，也不能连坐家属。第二条是不得杀士大夫以及上书言事之人。第三条是发的毒誓，说后继子孙如果有违背这个誓言的，天打五雷轰。

笔记中还说，等到南宋初的建炎年间，曹勋从金国回到南宋，捎回来太上皇宋徽宗的嘱托，说祖宗的誓碑在太

一云：『柴氏子孙，有罪不得加刑，纵犯谋逆，止于狱中赐尽，不得市曹刑戮，亦不得连坐支属。』一云：『不得杀士大夫及上书言事人。』一云：『子孙有渝此誓者，天必殛之。』——《避暑漫抄》

庙,恐怕当今皇上赵构不知此事。

从命名上看,《避暑漫抄》这部笔记是杂抄其他书籍编纂而成的,而且在每则材料下都著录了材料的来源。按照《避暑漫抄》的著录,太祖誓碑这件事出自一本叫《秘史》的书。但是,《秘史》一书已经不存在了,也就没有办法判断此书的时代。

不过,从《避暑漫抄》的记录中,我们可以知道,对太祖誓碑的记载,此书绝对不是最早的。因为,此书还提及了曹勋从金国回到南宋以后谈及太祖誓碑的事情。

顺着这个线索,我们查阅《宋史·曹勋传》。曹勋的传记中记载:靖康末,北宋为金所灭,曹勋跟随宋徽宗北迁,在被金国扣留的日子里,宋徽宗嘱托以后可能会回到南方的曹勋说,回去之后,务必转告赵构,宋太祖有誓约藏在太庙里面,不杀大臣以及进谏言事的官员,违者不吉利。从此文献记载可知,太祖的确有誓约藏在太庙里,其中就有关于不杀士人及言事官的相关记载。但是,我们知道,《宋史》是元代人编纂的,此则资料的来源也有可能出自一些道听途说的笔记。

我们再查曹勋的文集。在曹勋的文集中,也有完全相同的记载。另外,曹勋的一部笔记《北狩见闻录》也有对此事的记载。

> 艺祖有誓约藏之太庙,不杀大臣及言事官,违者不祥。——《宋史·曹勋传》

> 归可奏上,艺祖有约藏于太庙,誓不诛大臣言官,违者不祥。——《松隐文集》卷二十六(景印文渊阁四库全书本)

既然历史文献中关于太祖誓约有较为明确的记载，为什么还有研究者质疑太祖誓碑的真实性，认为此事纯属子虚乌有呢？质疑者有什么证据呢？

有人说这是子虚乌有

学者质疑的证据可以细分为五条。

第一，叶梦得《避暑漫抄》的有关记载证据不足。因为靖康之变时，叶梦得不在京城，誓碑的内容并非亲眼所见。他的资料来源是从曹勋处所得，加上社会传闻敷衍而成的。

其实，质疑者首先犯了一个文献学方面的错误。《避暑漫抄》并非叶梦得所撰，叶梦得有一部笔记叫《避暑录话》，其中并没有对太祖誓碑的记录。可能是因为两部笔记名称比较接近而导致质疑者失误。《避暑漫抄》旧题陆游所撰，其实亦非。最明显的证据是《避暑漫抄》中摘录的文献有元代人的，已经作古的陆游怎么能摘抄呢？所以，一般认为这是明朝人随手杂抄的一部笔记，托名陆游而已。既然《避暑漫抄》并非叶梦得所撰，那么，依据叶梦得的经历来考察他是否亲眼所见就毫无意义了。

第二，对于誓碑的记载，莫不在曹勋之后，此前竟无一点蛛丝马迹。如果说北宋百余年誓碑的内容因为保密严格而未加泄露，那么靖康之变后，太庙大门洞开，此事的来源就不应该是单方面的。

其实，《避暑漫抄》抄录时记载了文献来源，出自一部叫《秘史》的书。从《避暑漫抄》记载的内容来看，其文献来源与曹勋所言不同。记载此事的《秘史》这部书后来亡佚了，这是不是也可以说明这样一个可能：还有其他个别记载此事的著作也亡佚了。我们不能因为今天看不到曹勋记载以外的其他记载，就断然说当时其他文献中没有此事的记录。

第三，誓碑中规定要优待柴氏子孙，与史实不符。太祖刚即位就把柴宗训母子迁往西京洛阳，后又迁至房州偏僻之地，到开宝六年(973)时柴宗训又不明不白地死去了。

质疑者的意思是说，因为柴宗训母子在入宋后并没有受到优待，所以包含优待柴氏子孙内容的太祖誓碑是不存在的。

事实上，因为柴宗训的特殊身份——后周的皇帝，赵匡胤从他的手中取得政权以后，并没有处死柴宗训母子，而且还封柴宗训为郑王，封柴宗训的母亲为周太后，这对亡国之君而言已经是天大的恩赐了。从这一点上，反而能看到大宋开国之君赵匡胤的宽厚仁慈之心。至于柴宗训在入宋十三年后死去，并没有史料证明他是非正常死亡，尽管他当时仅仅二十岁。相反，史书中明确记载说，宋太祖得知柴宗训离世，素服发哀，并且停止上朝十天。

再回到太祖誓约中关于对柴氏子孙优待的具体内容，誓碑中是这样说的：柴氏子孙有罪，不得加刑，即使犯了谋反的大罪，也只能赐在狱中自尽，不要公开行刑，也不要连坐家族。这才是誓碑中对柴氏家族优待的具体细节。因此，按照质疑者的内在逻辑，应该考察的是柴氏子孙在犯罪之后被处置的情况。

按照这一思路，对宋代的相关史料进行检索，我们并没有发现柴氏家族成员有犯法被处死的记载，相反，在史书中（比如《宋史》）多次记载大宋继任者对柴氏后裔的优待。柴氏之受封赏几乎与整个宋朝相始终。一个新王朝，如此优待前朝皇室之后裔，这在其他朝代是少有的。这些记载，完全可以证明大宋的继任者很好地履行了太祖誓碑上的誓约。

再退一步讲，即使太祖之后的继任者对柴氏子孙很不优待，那也只能证明继任者对誓约的内容没有很好地贯彻，并不能直接否定太祖誓碑的存在。

第四，誓约中规定不能杀大臣及言事官员，作为誓约制定者的宋太祖没有身体力行。根据《续资治通鉴长编》与《宋史》的记载，宋太祖在位的十几年中，并没有少杀大臣，质疑者还做了一个数据统计，结果是太祖一朝杀大臣总计有八十八人之多。其中，谋反罪二十二人，坐赃罪二十五人，失职罪三十三人，其他八人，太祖是北宋皇帝中杀大臣最多者。

早有学者对此点质疑表示反对。所谓的"不杀"，是指不轻率杀人，并非绝对不杀。假如宋代的最高统治者感到其自身利益或者其皇位受到严重威胁时，也会不惜把"祖宗家法"抛诸脑后，对士大夫开杀戒的。再说，在大宋开国之初，赵匡胤刚刚从动乱的五代中走过来，力图拨乱反正，有时是必须开杀戒的，要"严打"，所谓"乱世用重典"就是这个道理。仔细考察宋太祖处死之人，主要是谋反与贪赃枉法者，这类人死不足惜。对这类人，赵匡胤从来都不手软。进一步讲，宋太祖制定誓约，本来是约束后来的继任者，他自己违反并不稀奇。所以说，宋太祖对士大夫的杀戮，并不能否定他要求子孙不杀士大夫的誓约存在的事实。

第五，誓碑的收藏方式过于奇特。质疑者认为：这种能平抑舆论、安定人心、有利于巩固统治的誓约内容完全可以公开，以显示统治者的仁德宽厚，达到收买人心的效果，让士大夫们感恩戴德，忠心维护赵氏的江山，这样的好事何必隐藏得如此神秘呢？

对于此点质疑，作家李国文有所反驳。他说，这就是读书人读书多了以后的"知多识少"了。质疑当时为什么不利用这项德政，大肆宣传，制造舆论，是以今人发红头文件、开群众大会、读两报一刊、谈学习心得的方式，加诸前人而已。试想一下，赵匡胤不是傻瓜，这种皇室内部的誓约，具有相当程度的底牌性质，怎能公之于众，成为束缚接班人手脚的羁绊呢？我们还可以想象一下，五代以来，武人嚣张成性，能够忍受如此二等公民的安排吗？而"小媳妇"做惯了的知识分子，得此尚方宝剑，那还了得，岂不要骑在皇帝的脖根子上拉屎吗？李国文《宋朝的誓碑》（《文学自由谈》2011年第1期）

李国文的反驳语言很有意思，但的确是这个道理，宋代的某些祖宗家法是只可意会的，属于"内部掌握"的原则，譬如太祖若是真的发过"子孙有渝此誓者，天必殛之"之类诅咒式的毒誓，又怎好公之于世？除了避免张扬以外，太祖誓碑采取如此神秘的方式，很可能会产生一种特殊的约束力量，这或许也是宋太祖的意图之一。

以上质疑太祖誓碑存在的五条理由都无法成立，因此断然说太祖誓碑根本不存在的说法显然不够审慎。其实，我们也完全可以从大宋王朝的历史事实中搜寻一些旁证，进一步证实太祖誓碑存在的可能。

事实胜于推测

大宋的后来继任者，确实对臣下非常宽容，较少诛杀。虽然大宋的臣民并不知道开国者宋太祖曾立下一个不杀士大夫的誓约，但是，因为后来的皇帝都恪守这一原则，遂使这一原则深入人心。举几个例子。

第一个例子，与宋代著名的文人范仲淹有关。

事情发生在宋仁宗庆历三年（1043），北宋统治政策的一些弊端在这个时期凸显，淮南一带出现一些起义军（史书上称为盗贼），到处劫掠。一支起义军路过高邮时，大宋朝廷命官高邮知军估计无法抵御，就号召当地的富人出钱出酒，慰劳起义军，还赠送了丰厚的礼物，这支起义军非常高兴，也就没有在此地掠夺，直接离去。事情传到朝廷，有人建议立刻处死高邮知军。身为参知政事（副宰相）的范仲淹坚决反对，宋仁宗因此赦免了高邮知军，但范仲淹却遭到了同僚的埋怨，这时，范仲淹说道：自大宋开国以来，从来没有轻率地杀戮大臣，这是一直令人称道的盛事，怎么能轻易就破了这个规矩呢？

祖宗以来，未尝轻杀臣下，此盛德之事，奈何欲轻坏之？——《续资治通鉴长编》卷一四五范仲淹反驳同僚的重要理由就是宋代家法规定不轻杀大臣，范仲淹的言谈与太祖誓碑的内容暗合。

第二个例子，与宋代宰相蔡确有关，出自宋代的一部笔记。

事情发生在宋神宗朝。当时，朝廷在陕西边境用兵，多次失利，宋神宗就发了一个文件，批示斩杀一名负责漕运的官员，以此起到杀一儆百之效。第二天，宰相蔡确上朝奏事时，神宗问道：昨日朕批示要斩杀某某，杀了没？蔡确说：没有。臣下正要奏明此事。神宗问：这件事情还有什么疑问吗？蔡确回答道：自从大宋开国以来，从没有斩杀士人，臣等不想让陛下开了先例。

蔡确一句话，让宋神宗哑口无言许久，继而狠狠地说：那就脸上刺字，发配到偏远恶劣的穷乡僻壤。听到这个指示，另外一个官员门下侍郎章惇又不愿意了，他说：要是这样，还不如把他杀了呢。神宗问：为什么这么说？章惇回道：士可杀，不可辱。这把宋神宗惹恼了，声色俱厉地说：一件痛快事都不能做。章惇的回答也很有意思，他说：像这样的痛快事，不做也罢。

这的确是一个令人印象深刻的故事。从这段精彩的对白中，可以看出不杀士大夫的祖宗之法无形中所具有的强大约束力，蔡确、章惇可以据此公然抵制神宗的内批，而神宗却奈何不得。

祖宗以来未尝杀士人，臣事不意自陛下始。——侯延庆《退斋笔录》《全宋笔记》第3编第10册，大象出版社2008年版

如此快意事，不做得也好。——《退斋笔录》

就北宋一代的情形来看，太祖誓约虽不为外人所知，但不杀士大夫的做法一旦成为惯例，就如同一种无所不在的政治原则。宋代君主之所以不能恣意妄为，与祖宗之法的这种权威有很大关系。

如果认为这件事情出自宋人的笔记，有很强的戏剧性的话，不妨再看一个《续资治通鉴长编》中的例子。

第三个例子，与宋代的另一个宰相吕大防有关。

这件事发生在宋哲宗朝。

元祐八年(1093)，宰相吕大防趁哲宗皇帝听御前讲座(经筵)的机会，全面总结了一下宋代的祖宗之法。其中一条叫宽仁之法。吕大防解释说：以前的朝代用刑苛刻，犯了大罪会被砍头，出现小过失也会被流放发配边远之地，只有本朝用法最轻，大臣有罪，最多也就是罢免斥退，这就是宽仁之法。所谓宽仁之法，其主旨就是不杀士大夫。

从以上所举的事例中，可以发现，太祖誓约的真实性很大。退一万步讲，即使在宋太祖的君主生涯中，没有太祖誓碑的存在，也会有类似不杀士人、不杀大臣的誓约存在，而这正是后来的文人所津津乐道的，也是我们最关注的。那么，宋太祖为什么对文人如此宽容呢？他为什么要制定不杀士人的誓约呢？

> 前代多深于用刑，大者诛戮，小者远窜，惟本朝用法最轻，臣下有罪，止于罢斥，此宽仁之法也。——《续资治通鉴长编》卷四八〇

到了该改变的时候了

第一，宋太祖惧。

作为一国之君，作为国家的最高首脑，宋太祖还有怕的吗？有。怕武人。

从中唐安史之乱开始，整个天下陷入藩镇割据的局面。这种局势发展到后来，就演变成了众多政权交替登场、纷然并存的局面。所以，五代换了十来个不同姓氏的皇帝。为什么会形成这种局面？原因在于武将，是武将在操纵政权更迭，是军事实力在起决定作用。既然天下可以凭借强力争夺，那么当更强有力的对手出现时，政权就得易主。

宋太祖对五代时期政权的更迭深有认识，因为他本人也是武人出身，也是通过军事手段建立大宋王朝的。所以，大宋建立以后，他最先考虑的是如何不再成为第六个重蹈覆辙的王朝，如何维护自己政权的长治久安，这就必须结束武人政治。如何才能结束武人政治，或者说如何才能削弱武人的势力呢？必须有另一个阶层来制衡，这就是文人。宋太祖的这种政策被后人概括为四个字：重文抑武。通过提高文人的地位，提升文人在国家政治中的作用，来有效地制约武人集团，将其限定在可以掌控的范围之内，从而结束武人对政治的干预。

对于这一点，清初的王船山用一个字做了概括：惧。出于对武人的恐惧和防范，所以宋太祖重用文人。

第二，政权需要。

五代时期，军人当政，文人士大夫没有出路，所以才出现了后汉史弘肇的那句名言："安朝廷，定祸乱，直须长枪大剑，若'毛锥子'安足用哉？"这是动乱时代武人对文人的鄙视，事实也正如此，所谓"乱世用武，治世重文"就是这个道理。

宋太祖虽是武人，但他深知"马上得天下，焉能马上治天下"的道理，所以，北宋建国伊始，赵宋政权面临的一个迫切问题，就是迅速实现从"马上"到"马下"的思想转向、社会转型。但是，北宋初年继承了残唐五代的文化凋敝，国家政权的建立来自军队，治国人才稀缺，所以只能靠善待士大夫和重视科举取士，尽快招募、培养文治人才。前面讲到的宋太祖说的"宰相须用读书人"以及倡导百官读书，也是出于这方面的考虑。

以上这两点只是说明宋太祖为什么重视文人，但并没有讲清楚宋太祖为什么不杀文人。那么宋太祖为什么不杀文人，而且还立下不杀文人的誓约呢？

第一，宋太祖不惧。

宋太祖有所惧，有所不惧。他惧怕武人集团，所以分割武人的权力，削弱武人的势力。而对文人集团，他没有这种担忧。宋太祖曾经深有感触地对赵普说：五代时期地方节度使非常霸道，残虐百姓，人民深受其害。朕选派干练的文臣百余人，分治各个大藩，即便他们都是贪官，危害性也抵不上一个武人。这句话

> 五代方镇残虐，民受其祸，朕令选儒臣干事者百余，分治大藩，纵皆贪浊，亦未及武臣一人也。——《续资治通鉴长编》卷十三

应该是宋太祖的肺腑之言。因为他身历其中，见识了武人的力量，武人一旦作乱，就会对政权造成颠覆性的后果。与之比较，文人就缺乏这方面的能量，即使有反叛之心，也难以成事，古语说"秀才造反，三年不成"，就是这个道理。文人最多也就是贪污，不会立刻对政权造成致命威胁。从两个集团的危害性方面进行比较，结果是一百个文人比不上一个武人，两害相较取其轻，宋太祖自然要重文了。

宋太祖不仅对武人集团深有认识，而且对文人集团也深有了解。相比于对武人的恐惧，对于文人，宋太祖有一种居高临下的自信，甚至有一点点看不起。可以举三个例子。

这三个事例都与赵普有关。

第一件事情说，宋太祖当上皇帝以后，打算扩建一下京城，就亲自实地考察，由赵普陪同。走到朱雀门的时候，太祖指着城门上的四个大字"朱雀之门"问赵普：为什么不直接写"朱雀门"，加上个"之"字有什么用呢？赵普回答说："之"是助词。太祖笑道：之乎者也，能对什么事有帮助呢？这很像是一则笑话，其中透露出了些许对文人的轻视。

另外一件事说，有一次，太祖到赵普的府第，当时吴越王钱俶派人刚送到一封书信和十瓶海产品。赵普还没来得及让人收拾，太祖的御驾到了，只好暂时置放在走廊里，急忙出去接驾。太祖看到这些东西就问是何物，赵普只得实事求是地回答说是吴越王派人送来的海产品。太祖说，既然是海产品，一定是好东西，打开看看。打开一看，竟然全部是金子。赵普害怕了，立刻下跪谢罪说：卑臣刚刚收到，还没看信，不知里面是金子。要是知晓，一定奏明圣上，拒绝接受。太祖却笑了，对赵普说：收下吧，没事。他们以为国家事务都要通过你们这些书生呢。这个故事一方面说明在国家事务当中，文人起着重要的作用，因此吴越王钱俶送礼贿赂赵普；另一方面，从赵匡胤的言谈之中，展示了他对自己驾驭文人能力的自信。"彼谓国家事皆由汝书生耳"，淡淡一句话，蕴含着耐人咀嚼的意味，真切地道破了当时的实情。这句话，在显示出太祖的襟怀、解脱了尴尬的赵普的同时，太祖对于"书生"们的实在态度，由他自己坦坦荡荡地说了出来：既任他们执掌政务，又不使国家要事皆出其手。一"笑"而过，正体现出太祖对于自己控御朝政、控御"书生"能力的充分自信。

> 但受之无害，彼谓国家事皆由汝书生耳。——《续资治通鉴长编》卷十二

还有一件事说，有一次，太祖和赵普议论政事，意见不合。太祖就感叹道：要是能有桑维翰那样的宰相，和他谋谈就好了。桑维翰是五代时期后晋的一个名臣。赵普说：要是桑维翰现在还活着，陛下也不会用他，这个人太爱钱。太祖说：要用他的长处，也就要容忍他的短处。书生们没见过世面，赐他十万贯钱，就撑破屋子了。从这则逸事中可以看出，宋太祖虽然看重有才干的儒臣，但在他心底，无疑存在着对于"书生"们人格上的几分轻蔑。

> 措大眼孔小，赐与十万贯，则塞破屋子矣。——《东轩笔录》卷一

对于文士在国家政治中的功能，对于文士有可能

造成的危害，赵匡胤琢磨得很透彻，所以他不惧文人，当然也没有必要大开杀戒。

当然，宋太祖不杀文人，还与他个人的性格、品质有关，作为一个政权的最高统治者，他具有宽厚仁慈之心。这就是不杀士人的第二个理由。

第二，重视人命。

太祖喜欢读书，有一次，他读《尚书》的《尧典》《舜典》的时候，发了一通感慨。他说：尧舜的时代，处理罪大恶极的四大罪人（四凶），也就是放逐，为什么近代法网如此之密呢！他又对宰相说：五代的时候，诸侯嚣张跋扈，枉法杀人，朝廷不闻不问。人命大于天，怎么能如此姑息藩镇呢？从今以后，地方判决的死刑，必须上报中央，要刑部重新审核。这种重视人命的思想，也是不杀士大夫的重要根源所在。

宋太祖内心宽厚仁慈，拨乱反正，有所惧，有所不惧，所以，他对文化人采取了优容的政策，并以誓碑的

尧、舜之世，四凶之罪，止从投窜，何近代宪网之密耶？——《续资治通鉴长编》卷十六

方式，要求后继的子孙必须遵守。一千多年前的赵匡胤，敢立这块不杀士人的石碑，有出于其万世基业的考虑，更是一项极其巧妙的、充满智慧的制度安排。

首先，因为是太祖所立，誓约因此具备了国家法律的绝对权威；其次，因为赵匡胤是大宋的开国之君，他所创立的誓约，自然被视为祖宗家法，具备了约束整个家族的契约力量；最后，围绕誓碑的神秘设施、神圣仪式以及诅咒，对后来即位子孙的约束作用，是毫无疑问的。

难能可贵的是，宋代历朝皇帝都还算听话。让太祖的这几条中国历史上迄今最为开明的政策，得到了切实的执行，达三百年之久。陈寅恪说，"华夏民族文化历千年之演变，造极于赵宋之世"，华夏文明之所以在赵宋王朝达到极致境界，与这块誓碑所营造出来的大环境有着莫大关系。

太祖誓约中说不杀士大夫，并非绝对不杀，这也是有学者质疑的原因。所谓的不杀，其实是指不轻率杀人。但是，对于一类人，宋太祖从来都不手软，这类人就是贪官。宋太祖是如何反贪的呢？

反贪倡廉

〈三十六〉

宋太祖在纠正五代以来武人嚣张跋扈、为所欲为的过程中,曾经对手下说过这样一句话:纵使一百个文臣个个都是贪官,也比不上一个武将的危害大。宋太祖说的这句话包含两层意思:一是武将能对政权造成直接颠覆性威胁,所以,太祖开始重用文人,抑制武人的势力;二是在太祖心目当中,文官违法乱纪的极致就是贪污,所以太祖才拿这一点来与武将比较。抛开第一层意思,我们发现,太祖对官吏贪赃也是极为重视的。既然极为重视,那就必须采取一些措施。那么,宋太祖是如何防范、如何惩治贪赃枉法的官吏的呢?太祖又是如何引导、提倡大宋官吏廉洁奉公的呢?

宋初的贪赃现状

官员腐败由来已久。五代十国时期,政权的频繁变更,更加剧了官员抓住机会大捞一把的心态,并迅速付之于实际行动。就官员的整体素质而言,五代十国时期,拒绝贪污腐败而廉洁奉公的官员,可谓凤毛麟角,是非常罕见的。绝大多数官员,都很擅长敲骨吸髓,他们无孔不入,是大肆聚敛的好手。

宋太祖以和平的方式取代了后周,对后周的文武官员也全盘接收。政权虽然移交了,但并没有对官僚体制产生"革命性的洗礼",所以五代时期贪污成风、贿赂公行的社会风气,自然而然地部分承袭下来,五代时期的不良风气也就成了大宋的风气,其中最为严重的就是贪污。宋人的笔记记载宋初的这种状况时如此说:当时大宋王朝刚刚建立,相关法令不够健全,当官的普遍收受百姓的贿赂,而且每年都有固定的数目,老百姓也习以为常,并不清楚这样做是错误的。

> 是时天下新定,法禁尚宽,吏多受民赂遗,岁时皆有常数,民亦习之,不知其非。——《涑水记闻》卷一

古往今来,贪污腐败的手段五花八门,但归结起来,不外以下六种。

第一,侵吞。

侵吞是指官吏利用自己的职权之便,将自己管理或经手的公共财物非法占有的行为。

举一个例子,开宝七年(974),北宋朝廷一名通判延

州（治所在今陕西延安市附近）的官员，侵吞国家一百八十万钱，被人告发，查证属实，被判死刑，闹市斩首。通判就是通判州军事的简称，这是宋太祖设立的一个官职，是为了防止地方知州权力过大而设立的一个监察知州的官职，实际上就是"副知州"。虽然名义上是二把手，但因为由皇帝直接委派，并且有直接向皇帝汇报的权力，所以实际权力很大。知州的行政公文要与通判联合签署才能生效，并且还有裁决钱谷、赋税、户口、案件等一系列事务的权力。因此，通判一方面监督、监察一把手的知州，一方面还负责地方行政的权力。大宋朝廷这名通判延州的官员是以太子中舍的身份下派延州的，他利用自己掌控的权力，将国家一百八十万钱财装入了自己的腰包。史书上对这名官员的贪污行为定名为"隐没"，"隐"就是隐瞒、藏匿的意思，"没"就是侵吞、占有的意思。文献中对其贪污的具体方法没有明说，考虑到通判的一些权力，也许就是在钱谷、赋税等收入上进行了截留。

第二，窃盗。

窃盗是指官吏利用自己具体负责某项事务的权力，通过秘密的方式，将公共财物非法占有的行为，这种行为通常也称为监守自盗，也就是自己看着不让别人偷而自己偷的行为。在监督、管理国家仓库的官吏那里，最容易滋生这类行为。

开宝三年(970)，大宋朝廷的一名右领军卫将军，就利用自己监管国家仓库的权力与机会，联合具体看管仓库的官吏，将国家财产占为己有。右领军卫将军是禁卫的散官，是国家储备的武将，本来没有什么实权，但这名官员因为被授权监管国家仓库，就获得了实权，于是与下属狼狈为奸，监守自盗。这名官员具体的贪赃手段与窃盗数额，史书上都没有明确记录，不过结果是处以死刑。

再举一例。开宝五年，大宋朝廷的一名官员利用自己监管军营事务的便利，多次盗取军队粮草，累计盗取数十万，经有关部门查证属实，杖杀。杖杀也是死刑的一种，是用棍杖打犯法者的屁股，直至将犯罪之人打死。

第三，诈骗。

诈骗是指官吏利用自己的职务之便，采取欺诈的方式，将国家财产占为己有的行为。宋初的李守信案件就很典型。

开宝六年，大宋官员李守信受诏到秦陇一带购买木材。那里盛产的木材高大笔直，是木结构建筑的绝佳材料，大宋朝廷宫殿修建所需木材大多从此处运来。李守信当时任供备库使，这是一个为国家备办供给的职务。

为国家采购是一项很有油水可捞的事务，李守信

> 右领军卫将军石延祚弃市，坐监广积仓与吏为奸也。——《续资治通鉴长编》卷十一

> 杖杀内班董延谔，坐监车营务盗刍粟，累赃数十万，鞫之得实故也。——《续资治通鉴长编》卷十三

没能抵挡住这种诱惑。史书上讲，李守信"盗官钱巨万"《续资治通鉴长编》卷十四，具体怎么盗的，没有记载，不过可以推测，负责国家采购的李守信不会采取明抢的方法，也就是通过低价购买、高价汇报或者占为己有、国家报销进行欺诈罢了。

然而，李守信的运气实在不怎么好。采购完毕回京，还没有到达开封，就被手下人给告发了。当时李守信才到中牟县，听闻此事，吓得要命，就在中牟的国家招待所(传舍)中，用刀抹了脖子。李守信为什么这么快就自杀呢？因为这个案件还牵涉了其他人，他可能想到此打住。

李守信虽然自己抹了脖子，但事情还没有完，因为太祖派遣了一个执法严苛的官员苏晓去查证此事，结果逮了不少人，还牵涉出李守信的女婿通判秦州的马适。原来，李守信曾和自己的女婿约好，他将用国家钱财购买的大木连成竹筏，顺河漂流而下，马适在下游取之，而翁婿二人的约定是通过一封书信进行的，这封信最后到了苏晓手中。结果，马适被判处死刑，家产全被没收，连带的其他人也大多破产。

第四，巧立名目，强占勒索。

强占勒索是指官吏利用自己的职权，对下层及民众以欺压、强取的方式勒索钱财。如开宝七年(974)，大宋知兴元府(治所在今陕西汉中市)的一名官员，利用自己辖区内河流众多的地理特点,"私收渡钱"《续资治通鉴长编》卷十五,累计数十万,被处以死刑。

第五,非法经营。

非法经商是指官吏利用自己的职务之便,不顾国家禁令,进行商品交易,谋取利益的行为。

大宋的宰相赵普就干过这档子事。前面讲过,秦陇地区出产优质木材,当时朝廷有禁令,严禁个人贩运秦陇大木,但赵普曾派遣亲信到秦陇地区采购木材,连成木筏运到开封,用于自家盖房子。《续资治通鉴长编》中讲,赵普手下的官吏偷着在京都贩卖,《宋史》中更是说,贩卖的官吏竟然打着赵普的旗号公开叫卖于京都市井之间。这明显是赵普指使的,否则赵普手下的官吏不会有这个胆量。这件事被人告发,说赵普不顾朝廷的禁令,非法经营秦陇地区的大木料,以此谋利。太祖听闻此事,勃然大怒,准备罢免赵普,幸亏王溥等人上奏说情,方才幸免。

第六,受贿。

受贿是指官吏利用国家赋予的政治权力进行权钱、权物交换的行为。这种贪赃手段涉及范围最广,也最普遍。

如开宝四年(971),大宋朝廷的一名地方官,在上任一个多月的时间里,收受贿赂七十万,结果弃市。

据史书记载,收受贿赂者,从底层的县令、主簿,

> 先是,官禁私贩秦、陇大木,普尝遣亲吏往市屋材,联巨筏至京师治第,吏因之窃于都下贸易。——《续资治通鉴长编》卷十二

> 冒称普市货鬻都下。——《宋史·赵普传》

> 太子洗马王元吉弃市,坐知英州受赃不法也。——《续资治通鉴长编》卷十二

到知州，以至大宋的宰相，都有此事发生。前面提及的赵普曾经收受吴越王钱俶遣人送来的瓜子金，没想到让太祖碰个正着。太祖当时没恼，还让赵普收下，但后来的赵普被罢免，未尝与此事没有关系。

颇用重典与忠厚开国

对于宋初官场贪污腐败之现状，太祖自然不会坐视不管，从上面所举例证来看，宋太祖对贪官污吏的处罚非常严厉，总结起来，有三个比较明显的特征。

第一，量刑甚重。

上面所举例子中除赵普外，都处以极刑，或被杖杀、或被弃市，更有甚者，使用了五马分尸的残酷刑罚。据当代学者研究统计，宋太祖在位十七年间，史书记载的贪赃案件共五十一件，涉及官员七十四人，其中被处死者有三十三人。宋太祖曾经说过一句话：现在我抚养士卒，从来都不吝惜赏赐，如果犯法，等待他的只有刀剑。在对待贪赃官吏之时，这句话也很贴切。那些贪赃枉法的官吏，即使没被处死，往往也从严处罚。以流刑为例，在正常的流放之外，往往附加黥面等刑。如开宝七年（974），左拾遗刘祺因为收受贿赂，不但被流放沙门岛，还增加了刺面的特殊"招待"。

朕今抚养士卒，固不吝惜爵赏，若犯吾法，惟有剑耳。——《续资治通鉴长编》卷十二第二，既往仍咎。

太祖对于贪官污吏的惩治，一般不存在"下不为例"的宽容。也就是说，只要官员在为官生涯中有过贪赃枉法的经历，不管在什么时候被举报、被发现，都要秋后算账、一一追查，不会搞既往不咎。

如监察御史间丘舜卿，在通判兴元府时盗用官钱九十万，当时侥幸蒙混过关，还坐到了监察御史的位子，但在开宝四年(971)，东窗事发，间丘舜卿并没有因为已经异地为官而逃脱处罚，结果是弃市。

> 监察御史间丘舜卿弃市，坐通判兴元府盗用官钱九十万故也。——《续资治通鉴长编》卷十二

第三，大赦不免。

太祖在位期间，为了表示皇帝的圣德，经常要实行大赦，但大赦之时贪官污吏往往被排除在外。如开宝元年改元以后，大赦天下，其中明确规定，官吏贪赃者不在赦免之列。

宋初太祖对贪官污吏的惩治，整体而言，非常严厉。关于这一点，后人都看得非常清楚。如南宋的第一任皇帝宋高宗赵构在回首宋初的历史时说：祖宗开国之时，废除了五代的严刑酷法，一切以仁慈为本，并没有真正处决一个士大夫，但对于贪官污吏，则严惩不贷。清代的史学家赵翼也总结道：大宋是凭借忠厚建国，因此一切罪罚都从轻从减，但对贪官污吏的惩治，却是异常严厉的。或许因为宋

> 在祖宗朝，革去五代苛法，专以仁恕为本，未尝真决一士大夫，惟犯赃者不贷。——《建炎以来系年要录》卷一七二（中华书局2013年版）

太祖亲自经历了五代的混乱，目睹了贪官污吏的无法无天、人民大众的苦难，所以登基以后，用"重法"治理，以此拨乱反正，从源头上杜绝污浊、混乱的局面。

宋太祖对贪官污吏的严惩以及后人对此的总结，强化了这样一种认识：太祖时期颇用重典，这是否与忠厚开国的精神自相矛盾呢？

对于这个问题，应该从两方面来看。

一方面，从太祖朝短短的十七年历史时段来看，太祖对于贪官污吏的惩处与对其他犯罪行为的惩处比较，确实极为严厉，与后人总结的"颇用重典""用重法治之"是吻合的。

另一方面，必须从比较长的历史时段来看，可以做一个简单的比较，以唐代的律法《唐律疏议》与大宋建隆四年 (963) 制定的律法《宋刑统》比较，《宋刑统》对贪赃不法处罚偏轻。如对监管、主管某项工作的官员贪赃处罚，唐律规定十五匹以上处以绞刑，《宋刑统》中特别提出加至二十匹。这种细节的变化，在《宋刑统》中处处有所体现，这体现了太祖立法的意志。以《宋刑统》与后代的明代、清代等法典比较，对于贪赃的惩处也相对较轻。所以，从较长的历史时段而言，宋初太祖以忠厚开国、宽仁为治也是符合历史事实的。

宋以忠厚开国，凡罪罚悉从轻减，独于治赃吏最严。盖宋祖亲见五代时贪吏恣横，民不聊生。故御极以后，用重法治之，所以塞浊乱之源也。——《廿二史札记》校证》卷二十四（中华书局1984年版）

惩治贪官污吏，是等官员犯罪以后对其行为进行惩罚，是被动与消极的。对开国之君宋太祖而言，在严惩贪官污吏、警示官僚的同时，更需要采取一些正面的、积极的措施，只有如此，才有可能较大程度地防止贪污腐败行为。对此，太祖有没有作为呢？他采取了哪些措施呢？

惩贪、倡廉，一个都不能少

贪污腐败对应的是清正廉洁，这其实是宋代吏治不可分割的两个方面，二者是相辅相成的。惩贪是事后的惩罚，倡廉是事前的提倡；惩贪有被动的意味，倡廉有主动的成分；倡廉能有效预防贪污的发生，惩贪也能有效警示官员，促使他们廉洁自律。因此，太祖在严厉惩处贪官污吏的同时，也有一些倡廉的举措出台。

太祖倡廉的措施，可以概括为四个字：奖、养、防、选，下面一一分类说明。

先看"奖"。

从倡廉方面看，宋太祖有意对两类人进行奖励。奖励的方式不外提拔重用、物质赏赐、授予荣誉三种，三者往往并用。

第一类人，廉洁奉公的官吏。

大宋开国功臣之一的沈义伦就是一位廉洁奉公的典型。

当赵普等京城权贵违反朝廷禁令，在秦陇一带购买木材，营建私人住宅时，沈义伦依然住在低矮、简陋的小房子里。太祖听闻此事，派遣宫中宦官携带图纸前往督工，为沈义伦建造宅第。沈义伦却私下对宦官讲,希望建造的规格不要太高。

乾德年间,大宋远征后蜀。宋军将帅士卒恃功贪暴,中饱私囊。当时沈义伦任随军转运使,宋军进入成都之后,沈义伦独居于佛寺之中,粗茶淡饭。后蜀有官员以奇珍异宝进献,沈义伦一概拒绝。东归之时,随身携带物品只有几卷图书而已。太祖得知此事,提拔沈义伦为户部侍郎、枢密副使,并且让他的儿子做了供奉官。

通过晋升职位、营建宅第、录用后代等奖励,树立清正廉明的典型,不失为一项有效的倡廉措施。

第二类人,敢于和贪赃行为作斗争的人员。

例如,前面提及的大宋供备库使李守信利用为朝廷采购秦陇木材的机会盗用官钱一案,事情牵涉李守信的女婿通判秦州马适。太祖最初想赦免马适,但负责审查此案的苏晓坚决请求将马适绳之以法,结果将所盗官钱全部收回。对于这种雷厉风行的惩贪之举,太祖的表现是"大悦",提升苏晓为左谏议大夫、判大理寺事,并负责京都商税事务。

除此之外,对于检举、揭发贪官污吏的人员,太祖也无一例外地进行物质奖励、职务提拔,这些正面的措施对于宋初吏治的澄清无疑起到了积极的作用。

再看"养"。

所谓养,就是提高官员的俸禄。事实证明,高薪未

知其未葺居第,因遣中使按图督工为治之。伦私告使者,愿得制度狭小。——《宋史·沈伦传》

上将赦之,晓固请置适于法。——《续资治通鉴长编》卷十四

必能养廉，但低薪肯定难以养廉，俸禄适当是官员勤政廉洁的必要条件。

太祖曾经在开宝三年(970)的一份诏书中说：官吏多了还想把事情做好，这是自古至今没有的事情；俸禄微薄还要求廉洁勤政，这是毫无意义的，也不会有好结果。在这份诏书中，太祖强调了俸禄与廉洁的关系，认识到提高俸禄对养廉的重要作用。尽管目前史学界对宋代官员的俸禄研究存在很多争议，但一个基本的事实可以肯定：宋初官员的俸禄与盛唐时期大致相当，而与晚唐时期相比，宋初官员俸禄有逐步提高的趋势。太祖意识到俸禄与官员廉洁之间的密切关系，所以在其统治时期，多次下诏，稳定、增加官员的俸禄。在乾德四年(966)、开宝四年的两份诏书中，对州县官吏以及幕府官吏俸禄的来源做了明确的保障，即由地方固定的俸户承担。在开宝四年的那份诏书中，太祖又一次强调了俸禄与廉洁的关系，并说：既然要求官员清正廉洁，朝廷就必须特别优待才行。

> 吏员繁而求事之治，未之有也；俸禄薄而责人以廉，其无谓也。——《宋大诏令集》卷一六〇

仓廪实而知礼节，衣食足而知荣辱。如果缺乏基本的物质生活保障，就不可能产生恪尽职守的官员，不管采取什么惩罚措施，要想从根本上、长时间地杜绝贪污腐败是不可能的。当然，俸禄高了也有贪官，俸禄低了也有廉洁之士，不能一概而论。但一般而言，俸禄高低与贪官多少成反比关系。所以，宋初开始，太祖在惩治

> 既责其清节，宜示以优恩。——《宋大诏令集》卷一七八

贪官污吏的同时，努力提高官员的俸禄，对于官员的赏赐亦从不吝啬，这在一定程度上有利于官员的廉洁。

三看"防"。

所谓防是指监督、监察机制以及防御措施。反腐倡廉如果仅限于个别的物质赏赐还不足以形成全面有效的制约，关键在于制度的建设，保证"防贪于未然"，制度是一切的根本。为了兴廉黜贪，宋初基本建立了从中央到地方的监察体系。

太祖朝监察制度建设中最为突出的一点是在地方设置通判。

通判最早设立于乾德元年（963）。当时，湖南周氏割据政权被推翻，为了稳定当地政权，宋太祖留用了大批原周氏政权的官员，同时派遣朝廷官员通判湖南诸州，名义上是辅佐地方行政，实际上是行使监督控制之权。随后朝廷又先后向各州派遣通判，乾德四年，诸州都设立了通判，州设通判始成为定制。

通判的地位虽在知州之下，但是有直接向皇帝检举知州不法行为的特权，因此是名副其实的监察官。通判的设置，对知州专权坐大、贪赃枉法在一定程度上有制衡、限制与约束作用。

四看"选"。

选是指官员的选拔与任用，这也是"防贪于未然"的一个保证。

太祖朝虽然开始改革科举考试制度，但科举还不是官员的主要来源。太祖朝选拔官吏的方式主要有两种：荐举与科举。在这两种为国家选拔人才的方式上，太祖都有严格要求，努力做到真正为国家选拔人才。

荐举方面。

治世用文，但在开国之初，文官不多，甚至不能满足政府正常的运转需求，比如到开宝四年（971）的时候，地方官员还缺八百余人。《续资治通鉴长编》卷十二所以，太祖多次下诏，要求相关部门荐举人才。但是，在命令荐举人才时，有一项明确的规定：举人不当者连坐。就是说，被举荐的人如果日后贪赃枉法，举荐者也要负责，也要做出相应的处理。

> 异时贪浊畏懦、职务旷废者，举主坐之。——《续资治通鉴长编》卷三

一方面，太祖命令相关人员必须为国家荐举人才；另一方面，又明确规定荐举不当要承担责任，如此一来，在很大程度上保证了官员的素质。而且，史书上也有记载，某官员因为荐举不实而被追究降职。举官不当者连坐的规定，避免了任人唯亲、任人唯私的可能，在客观上产生了有利的效果，为宋初的吏治清廉打下了基础。

> 太仆少卿王承哲坐举官失实，责授殿中丞。——《续资治通鉴长编》卷二

科举方面。

宋朝是科举考试大肆扩招的时代，但太祖一朝尚不明显。太祖朝共开科取士十五次，录取进士一百八十八人。即使如此，太祖对科举考试要求非常严格，太祖朝实行科举考试的一些措施，后来都成为定制。

一是禁公荐。

公荐是怎么回事呢？按照宋初的科举之法，主考

官在赴贡院主试之前，朝中公卿大臣可以向主考官推荐人才，这叫公荐。如果推荐者出于公心，倒也无可厚非，但同时也为营私舞弊者提供了一条捷径，而且推荐者不可能没有私心，主考官不可能不受举荐者的影响。针对此种弊端，太祖于乾德元年(963)发布禁令，禁止公荐，违反者从严治罪，以此排除公卿大臣对科举考试的干预。

二是世禄之家子弟复试。

太祖为了防止品官子弟利用不正当手段获得科举功名，规定这些人在参加科举考试初试合格后还要复试一次。此种制度源于开宝元年(968)的科举考试，当年科举考试进士合格者十人，其中第六名是陶谷的儿子。太祖对身边的人讲，早就听说陶谷不会教育孩子，他的儿子怎么能考上呢？于是命令中书对其进行复试，虽然复试的结果证明陶谷的儿子并非水货，但太祖趁此机会颁布了一份诏书，在诏书中明确规定：今后世禄之家弟子参加考试合格以后，必须再进行一次复试。

> 自今举人凡关食禄之家，委礼部具析以闻，当令复试。——《续资治通鉴长编》卷九

三是殿试。

开宝六年，太祖在讲武殿复试当年考试合格的举人，再次用诗赋等题目测试，查验有没有滥竽充数之

徒，结果从南唐投奔而来的两人不合格，但是考虑到他们是从南唐投奔而来的，最后赐他俩"三传"出身。不过太祖趁此机会颁布了一份诏书，诏书中说：以前的科举考试，往往被权势之家把持，堵塞了贫寒之士的晋身路径，这样的考试毫无意义。从今以后，朕要亲自复试，保证结果公平公正。从此，殿试成为科举考试中的固定制度。

宋初通过科举考试中的种种规则，选拔出来的官员虽不一定全部能够清正廉洁，但无疑具备比较高的素质，这种选拔方式也有利于宋初吏治的澄清。

太祖一朝通过奖、养、防、选的办法，从正面主动防止官员的贪赃枉法，塑造官员的清廉之风，再加以比较严厉的惩处措施，奖惩并用，双管齐下，因此，宋初的吏治比较清明，为大宋王朝的长治久安开了一个好头。

作为大宋王朝开国的一把手，宋太祖并非只要求各级官吏清正廉洁，而是从自身做起，以身作则，给宋代的各级官员树立了一个非常好的榜样。太祖平素生活非常简朴，崇尚节俭，可说是这方面的表率。那么，在这方面，宋太祖是怎么做的呢？

> 以其间道来归，并赐三传出身。——《续资治通鉴长编》卷十六

> 向者登科名级，多为势家所取，致塞孤寒之路，甚无谓也。今朕躬亲临试，以可否进退，尽革畴昔之弊矣。——《续资治通鉴长编》卷十六

为国守财

三十七

从五代十国的社会动乱中走来，赵匡胤目睹了帝王的奢靡、吏治的黑暗、武人的跋扈、民众的苦难。做了皇帝的赵匡胤，头脑异常清醒，他要拨乱反正，要避免重蹈历史的覆辙，要反贪倡廉，建立一个全新的大宋王朝。所以，尽管在"普天之下，莫非王土，率土之滨，莫非王臣"的时代，宋太祖并没有留恋过去帝王们的那些精彩，而是对前方模糊的美景时刻保持戒心。于是，宋太祖不仅要求大宋的官员廉洁从政，而且从身边做起，从家人做起，从自己做起，率先垂范，对自己的衣食住行都有严格的要求，为大宋文武百官树立了典范。宋太祖是在为国守财，为天下守财，这在文献中有明确的记载。那么，宋太祖是怎么做的呢？

寒酸的皇帝

史书中将宋太祖的日常生活概括为四个字,"躬履俭约"《续资治通鉴长编》卷七,就是以身作则,勤俭节约的意思。那么,宋太祖对于"俭约"是如何"躬履"的呢?下面我们从衣食住行四个方面,来看一下大宋开国皇帝的简朴生活。

先看衣。

宋太祖日常穿着崇尚质朴,从不追求精美华丽。史书上说,他总是穿着旧衣,很少更换新装,一件衣服总是洗了又洗。这种简朴的穿着习惯来自太祖早年的作风,他并没有因为自己做了皇帝而变得奢靡。不但如此,他还以亲身经历,努力倡导这种简朴的风气。太祖曾经将从前穿过的旧粗布衣服、旧麻鞋赏赐给身边的人,并对他们说:这是我以前穿过的。

> 常衣浣濯之衣。——《续资治通鉴长编》卷七

> 此我旧所服用也。——《续资治通鉴长编》卷七

太祖穿着很朴素,就连表示他皇帝身份的冠冕也降低档次,没有过分奢侈。乾德元年(963),太祖下诏要求从今以后他乘坐的轿子、所戴的冠冕统统去掉珍珠、美玉之类的点缀与装饰。

太祖将自己的破衣烂鞋作为赏赐品,将自己的冠冕去掉华美的珍珠、美玉等装饰,这些做法显然是想提倡一种俭约的生活。因为太祖的身体力行,所以具备了很强的说服力。

> 诏乘舆所服冠冕去珠玉之饰。——《续资治通鉴长编》卷七

> "陛下服用太草草。"上正色曰:"尔不记居甲马营中时耶?"——《续资治通鉴长编》卷七

作为一国之君,在穿着方面如此质朴,这在历史上是很少见的。连他的弟弟、开封尹赵光义也觉得这样有点寒酸。有一次在宫中陪太祖吃饭的时候,赵光义一本正经地说:陛下的衣着、日常用品都太马虎了,这显得很没档次。太祖也一本正经地回复赵光义说:难道你不记得我们在夹马营时的生活了吗?夹马营在洛阳,是太祖出生之地,他在那里度过了自己的童年时光。从这段对话中也可以看出,太祖小时候的生活应该是相当简朴的。

从前生活拮据、简朴,并不代表发迹以后生活就不奢靡,相反,经历过简朴生活的人,往往在发迹后会大肆铺张,何况是一个国家的最高统治者呢?但是,成为大宋开国皇帝的赵匡胤却是例外,他不仅不忘旧、不忘本,仍然保持这种作风,而且对于家人也从严要求。

太祖的女儿永庆公主嫁给魏仁浦的儿子魏咸信后,有一次进宫看望家人,穿了一件新衣服,短袄上粘贴着绣花、点缀着翠羽。太祖见到了,对她说:把这件衣服留在我这里吧,以后不要再穿戴这样的服饰了。公主很不以为然,笑着说:这件衣服能用多少翠羽?也用不着如此小题大做吧。太祖说:不能这样说,你一穿这样的衣服,宫中、外戚必定争相跟风。如此一来,就会提升京城翠羽的价格,商人就会乘机倒卖逐利,被杀的翠鸟数量也会增多,这些全是你引起的。你生在富贵之

家，应当珍惜这种福气，怎么能引领这种坏风气的潮流呢？太祖一席话，让永庆公主羞愧不已，赶紧道歉，从此不再穿奢华的服饰。这件事情在宋代的笔记（《杨文公谈苑》）中也有记载，其中还记载了这则史料的来源，是来自永庆公主的丈夫魏咸信之口，应当是可信的。

再看食。

宋太祖是武人出身，喜欢大碗喝酒、大块吃肉的豪放生活。但当上皇帝以后，虽然完全具备了锦衣玉食的物质条件，在饮食这方面反而有所节制。赵匡胤一生中的几件大事——建国、罢黜节度使兵权、确立统一策略，都是在酒香四溢的和谐气氛中完成的。这些情况之下，酒实际仅仅是一种政治手段，目的在于营造某种气氛。对于饮酒，赵匡胤曾做过深刻的反思，他对身边的侍臣说：整天沉湎于酒中，怎么做人呢？朕曾经在宴会上喝多了，一夜都睡不着，悔得肠子都青了。可见，当上皇帝以后的赵匡胤，对于他一向喜欢的杯中之物，也有所节制。

对于太祖的日常食谱，现存史书中未见具体记录。不过，从一些笔记中可以约略查知太祖饮食方面的节约与克制。

笔记中记载了这样一件事情：一天夜半，太祖忽然馋嘴了，很想吃羊肝，刚要开口，又闭嘴不说了。身边的随从看得清楚，急忙问：陛下，有什么吩咐，怎么不

> 岂可造此恶业之端。——《续资治通鉴长编》卷十三

> 沉湎于酒，何以为人？朕或因宴会至醉，经宿未尝不悔也。——《续资治通鉴长编》卷二

说了？太祖道：本来想说，又一想，一旦说出来，那么宫内每天必定会杀一只羊。作为一国之君，太祖拥有至高无上的权力，吃点羊肝应该不是过分的要求，也是很容易办到的。然而，如果宫中御厨为取羊肝每天宰杀一只羊，那样实在太浪费，所以硬是忍住了没说。这件逸事记载于清人的笔记中，而在宋人的笔记中，类似的事件则记载为宋仁宗所为。一般而言，对于宋朝史事的记载，清人之记录自不如宋人可信。那么，如果认为这件事出于辗转抄录，说服力不强的话，宋代的史书中也有相关之记录。

《续资治通鉴长编》中说，有一次，御膳房送来食物，盛食物的器皿旁竟然有只活物——虮子。这当然是很令人恶心的事，但太祖却对身边的人说：不要让膳食房的人知道这件事。史书上记载这件事，是想说明太祖这个人内心宽厚仁慈，非常宽容。不过从这件事中，我们可以推测，太祖平日对饮食并不特别讲究，所以膳食房工作人员才会如此马虎，正餐之外，尚有"加餐"。

三看住。

宋太祖的生活起居都简单得很，没有那些堂皇的派头和架势。宫中装饰的整体风格以朴素为主。比如，宫中的帘幕、寝殿的帘子用的是苇箔，是用芦苇做成的，再加点青布缠绕一下，也没用花花绿绿的绫

宋艺祖夜半思食羊肝，左右曰："何不言？"帝曰："若言之，则大官必日杀一羊矣。"——梁绍壬《两般秋雨庵随笔》卷五（上海古籍出版社2012年版）

上性宽仁多恕，尚食供膳，有虮缘食器旁，谓左右曰："勿令掌膳者知。"——《续资治通鉴长编》卷十六

罗绸缎啥的，其他需要挂帘子的地方都不用华丽的装饰，统一使用没有文彩的帘子。要知道，这不是普通百姓之家，而是一国之君的宫殿。

史书中记载了这样一件事情，太祖居住的寝殿的梁坏了，需要更换。有关部门上奏，需要一根库存的合抱之木更换，用这样的大木需要截取、砍斫，太祖认为太浪费了，而且对宫中木匠平时往往截长取短、砍大为小的浪费作风甚为不满。于是，太祖在奏折上批示了这样一句话："截你爷头，截你娘头，别寻进来。"《齐东野语》卷一引《建隆遗事》太祖的这个批示，很粗鲁，直接开骂了，就像开木材铺的老板骂小伙计，但这很符合太祖的性格与作风。有关部门看到这样的批示，"于是止"，不敢再做如此浪费的事情了。

事实上，要想了解一个帝王是否奢靡，看其内宫的人数便知道了。赵匡胤的内宫，可以说是历朝历代最简朴的。史书中记载，太祖朝后宫的宦官"不过五十人"《东都事略笺证》卷一二〇，宫女的人数也很少。开宝五年（972）的时候，太祖曾下令对后宫宫女数量做一次普查，宫女总数有三百八十余人。即使这样，太祖觉得还是太多，接着下令，这三百八十多人中，愿意出宫回家的，重重赏赐财物遣散，又因此遣散一百五十多人，也就是说，太祖的后宫大约有二百三十名宫女。后宫宫女有二百多人，这个数字到底算不算多呢，不妨与

> 朕又思之，恐掖庭幽闭者众。昨令遍籍后宫，凡三百八十余人，因告谕愿归其家者，具以情告，得百五十余人，悉厚赐遣之矣。——《续资治通鉴长编》卷十三

隋唐时期做一下比较。

据史书记载,隋炀帝时,宫女人数竟有十万之众。唐朝初建时,国力贫乏,为了安抚人心、节省开支,唐高祖曾下诏放出部分宫女,任由其嫁人,一次性遣散宫女三千多人。到了唐太宗朝,后宫的宫女,仍有数万之众。唐玄宗时,宫女的数量曾达四万之众。唐朝诗人白居易《长恨歌》中说"后宫佳丽三千人",如果不是缩小的话,则是指其中的佼佼者了。唐代其他时期的宫女数量最少也在万人以上。通过这个简单的数量对比,可以约略知道宋太祖后宫的简朴、日常生活的简单了。

四看行。

太祖出行的交通工具也就两种:马匹、轿子。太祖坐的轿子可不是"名车",是从后周传下来的轿子,不但没有华丽的装饰,是素色的,很普通,很不起眼,而且还有点破烂,与他这个皇帝的身份很不配,赵匡胤的家人都觉得乘坐这样的轿子太寒酸了。所以,有一次,前面已经提到的比较爱显摆的永庆公主和皇后不约而同地对太祖说:你也做了这么久的天子了,难道就不能用黄金来装饰一下轿子,这样乘坐出入也体面些。太祖笑道:我凭借天下的财富,就是把宫殿全部用金银装饰起来,也完全能够做到。但是,一想到我是为天下百姓守财的,就不敢乱用。古人说得好,皇帝是来治理天下

官家作天子日久,岂不能用黄金装肩舆,乘以出入?——《续资治通鉴长编》卷十三

的，不是让天下百姓来侍奉皇帝一个人的。如果皇帝把自己一味地享乐作为根本，那天下百姓还有啥指望呢！以后，你们不要再说这样的话了。

追求享乐是人的本性之一，宋太祖已经充分具备了享乐的各种条件，但他仍然继续保持艰苦朴素的作风，这显然是有意约束自己的行为。用他自己的话说，宫殿就是用黄金打造也办得到，可这些财富都是国家的，要为天下守财，绝对不可乱用！

作为一个国家的最高统治者，宋太祖有资格也有能力奢华一点，但事实正好相反，他不但对自己从严要求，一切以节俭为本，而且对家人要求也很苛刻。赵匡胤为什么要这么做呢？

> 我以四海之富，宫殿悉以金银为饰，力亦可办，但念我为天下守财耳，岂可妄用。古称以一人治天下，不以天下奉一人，苟以自奉养为意，使天下之人何仰哉，当勿复言。——《续资治通鉴长编》卷十三

成由勤俭败由奢

第一，太祖深知奢侈腐化必然亡国的道理，所以他要引以为戒。

奢侈腐化必然亡国的道理，是太祖从历史与现实两方面得出的结论。

历史方面。

宋太祖是从五代的乱世中过来的，他对刚刚过去的五代应该不会陌生，他耳闻、目睹的五代是不堪回首的。五代时期各国的君主们，创业之时基本

都能保持艰苦奋斗的精神，而一旦创业成功，有的是自己，有的是下一代，开始骄奢淫逸，滥杀无辜，最终落得个身死国灭的下场。如后梁的朱温，成就霸业以后，纵意声色享乐，荒淫无度不说，而且追求比较原始的禽兽生活，儿子在外作战，儿媳在家侍寝，结果是身丧国乱，导致亡国。再如后唐的李存勖称帝之后，不思进取，开始享乐，重用宦官、伶人，从英勇善战变得昏庸荒淫。他自己喜欢音乐歌舞戏剧，因而宠信一班伶人，致使伶人、宦官干预政事。他还有一个贪得无厌的皇后，专以聚敛财物为己任，并与宦官合谋屠杀功臣良将，以致朝中人人自危，诸镇怨愤，终于激起兵变。他亲手创建的基业就在自己手中倾颓瓦解，自己也死于乱军之中。李存勖在欧阳修笔下也成了"逸豫可以亡身"《新五代史·伶官传序》的典型。又如，后晋皇帝石敬瑭，在当上皇帝之前，以廉政闻名，不管是日常生活还是处理地方政务，都很节俭，但做了皇帝后就奢侈起来，穷奢极欲，大肆聚敛奇珍异宝，他的宫殿都用黄金、美玉、珠宝等装饰得富丽堂皇，又因为外接契丹，饮鸩止渴，最终导致亡国。

从五代时期各国兴亡的历史中，赵匡胤深知创业难、守业更难的道理，所以有意识地避免重蹈历史的覆辙，抵御形形色色的诱惑，以勤俭为本，继续保持艰苦朴素的作风。

现实方面。

大宋建国之后，南北还林立着不少割据政权，太祖采取先南后北的策略，将其一一荡平。这些林立的政权为什么会亡国，为什么会并入大宋的领土，太祖也总结了，其中重要的一条就是这些政权的统治者太奢靡了。

比如后蜀的孟昶。孟昶即位初年，曾经励精图治，衣着朴素，兴修水利，注重农桑，实行"与民休息"政策，但是在位后期，开始沉湎于酒色，逐渐不理国政，生活荒淫。结果，太祖发动大军，仅用了六十六天，就将富庶的后蜀并入了大宋的版图。

于是，后蜀的财物源源不断地运至开封，在这些战利品中，有一件东西引起了太祖的注意。什么东西呢？溺器。用来盛污秽之物的东西何以引起太祖注意呢？因为这件东西不同寻常，上面用七种不同的宝石珠玉装饰，名为七宝溺器。太祖见到这个玩意儿，立刻命令将其砸碎，并且问孟昶：你用七宝来装饰这个玩意儿，那么你用什么东西盛食物呢？太祖还说道：自己奢靡到这个程度，想不让你亡国，都不可能啊！

> 汝以七宝饰此，当以何器贮食？所为如是，不亡何待？——《宋史·太祖本纪三》

再如南汉的刘𬬮也是一个因奢靡亡国的代表。刘𬬮居住的宫殿全部用玳瑁和从深海采集的珍珠、翡翠装饰，他的挥霍、荒淫、奢靡前面已经具体讲过。刘𬬮投降以后，还曾用珠子将马鞍结成戏龙的形状进献给宋太祖。宋太祖因此感叹说：刘𬬮如果能将这些玩乐的技艺用在治国上，怎么会至于灭亡！

> 𬬮好工巧，遂习以成性，倘能移于治国，岂至灭亡哉！——《续资治通鉴长编》卷十二

不管是从刚刚逝去的五代的兴亡史中，还是太祖致力于统一的大业中，太祖都深切地认识到了"成

由勤俭败由奢"的道理，所以，当上皇帝以后的他，不但要反腐倡廉，而且要以身作则，衣食住行都极为简朴。

第二，赵匡胤深知上行下效的道理，所以他要率先垂范。

清初的王夫之在评论宋太祖的一系列国策时，将其根本的指导思想总结为三个字："求诸己。"所谓"求诸己"，就是从自身做起，严格要求自己，克制自己，而不是宽于待己，严于待人。王夫之认为，君主"求诸己"，就会对吏民起到一种潜移默化的作用，从而保证社会风气的好转。

榜样的力量是很强大的，但并不是每一个具有优秀品质的人都能成为人们效仿的榜样，只有那些在社会上有一定影响力的人才有这种可能。一国之君是万民之主，皇亲国戚、文武百官，更是群众关注之焦点。古诗云："城中好高髻，四方高一尺。城中好广眉，四方且半额。城中好大袖，四方全匹帛。"郭茂倩编《乐府诗集·杂歌谣辞》(中华书局1979年版)宋太祖读没读过这首诗我们不清楚，但上行下效的道理，太祖是清楚的，所以，他"求诸己"，对自己的衣食住行都特别俭约，他劝永庆公主勿穿着华美衣饰的时候，也是从正确引导时尚潮流的角度而言的。

赵匡胤以节俭为本的做法，对当时的吏治产生了

使之求诸己而无待于物也，即以公诸天下而允协于众也。——《宋论》卷十四

极大影响。比如宋初宰相范质,就是一位俭约的典范。他临终之时,家中连招待来往客人的基本器皿都不齐全。太祖去看望他的时候说:你是一国之相,何必如此清苦?范质说:我做宰相的时候,交往的都是些贫贱时的亲戚,也用不着这些器皿,因此也就没有配置,不是我买不起。范质虽如此解释,事实上,他从不接受各地馈赠之礼,甚至自己的俸禄和所得赏赐也大部分送给了老弱孤寡,日常饮食也非常普通,从没什么山珍海味之类的玩意儿。自五代以来形成的宰相不断从地方索取贿赂好处的恶习,到范质为相时彻底根除。范质临终之时,除了住的宅第以外,没有任何田产。太祖深有感叹,称赞其"真宰相也"《续资治通鉴长编》卷五。

> 迎奉器皿不具。——《续资治通鉴长编》卷五

> 五代以来,宰相多取给于方镇,质始绝之。——《续资治通鉴长编》卷五

皇帝、宰相等都以俭约自勉,整个社会形成了良好的崇尚节俭的风气。北宋初期士大夫竞相以节约自勉,地方官员上任时,奢侈浪费、讲究排场的迎来送往都取消了;小官上任时,很多人只穿草鞋、拄木杖,步行前往,骑驴已经算是奢侈的了。

第三,太祖深知宋初国力疲敝的现状,所以他要积累财富。

五代十国的国君几乎个个挥霍成性,官吏也跟着奢华,又加之战争不断,民间经济非常贫弱,当时的经济状况是非常糟糕的。太祖建立了大宋王朝,却并不想

成为五代后的第六个短命王朝,他有远大的政治理想,他要实现中国的再次统一。而当时周边林立的政权比如后蜀、南唐等,经济实力都很强。所以,太祖厉行节俭,也有他不得已的苦衷,他要积累一定的财富,实现统一的政治抱负。

事实上,太祖做到了。宋代史家在总结宋初这段历史时说:百姓都安居乐业,非常质朴,不去追逐那些珍奇异玩,不去追求那种奢靡无度的生活,结果是民生安定,国有余财。

赵匡胤倡导的勤俭节约,不仅使大宋在比较短的时间内积累了足够的财富,使统一的计划顺利实施,而且,这种思想在国家统一大业中产生了直接的影响。

节俭成性的作风,直接影响到了北宋初年的作战风格。赵匡胤打仗,可以概括为四个字:多快好省。收服荆南、湖南、后蜀、南汉,都要求速战速决,尤其是对后蜀的用兵,六十六天就顺利完成;对后唐的用兵持续时间最长,有两年多,但根本上还是为了保全江南一方的富庶和繁华。

宋太祖厉行简约,严格要求自己,要求家人,为国守财。但是,太祖绝对不是为积累财富而积累,绝对不是一个十足的守财奴。因为,需要花钱的地方很多,而且太祖在用钱方面也一向出手大方。那么,太祖将国家积累的钱财用到哪里了呢?

百姓亦各安其生,不为巧伪放佟,故上下给足,府库羡溢。——《续资治通鉴长编》卷一〇六

不是我不想显摆,是太多的地方需要钱财

第一,买民心。

太祖谨遵"治世莫若爱民,养身莫若寡欲"《续资治通鉴长编》卷十一的告诫,并将之书写在屏风上,时刻提醒、告诫自己,要以爱民为先。太祖一朝,灾害很多。如果国家没有储备,一旦水旱等自然灾害发生,如何救民于水火之中?因此,当地方出现自然灾害之时,太祖往往下诏从京城调运粮食钱财,赈济灾区,安抚流亡。对此,太祖是毫不吝啬的。

第二,买稳定。

杯酒释兵权就是一个典型。太祖为了实现权力的集中,为了避免重蹈五代的覆辙,用钱财与掌管军队的功臣的权力进行交换,既避免了君臣之间的猜疑,也实现了权力的转移、政局的平稳,形成了一个皆大欢喜的局面。

第三,买忠心。

为了争取大臣的忠心,为了争取边将的忠诚,太祖的赏赐也相当慷慨。如宰相范质生病时,赵匡胤前去探望,赏赐黄金二百两,白金一千两,绢千匹,赐钱百万。《续资治通鉴长编》卷一

宋太祖时镇守西北、北方的将帅共十四人,太祖对这些人也相当慷慨。太祖不仅对这些人的家属赐以爵位、厚禄,而且这些人每次觐见,太祖都给予级别很高的招待,赏赐极多。因此,这些将帅对朝廷非常忠诚,整个太祖一朝,北方、西北都没有出现什么动乱,边境相对安定,这就为宋朝统一南方解除了后顾之忧。

第四，买统一。

宋初实现统一大业当然要花钱，而且，在对割据政权的降王上，太祖表现得不但宽容，而且异常慷慨，给予他们高官厚禄，使其安享生活。太祖对于亡国之君的优厚待遇，对统一的进程起到了一定的推动作用，这就是用钱买统一。

第五，买江山。

太祖曾在宫内设置封桩库，把每年财政决算后剩余的钱财储积其中。太祖处心积虑地积钱，有两个目的：一是用这些钱去赎买燕云诸州，因为用打的办法风险很大；二是如果辽国不肯做这单买卖，就用这笔钱招募军队，用武力收回。

总之，积聚财富去购买安定，换取和平，换取统一，这是宋太祖赵匡胤推行的一贯国策。尽管后来的史学家对此评价不一，甚至认为太祖的做法有损国家尊严，但是，宋朝在极短的十几年内建立了一套相当稳定的社会机制，不能不说赵匡胤颇有创意、大公无私的安国定邦策略是相当有成效的。

　　赵匡胤居安思危、崇尚节俭，奠定了大宋基业。北宋的前几个皇帝都很好地延续了赵匡胤简朴的生活作风，尤其是和他一起打天下的弟弟赵光义，即位后仍然崇尚节俭。只是北宋后期的那些皇帝无法保持赵匡胤崇尚节俭的生活作风，尤其是宋徽宗时期，奢侈达到了极致。如此奢靡荒淫，亡国是必然的事情。这当然与太祖无关了。

　　赵匡胤是个政治上比较清醒而且颇有作为的皇帝，他从自身做起，从家人做起，厉行节俭，力戒奢侈，同时严惩贪官污吏，这显然是为大宋王朝的长治久安着想。在力倡节俭、严惩贪污的同时，太祖却对一类人采取了与此截然不同的做法，不仅不追究这些人的经济问题，而且还纵容、姑息他们。这类人是干什么的呢？太祖为什么对他们如此宽容呢？

皇帝双面胶

《三八》

赵匡胤做了大宋王朝的开国皇帝之后,并没有忘记从前简朴的生活,在衣食住行诸方面都厉行节俭,率先垂范,为大宋王朝的各级官吏树立了一个良好的典范。与此同时,他对大宋官吏的贪污腐败、违法乱纪往往采取极为强硬的手段,动辄处以极刑,这对大宋的吏治澄清也起了良好的作用。但是,对于一类人,太祖似乎法外开恩,不仅允许这类人"先富起来",而且纵容他们,甚至姑息他们的不法行为,这就与太祖的澄清吏治形成了鲜明的对比。那么,这是些什么人呢?太祖为什么对他们如此纵容呢?

特权阶层的特权

这类享有特权，允许"先富起来"的人是边将，是长期驻守在边疆的大宋将领，尤其是驻守在北地边境、西北边境的大宋将领。

宋太祖时期，镇守北地、西北边境的将领总共十四人，从东到西，抵御辽国、北汉以及西羌的入侵，维护边境地区的稳定安宁。对于这些镇守边境的将帅，太祖给予了他们足够的特权。

第一，地方收入全部截留权。

太祖朝进行中央集权的一个重要方面就是将藩镇的财权收归中央掌控，但对于驻守边疆的将帅，太祖则采取了与此相反的做法：这些将帅所辖州县的一切财政收入，不受中央控制，允许全部截留，任由他们自己支配。

第二，自由贸易权。

太祖不仅将守边将领部属州县的地方财政收入全部任由地方支配，还让这些将帅拥有自由贸易的特权，而且朝廷免除他们贸易上的一切税收，如关税等。与此形成鲜明对比的是，太祖令刑部制定了严禁官员经商的法律，诏令各地官员不准经商贸易，违者严惩不贷。

第三，长期驻守权。

太祖即位不久，就开始改革大宋的军队体制，后来

> 管榷之利，悉以与之。——《东斋记事》卷一

更是运用"更戍法",驻军地点三年一换。但对北地、西北边境的将领,令其长期驻守,久任不移。如李汉超驻守关南十七年,郭进驻守西山二十年,等等。这显然与频繁更换各地驻守禁军以掣肘大将的更戍法有很大不同。

第四,便宜从事权。

太祖不仅允许边将通过自由贸易创收,而且赋予他们"便宜从事"的权力。便宜从事,就是根据具体情况,自己斟酌决断的权力,不用一一向朝廷汇报。这是一项很大的自主权。

在守边将帅的长期经营之下,边将驻地形成了相对比较独立的经济实体,因为朝廷赋予他们的权力足够大,所以,一些违法乱纪的事情难免不断出现。对于守边大将的违禁,太祖又该如何处置呢?

双面胶皇帝的双面

下面我们选取三员驻守边地的将帅,做一下考察。

第一位边将是李汉超。

李汉超在太祖朝驻守关南(瓦桥关、益津关、淤口关三关以南)地区,这三关是赵匡胤当年追随周世宗从契丹手里收复的疆域。太祖给了李汉超三千兵马,命令他驻守此地,主要防范契丹南下。区区三千兵马,又是防御强敌契丹,任务非常艰巨。所以太祖又令其担任齐州防御使,因为齐州赋税最多,全部归其支配。但是,李汉超是武人,权力又很大,所以难免干些违法乱纪的事。结果,关南有百姓跑到京城,告起了御状。

这位关南的老百姓跑到京城，状告李汉超两大罪名：一是借老百姓钱不还，二是强抢民女为妾。借钱不还，就是光明正大地抢，与太祖拨乱反正、争取民心的政策背道而驰；强抢民女，太祖对此深恶痛绝。举两个例子。

> 贷民钱不还及掠其女以为妾。——《归田录》卷二

第一个事例发生在乾德三年(965)十一月，当时朝廷新招募了一批禁军，太祖对负责这批禁军的将领王继勋说：这批禁军是新招来的，大部分没有结婚，如果有愿意嫁给他们的，不需要准备什么聘礼，只要准备酒肉就可以了。太祖的本意是照顾这批禁军，一切从简。没想到，王继勋误解了太祖的意思，纵容这批人展开了一次大规模的公开抢人妻女的运动，一时间开封大街小巷鸡飞狗跳，人心惶惶。太祖得知此事，"大怒"《宋史·兵志一》，毫不犹豫地斩杀抢人妻女的一百多名禁军，连知道此事而没有及时上奏的官员也被痛打屁股，挨了杖责。只不过，王继勋是皇后的弟弟，因为这层关系，太祖没有追究他。

> 令部下掠人子女，里巷为之纷扰。——《续资治通鉴长编》卷六

第二个事例，涉及太祖的弟弟赵光义。赵光义做开封尹期间，有个青州人带着十几岁的女儿到开封府诉讼财产之事。赵光义看中了这个女子，想买下来，但人家不同意。赵光义手下有个叫安习的人，不知用了什么方法，将这个女子"窃至南衙"《默记》卷下。"窃"就是用不合

法、不合理的手段取得。这件事情，不知怎么被太祖知道了，于是下令将安习逮捕归案。安习夫妇不得已，只好藏在赵光义家中，直到赵光义做了皇帝，才敢出来。

从这些事情中，可以看出，太祖对强抢民女的态度。赵光义手下的这个人到底还是花费了一些钱，而李汉超则是明抢。对此，太祖是如何处置李汉超的呢？

太祖将这名告状的百姓招至便殿，酒肉招待，以示慰劳。酒酣耳热之时，赵匡胤慢条斯理地开口了，一共问了三个问题。第一，赵匡胤问：自从李汉超到关南镇守以后，契丹入境抢掠一共有几次？百姓据实以报：一次也没有。第二个问题，赵匡胤循循善诱：过去契丹入境抢夺，当时的边将没有能力率军抵御，河北地区的民众，每年都遭到抢劫，家破人亡的数不胜数。如果是在那时候，你能保住你的家财、子女吗？现在李汉超所取，与契丹抢掠相比，孰多孰少？第三个问题，赵匡胤接着又问道：你家一共有几个女儿，嫁的都是些什么人？百姓又一五一十老老实实奉告。赵匡胤说：她们所嫁的都是山野村夫，而李汉超，则是我的贵臣，因为喜欢你的女儿，才娶了她，他必不会亏待你的女儿。和嫁给一个村夫比起来，哪样更加富贵呢？百姓无话可说，满怀委屈而来，太祖的三个问题，把他打发得高高兴兴地回去了。

感悦而去。——《归田录》卷一

但是，事情并没有完结。太祖派人前去对李汉超说：你需要钱，为什么不告诉我，而向平民百姓借呢？并赐给李汉超几百两白银，捎话说：你自己去把借百姓的钱如数归还，让老百姓从内心里感激你，改变对你的反感。不管怎么说，李汉超的行为是违法的，而太祖却并没有直接绳之以法，也没有直接责备，而是采取了一种迂回的方式，既让李汉超认识到问题的严重性，又给李汉超留了颜面。所以，李汉超对太祖的做法感恩戴德，发誓以死来报答皇恩。

对李汉超强取百姓钱财、强抢民女的事情，太祖派人责备几句，并由朝廷出钱了事。事实上，李汉超的违纪行为不仅这些，史书中还讲，在太祖允许边将自由贸易的情况下，李汉超仍然以个人名义进行贸易，事情传到太祖那里，太祖反而下诏免除李汉超的关税。

李汉超借钱不还、强抢民女的事件载于欧阳修的《归田录》中，类似的一件事在司马光的《涑水记闻》中则记在了沧州节度使张美的头上，《续资治通鉴长编》的作者李焘采用了司马光的说法，而《宋史》的编纂者则采用了欧阳修的说法。其实，不管是李汉超，抑或张美，都是镇守边疆的将领，太祖对这些人的违法乱纪似乎格外开恩，网开一面。而太祖对边将的宽容，也收到了他想要的效果。李汉超在关南驻守了十七年，后来又有百姓跑到京城，这次不是告状，而是请求朝廷给李汉超立碑颂德。对于这种装点门面的事情，太祖自然应允，还专门让从南唐

> 汉超感泣，誓死以报。——《归田录》卷一

归降的著名文人徐铉操刀撰写颂文，徐铉的这篇颂文今天尚能看到(见《四库全书》之《骑省集》)。这就是太祖不同常规御将的良好效果。

第二个代表是郭进。

郭进在太祖朝担任西山巡检使，重点防御北汉犯边。

史书记载，郭进这个人轻财好施，贪污营私的问题倒没有，但是他有个特点，就是嗜杀，动辄杀人，什么人都敢杀。士兵稍有违背命令之处，格杀勿论，对待家里的婢女、仆人也是如此。

> 士卒小违令，必置于死，居家御婢仆亦然。——《宋史·郭进传》

藩镇将领随意杀人，是五代时期流行的恶习。太祖登基的第三年，曾针对这种恶习郑重其事地下令，不能再如此姑息藩镇，以后死刑都要由刑部复核。史书中也有记载大宋的官吏因随意杀人而被处以极刑的事例。太祖对于郭进的嗜杀是知道的，因为每次调兵隶属郭进之时，太祖总是对这些士兵再三叮嘱：你们一定要谨慎遵法，否则，就是我不追究，郭进也会杀你们的。不过，我们从史书记载中根本看不到郭进杀人之前上报刑部复核的任何记载，因此太祖对郭进的嗜杀有明显的姑息嫌疑。

> 汝辈当谨奉法，我犹赦汝，郭进杀汝矣。——《续资治通鉴长编》卷四

前面说过，郭进杀人是不分人的。士卒杀，婢女杀，仆人杀，甚至太祖亲自选送的侍卫禁军也不能幸免。

有一次，太祖从京城禁军中精心遴选了三十人，送

至郭进手下，辅助郭进押阵。没想到，与北汉交战之时，首先退却的竟是这些人，郭进二话不说，当场就斩杀了十余人。杀完以后，这次上报了。当然是先斩后奏，也不符合朝廷的法律。

消息奏至京城之时，太祖正在阅兵，侍卫亲兵对此议论纷纷。史书上记载太祖的反应是"厉声"，就是说话声音都变了，怒不可遏地说：这些侍卫官是千百人中才选出一两个，犯点小错，郭进就立刻将他们斩首，要是这样，即使像种庄稼那样生产禁军，也供不上他杀的。看来，太祖的确很生气。

太祖真的很生气吗？令人意想不到的是，太祖私下派宦官跑到边境，对郭进说：这些人自恃是侍卫亲兵，桀骜不驯，不听命令，斩杀是应该的。不能不佩服太祖的御人之道，叹为观止。一方面，在公开场合表达对郭进随意杀戮的不满，主要是为了平息侍卫亲兵的议论；另一方面，非常坚定地站在郭进的立场上。此举不仅让郭进感激涕零，对郭进的部下也会产生极大的震撼，因此郭进驻守西山，"无不克捷"。

太祖对边将郭进的"纵容"不止如此。史书中还详细记载了两件事：一是超规格地为郭进在京城建造宅第；二是不同寻常地处置军校告发郭进一事。

第一件事，太祖下令在京师为郭进修建府第，其规格与亲王、公主的住所相同，厅堂全部使用圆筒形的覆

御马直，千百人中始得一二人，少违节度，郭进遽杀之。诚如此，垦种健儿亦不足供矣。——《续资治通鉴长编》卷四

恃其宿卫亲近，骄倨不禀令，戮之是也。——《续资治通鉴长编》卷四

瓦。有关部门对此持有异议，认为使用这种建筑材料于礼制不合，是僭越。对有关部门的这种异议，太祖又做出了相同的反应：怒。太祖怒道：郭进在边疆镇守十几年，使我少了北顾之忧，我对他难道要薄于我的儿女吗？不要胡说八道，抓紧去办。

> 郭进控扼西山逾十年，使我无北顾忧，我视进岂减儿女耶？亟往督役，无妄言。——《续资治通鉴长编》卷十一

第二件事，郭进手下的一个军校曾经跑到开封，向太祖告发郭进在边疆的种种不法之事。郭进在边境到底有没有做过违法乱纪的事情，史书上没有记载。以当时郭进的权力推测，违法乱纪的事情或许是存在的。对内地的官员，一旦有人举报，太祖往往要下令查个水落石出，结果不是贬官，就是流放，甚至弃市。但是，对郭进手下军校的密告，太祖根本就不调查，不但没有调查，而且直接给告密者加了一个"诬告"的罪名，并且说：可能是郭进治军严厉，这个人犯错了，害怕惩罚，所以才到京城诬告。并下令立即将此人绑了，交还郭进，让郭进自行处置。

郭进对军校的处置与以往也有所不同，没有杀头了事。恰逢北汉又一次犯边，郭进对这个军校说：你敢到京城告我，说明你很有胆量，很有勇气。现在我不治你的罪，你能够击退这次北汉的入侵，我就向朝廷给你请官；如果失败了，你直接投降北汉好了，不要回来了。这个军校不负所望，大败北汉而还。于是，郭进奏请给此人升官，太祖愉快地答应了。

> 汝敢论我，信有胆气，今舍汝罪，能掩杀并寇，即荐汝于朝；如败，可自投河东。——《宋史·郭进传》

第三个人再讲讲董遵诲。

董遵诲这个人，大家一定不会陌生，因为在前面的章节中，已经提及这个人。当初，赵匡胤离家漂泊寻找发展机遇之时，曾投奔董遵诲的父亲。可董遵诲年轻气盛，自恃武艺绝伦，才华出众，对赵匡胤看不顺眼。在交往过程中，动辄盛气凌人，肆意欺辱。赵匡胤只好另谋高就。

当上皇帝的赵匡胤自然不会忘记董遵诲，即位之初就召见了他。董遵诲惶恐不安地来到宫中，叩头请死。赵匡胤不仅赦免了他，而且对于他的部下告发他的十余条罪状，也一概不予追究，还用重金贿赂边地之民，将董遵诲流落在幽州的母亲接回来。

太祖不仅不念旧恶、对董遵诲的违法乱纪不予追究，而且使董遵诲母子团聚，这三件事彻底征服了董遵诲，把董遵诲感动得眼泪汪汪，派遣手下前来献马表示感谢。太祖又将自己所穿的一件盘龙衣脱下，赏赐给董遵诲。手下的人说：董遵诲是臣子，怎么敢要这样的衣服？太祖说：尽管收下，我委任他去驻守一方，还讲究这些？于是，太祖又命董遵诲为通远军使，屯兵环州（今甘肃环县），防御党项人的侵扰，成为驻守北地、西北边境的十四名将领之一。董遵诲驻守边地，太祖授予了诸种特权：经济特权、便宜行事特权，还允许他自辟幕僚，选养精兵，这在驻扎内地的军将

遵诲尝遣其外弟虞乡刘综来贡马，及还，上解所服真珠盘龙衣，使赍赐之。综曰：「遵诲人臣，岂敢当此赐！」上曰：「吾委遵诲方面，不以此为嫌也。」——《续资治通鉴长编》卷九

是绝对禁止的。

董遵诲在环州屯守十四年,党项、大宋边境安定,各守一方,秋毫无犯,这都是董遵诲的功劳。

不念旧恶,仍然重用,这不仅体现了太祖宽广的胸怀,而且体现了太祖作为一个国家领导人应有的知人善任的品质。知人善任有时很容易,但不念旧恶有时则很难做到,不妨和大宋的宰相赵普做一下比较。

据说赵普显贵之后,就露出了一副小人得志的嘴脸,把贫贱时得罪过他的人一一开列在一张名单上,要求赵匡胤一一收拾。赵匡胤自然不会答应。他说:假如总教人们从芸芸众生中发现天子、宰相,以便逢迎拍马,那么人们都像挖掘宝藏那样去寻觅,什么事情也不用干了。开国皇帝豁达的胸怀和超凡的气度由此可见,这当然也是太祖的御将之术。

事实上,宋太祖在处理边将的问题上,基本采取的都是两手战略,当面一套,背后一套,两者都兼顾,也由此收到了良好的效果,所以说,太祖是个典型的双面胶皇帝。

富之以财,责其大行

宋太祖重视法制建设,严惩贪污,澄清吏治,历来被后人称誉。但是,从前面所讲以及上面我们举的

> 若尘埃中可识天子、宰相,则人皆物色之矣。——《宋史·赵普传》

几个事例对比中，可以看到，太祖对此并不是一视同仁。对内地的一些官吏的违法乱纪、贪污腐败，执法力度很大，往往处以极刑。而对边将，不但妥善安置、厚待他们在京城的家属，给予不计其数的赏赐及荣耀，还给予边将种种经济特权，甚至对他们的违法乱纪问题持宽宥或纵容的态度。太祖为什么如此姑息偏袒边将呢？

第一，不责小节，收买边将之心，使其忠心耿耿地为国效力。

大宋建国之初，领土只有中原的一块区域，四周还林立着众多的政权，而宋太祖具有远大的政治抱负，具有统一天下的雄心。当先南后北的统一策略确定以后，为了保证统一进程的顺利进行，首先必须保证大宋北方边境的安全。这就一方面需要选择良将镇守，另一方面必须让这些驻守的边将对大宋忠心耿耿。如何让镇边将领对大宋王朝忠心？在感情上加以笼络，每当他们来京时，都亲自接见，嘘寒问暖，设宴款待，厚加赏赐；在使用上则开怀信任，放手使用，不束缚他们的手脚，允许他们便宜行事；在严格的法律之外，对这些将领网开一面，给予他们足够的特权，责其"大行"，宽容"细谨"，对边将的违法乱纪之事宽宥、纵容，甚至支持。这就是太祖的御将之道。事实证明，太祖对边将违法乱纪之事，采取了与内地官吏不同的处置办法以后，史书中记载边将反应用得最多的两个字是"感泣"。感动得眼泪汪汪，对太祖感恩戴德，更加重视自己的职责，保证了边境的长期安宁。

第二，"富之以财"，使其有充足的经济实力，增强边防实际防御能力。

"富之以财"是后人总结的宋太祖驾驭边将的重要方略。从一定层次而言,对于富贵的追求是人的根本欲望,是推动历史前进的根本动力之一。所以,对于边将,太祖不仅允许而且支持他们先富起来。

边将的财富从哪里来?一是朝廷拨款;二是朝廷各种名目的慷慨赏赐;三是地方财政税收收入,全部归地方使用,不用上交中央;四是地方自由贸易所得,如经营酒、药、盐、茶等各种商品,还有放贷、开店等多种方式,这些商品在内地都是国家专营的。后两项是驻边将领独享的特权,前两项内地将领虽也能享受,但数目远远不及驻边将领。总之,驻边将领有充足的经济来源。

钱财充足,经济富裕,边将用这些钱干什么?一是养士,培植自己的幕僚。二是招募骁勇,培植死士(敢死队)。三是招兵买马,扩充军队。宋初主要兵力都在南方战场,驻守北地的兵力并不多,每个地方只有几千人,所以需要边将自己想办法扩军。四是收买间谍,摸清对方军事部署,随时了解对方的军事行动。

太祖对边将"富之以财"的做法,收到了实实在在的效果。后人这样总结:太祖任用边将,给予州赋而任其自用,以此养兵,足以得其死力;以此收买间谍,足以详细了解敌情。没有战争,则财富丰足,生活安定;有了战争,则攻无不取,战无不胜。

——边将皆养士足以得死力,用间足以得敌情,以居则安,以动则胜,此可谓富之以财矣。——袁说友《东塘集》卷十一(景印文渊阁四库全书本)

钱多好办事，所以太祖让镇边大将享有足够的经济特权，拥有丰裕的可支配财富，使边将尽力；在可以忍受的范围内，纵容、宽宥、姑息、默许边将的一些不法行为，使边将尽心。在大宋帝国北方、西北的边境一带，有十四支能够忠于职守、尽职尽责、尽心尽力的军队，不仅在十余年中保证了北方边境的安宁，更重要的是解除了赵匡胤的后顾之忧，使得他能专心致力于南方，为统一战争的顺利进行提供了可靠保证。所以说，驻守在大宋北方边境、西北边境的这些将领和士卒，是没有参加南方统一战争却对统一战争的成功做出巨大贡献的一批人。而此种状况之实现，源自太祖对边将的驾驭之术，源自太祖对边将实施的"富之以财"的政策。

太祖对边将采取的"富之以财"的宽容策略，本来是在宋朝立国之初进行国家统一大业进程中采用的灵活政策，说白了就是一种权宜之计。这种权宜之计，在巩固新生的大宋政权、统一南方的进程中都起了巨大的作用。但是，这种权宜之计在太祖以后的继位者那里，却作为祖宗之法被传承下去，成为大宋王朝"祖宗之法"的组成部分。事实上，太祖以后的继任者，在政治、经济、军事情况都发生了变化的形势下，仍然固守这一所谓的"传家宝"，宋初边将的营利性经营活动愈演愈烈，成为无度的军事经营，军队的职能越来越偏移其本职，在一定程度上影响了军队的战斗精神以及战斗力。相同的政策，在不同的时代，结果却截然不同，太祖时期能够使边疆军队的战斗力增强，而在继任者那里则造成军队战斗力减弱。这种现象之发生，说白了就是缺乏一种与时俱进的精神，不能变，只能守。太祖的所作所为，有为大宋王朝长治久安着想的一面，也是针对当时的状况而做出的权宜之计，无论哪一方面，在当时都是符合现实的。至于后来发生的各种状况，自然与太祖无关。

宋太祖是大宋的开国皇帝，同时也是一个普通人，有七情六欲，有爱情、婚姻、家庭。民间更有赵匡胤千里送京娘的故事，直至今日，这个故事还在以各种艺术样式传播，河南曲剧、滇剧、淮剧、京剧、昆曲等各种剧种中都有这个剧目。我们不禁要问，这个被普遍传唱的故事是真实的吗？

千里送京娘

〈三十九〉

赵匡胤成为大宋王朝的皇帝之后,民间关于他的各种故事就流传开来。在流传的各种故事中,《千里送京娘》是传唱颇为广泛的一个。这个故事从宋朝开始产生,历经明清,直至今日,曾经以话本、戏曲、影视剧等各种文艺形式被不断演绎,赵匡胤千里送京娘的故事遂家喻户晓。在民间,一提及宋太祖赵匡胤,十有八九会与赵京娘联系起来。那么,赵匡胤千里送京娘故事的详情是怎样的呢?赵匡胤千里送京娘是曾经的真实,还是后人的演绎?

故事的详情是这样的

先从千里送京娘的故事详情说起。

以今日所能见到的文献来看,较早对此事进行详细叙述的是明代冯梦龙编纂的话本《警世通言》(人民文学出版社1994年版),此书卷二十一以"赵太祖千里送京娘"为题叙述了这个故事。

故事发生的时间。话本中讲是在赵匡胤未曾"发迹变泰"的时节,"发迹变泰"的意思是由卑微到显达,由坏运到好运,也就是说这件事情发生在赵匡胤时来运转之前。具体而言,是在后汉最后一位皇帝汉隐帝在位期间,即后汉郭威建立后周之前。按照史书记载,这一时期是赵匡胤离家闯荡江湖的时期。

故事发生的地点。从太原到蒲州(今山西永济市)一线。话本中说太原距蒲州有千里之遥,以今日地图估算,距离接近九百里。

故事发生的起因。年轻的赵匡胤在京城开封任侠使气,好打抱不平,大闹御花园,触怒了汉隐帝,只得亡命天涯。逃难途中,来到太原地面,在太原清油观遇到了出家的叔父赵景清,暂时居住下来。偶然之中,赵匡胤居然在观中发现一名被关押的年轻俊俏女子。经询问知道,该女子也姓赵,叫京娘,年方一十七岁。因为随父亲到阳曲县还北岳香愿,路上遇到一群强盗。见京娘长得漂亮,竟然因此放过了她的父亲,将京娘掳掠而去。两个强盗头目争着娶亲,不肯相让,又恐伤了和气,于是商定将京娘暂时寄托于清油观内。逼着道士小心看守,等从别处抢个美貌女子,凑成一双,然后同日成亲。那伙强盗去了一月,至今未回。道士们自然惹不起这伙强盗，只得老老实实替他们看管。赵匡胤问明缘由，将姑娘搭救，并以救人救到底的侠气，毅然决定将赵京娘护送回千里之外的老家蒲州。

故事的经过。两条主线：一是赵匡胤手提一根浑铁齐眉棒，一路上将两个强盗一一铲除，永绝后患；一是一路上赵匡胤与赵京娘以兄妹相称，"尽心伏侍"。赵匡胤的救命之恩、侠义之举、高强的武艺，深深打动了赵京娘，让其爱慕不已。赵京娘对赵匡胤生发了爱情，决定以身相许、以身相报。谁料，赵匡胤不愿做施恩图报的小人，对赵京娘的表白，严词拒绝。

故事的结果。赵匡胤将京娘安全护送到家，姑娘父母自然喜出望外。京娘的父母、兄长私下认为赵匡胤与赵京娘二人，孤男寡女，路行千里，不可能不发生点什么，遂决意将京娘许配给赵匡胤。酒桌之上，京娘父亲提及此事，赵匡胤深感受辱，掀翻酒桌，骑马而去。家人对京娘心怀疑忌，为了证明二人清白，更是为了保护赵匡胤的清名，京娘深夜题诗于壁云："天付红颜不遇时，受人凌辱被人欺。今宵一死酬公子，彼此清名天地知。"遂悬梁自尽。

话本的最后还说，赵匡胤当上皇帝以后，派人到蒲州寻访京娘的消息，使者抄录回了京娘临死之前的四句诗。太祖看后，甚是感叹，敕封京娘为义贞夫人，并下令在她的家乡为其设立祠庙。

故事的主旨。话本是说话的底本，其接受者为普通民众，因此话本的劝诫意味往往非常浓厚，而且非常直接。《赵太祖千里送京娘》这个话本的主旨在文本中交代得很清楚：虽然宋朝在很多方面不及汉唐，但在君主不贪女色方面却远胜汉唐帝王，而此种风气之形成，全赖太祖皇帝身体力行开了个好头，其教诲又被后继君主所遵从。

赵匡胤的形象很崇高

《赵太祖千里送京娘》整个故事的内容无非英雄救美、送美，但这个救美的英雄后来做了大宋王朝的开国之君，这就很值得分析了。那么，这个故事中的赵匡胤是个什么形象呢？

第一，武艺高强，爱打抱不平。

话本中说，赵匡胤力敌万人，是个爱管闲事的祖宗。他先是在京城开封，因为不满后汉的昏君刘承祐终日沉溺勾栏不理朝政，而砸了后汉的御勾栏，大闹了御花园，触怒了刘承祐，在一片悬赏捉拿声中亡命天涯。逃亡途中，他仍然不改爱管闲事的作风，一路上连连铲除地方豪强恶霸：路过关西护桥杀了董达，到黄州除了宋虎，去朔州打死了李子英，经潞州灭了潞州王李汉超一家。千里送京娘途中，更是将两个强盗轻松剪除，而这两个强盗的武艺也非寻常。赵匡胤步行千里，"路上盗贼生发，独马单身，尚且难走，况有小娘子牵绊"，但是最终赵匡胤将京娘平安送回家中，没有超强的武艺，这是绝对实现不了的。

第二，性烈如火，嫉恶如仇。

话本中的赵匡胤所作所为，充满英雄豪气，大闹京城、逃难途中仍连续剪除地方恶霸强盗,都是嫉恶如仇的表现。而且,赵匡胤的嫉恶如仇是不分对象的,对家人也不例外。当赵匡胤偶然在清油观中发现藏有女子时,误认为是他的叔父赵景清所为。正要强行打开殿门之际,赵景清外出归来。见赵景清归来,赵匡胤含怒相迎,口中也不叫叔父,气愤地问道:"你老人家在此出家,干得好事?"当赵景清劝诫赵匡胤莫管闲事之时,赵匡胤急得暴跳如雷,大声道:"出家人清净无为,红尘不染,为何殿内锁着个妇女,在内哭哭啼啼,必是非礼不法之事!你老人家也要放出良心。是一是二,说得明白,还有个商量;休要欺三瞒四,我赵某是不与你和光同尘的!"对自己的叔父,赵匡胤一旦认为他做了不法之事,不但立即翻脸,言辞激烈,而且要坚决追究到底,明确表示绝对不会与之同流合污。

第三,行侠仗义,敢作敢当。

当赵匡胤得知清油观藏匿女子的原委之后,决定将其放出,并计划送其回家。他的叔父赵景清担心以后强盗前来要人,连累自己以及道观。赵匡胤说:"俺赵某一生见义必为,万夫不惧……既然你们出家人怕事,俺留个记号在此,你们好回复那响马。"说着,抡起浑铁齐眉棍,将藏匿京娘的殿宇之门、窗砸了个稀巴烂,说:"强人若再来时,只说赵某打开殿门抢去了。冤各有头,债各有主。要来寻俺时,教他打蒲州一路来。"话本中对赵匡胤的这些叙述,将一个行侠仗义、敢作敢为的大丈夫形象展现在世人面前。

第四,正直无私,施恩拒报。

话本中的赵匡胤不仅从清油观将赵京娘救出,而且只身千里护送京娘回蒲州老家。一路上，赵匡胤除邪斩恶，深深打动了赵京娘的芳心，决定以身相许。赵匡胤听后却勃然大怒："赵某是顶天立地的男子，一生正直，并无邪佞，你把我做看施恩望报的小辈，假公济私的奸人，是何道理？"息怒以后，赵匡胤又说："本为义气上千里步行相送，今日若就私情，与那两个响马何异？把从前一片真心化为假意，惹天下豪杰们笑话。"

当赵匡胤平安将京娘送至家中，京娘的父亲在酒桌上又提议将京娘嫁给赵匡胤。赵匡胤听到这话，一盆烈火从心头燃起，大骂道："老匹夫！俺为义气而来，反把此言来污辱我。俺若贪女色时，路上也就成亲了，何必千里相送。你这般不识好歹的，枉费俺一片热心。"说罢，将桌子掀翻，骑马而去。

从话本叙述的这些细节中，可以看出，赵匡胤不但脾气火爆，而且以义气为重，把义气看得高于一切，施恩不求回报。话本着重突出赵匡胤的崇高形象：赵匡胤是个不贪恋女色、不施恩图报、脱离了低级趣味的人，是一个行侠仗义、嫉恶如仇、敢作敢当的人。

赵匡胤难道就没有一点点动心？

在《赵太祖千里送京娘》的话本中，赵匡胤是如此"高大全"的一个人，人们不禁要问，面对突如其来的爱情，面对赵京娘大胆的暗示与直接的表白，赵匡胤难道真的就没有一点点动心吗？下面分析一下。

第一，赵京娘是个绝色女子。

话本中从两个人的视角展示了京娘的美丽。一处是从赵匡胤的视角进行描述的："公子近前放下齐眉短棒，看那女子，果然生得标致：眉扫春山，眸横秋水。含愁含恨，犹如西子捧心；欲泣欲啼，宛似杨妃剪发。琵琶声不响，是个未出塞的明妃；胡笳调若成，分明强和番的蔡女。天生一种风流态，便是丹青画不真。"赵匡胤眼中的赵京娘，是西施，是杨玉环，是王昭君，是蔡文姬，总之是个绝色美女。另外一处是从店小二的眼中进行展示的，赵匡胤带着京娘到客店投宿时，"小二一眼瞧见，舌头吐出三寸，缩不进去。心下想道：'如何有这般好女子！'"这是从侧面烘托赵京娘之美。

哪个男子不多情，面对如此绝色女子，任何一个男子都有可能动心，这应该是很正常的事情。

第二，更为致命的是，赵京娘这个绝色女子深深爱上了赵匡胤。

话本中对赵京娘的爱情叙述得很细致，京娘对赵匡胤的爱并非出于一时冲动，而是经历了由感恩到欢喜，到暗恋，到试探，再到大胆表白，决意以身相许的过程。

京娘对赵匡胤决计送她归家，最初感恩戴德，说赵匡胤是其再生父母。临行之前酒席之上，赵景清"叙起侄儿许多英雄了得，京娘欢喜不尽"，赵匡胤一路上除去两个强盗之后，京娘与赵匡胤多日相处，感激之情开始转为爱慕之心："京娘想起公子之恩：'当初红拂一妓女，尚能自择英雄；莫说受恩之下，愧无所报，就是我终身之事，舍了这个豪杰，更托何人？'"京娘的此番心思，是她从感激到爱恋的转变。接下来，京娘试探，赵匡胤全然不以为怪，离家愈近，最终京娘向他大胆表白。

在京娘试探赵匡胤时,"心生一计,于路只推腹痛难忍,几遍要解。要公子扶她上马,又扶她下马。一上一下,将身偎贴公子,挽颈勾肩,万般旖旎。夜宿又嫌寒道热,央公子减被添衾,软香温玉,岂无动情之处",但话本中的赵匡胤,对此全然不以为怪。这种反应其实很不符合常情。根据话本的叙述,赵匡胤其实是个心很细的人,在千里途中,对于一些细节,如前来寻找店小二的人探头探脑等等,都很敏感,他对京娘如此明显的暗示,岂能不清楚?又,以话本中记载的时间来看,现实中的赵匡胤这个时候已经娶妻贺氏,对男女风情之事岂能不知?

俗语言:"男追女,隔座山;女追男,隔层纸。"当这层纸后来被京娘捅破之后,赵匡胤竟是勃然大怒,对京娘一番斥责。话本中接着说"自此京娘愈加严敬公子,公子亦愈加怜悯京娘",这怜悯之中,也未尝没有爱意存在。

第三,京娘表白以后,赵匡胤的话语之中也未有一字提及对京娘不爱之意。

京娘表白之后,赵匡胤有两番话回应。先说:"彼此同姓,难以为婚,兄妹相称,岂可及乱。"后来又说:"贤妹,非是俺胶柱鼓瑟,本为义气上千里步行相送,今日若就私情,与那两个响马何异?把从前一片真心化为假意,惹天下豪杰们笑话。"赵匡胤最初以二人都姓赵、又结拜为兄妹作为两条拒绝的理由,后来又说不是俺不知变通,只是怕天下豪杰笑话。这番话颇有意味,言外之意是说同姓、结拜为兄妹都不足以成为阻挡二人结合的障碍,更为关键的是怕天下豪杰笑话。从这些话中,尤其是从那句"非是俺胶柱鼓瑟"中,我们能够体味到赵匡胤其实对京娘是有所心动的。

其实，赵匡胤最后的这个理由也是自相矛盾的。当初，赵匡胤决定千里送京娘回家之时，赵景清对赵匡胤说，少男少女千里一路同行，会被人误解，被人议论，会玷污一世英名。赵匡胤呵呵大笑道："叔父莫怪我说，你们出家人惯妆架子，里外不一。俺们做好汉的，只要自己血心上打得过，人言都不计较。"此前宣称对别人言语从不计较的赵匡胤，最终的拒绝理由却是怕天下豪杰笑话。如果不是赵匡胤言不由衷，那就是赵匡胤的确还没有达到一种较高的境界，至少对他那个"圈子里"的人的评议是很在乎的。

通过赵匡胤的这些表述，虽不敢断定他对赵京娘已经生发了爱情，但至少说明他内心的情感是非常复杂的，而之所以复杂，根本原因还是对京娘有所动心，而这与作为侠客的标准是有冲突的，是不相容的。

第四，赵匡胤登基以后，对京娘结局的反应。

登基以后的赵匡胤，首先派人到蒲州寻访京娘，使者带来的却是赵京娘在赵匡胤离去当夜自缢身亡的消息，还有临终的题壁诗。"太祖甚是嗟叹"，这嗟叹之中所包含的复杂情感，只有赵匡胤内心清楚了。

尽管作者在话本中一再宣称赵匡胤对京娘的示爱一无所知，对京娘的表白严词拒绝，对京娘家人的请求勃然大怒，但事实上，话本中赵匡胤的此番表现，已经偏离了文本人物应有的内在发展，而是被迫沿着说话者预设的意图前进，所以文本中不免存在叙事上的自相矛盾。

赵匡胤，作为被作者正面歌颂和极力渲染的英雄豪杰，不管京娘是否钟情于他，不管京娘是否大胆"自荐"，不管京娘的父亲是否许婚，不管他在心底是否对京娘动心，他都不能接受京娘的，都不能对京娘有任何爱慕举动的。如果他接受了，一方面有辱于他这次毫无所图、完全出于恻隐之心的侠义之举；更为关键的是另一方面的原因，如果他接受了，他便不再是故事中那个仗义豪爽、爱打抱不平、武艺高强、智计超人的英雄侠客了。话本作者在叙述这个故事时，有个预先的设定，英雄都应该是不好色的，好色便不是真英雄了，所以他要塑造一个绝对不好色、绝对不会为女色所动的"真英雄"。

总之，在情理上，在客观现实中，赵匡胤有可能对美丽多情的京娘动心，在话本中作者也不自觉地表现出了赵匡胤在情理上对京娘的心动。但是，作者在文中的预先设定和有意回避，最终使赵匡胤成了一个行侠仗义的"无情人"。

真假参半

下面我们再回到历史中，做进一步的思考。话本中叙述的事情在历史中是否真有其事？

对于这个疑问，我们不敢断然说有，也不敢决然说没有。为什么如此说呢？

一方面，话本中叙述的某些内容，经过对文献的查考，可以证明是真实的。

第一，依据史书，故事发生的历史背景、构造的历史框架完全可以证明是真实的。

话本开篇"入话"部分交代了五代政权的更替交叠，给赵匡胤千里送京娘提供了一个大的历史背景，结尾部分写到郭威建立后周，招纳天下豪杰，赵匡胤前往投奔，后随周世宗南征北讨，做到了殿前都点检，后来陈桥兵变，做了大宋的开国之君。故事所依托的基本历史框架，都有信史的明确根据，这些完全可以证明是真实的。

第二，依据宋人的一些笔记，可以证明赵匡胤曾有在山西任职的经历。

北宋士人陈师道的笔记记载，赵匡胤在成为大宋王朝的皇帝之前，曾有在太原任职之经历。陈师道在笔记中如此记载：太祖在太原做节度使的镇将期间，住在一个姓李的老婆婆家里，老太太对太祖很好。后来，太祖做了皇帝，派人寻访，得知李老太太已经死了，找到了她的儿子，太祖任命他为御厨使。时间长了，这小子没升官，心有不满，请求离去。太祖说：单凭你的才能，做御厨使也是做不到的。爵禄是用来招纳贤能之人的，而我却用来恩典旧人，这让我心里很是愧对士大夫，你还有什么不满足的呢？

根据史书的记载，当时在太原任职的节度使是刘崇，他以河东节度使兼北京留守的身份控制着太原周围十一州，是当时势力最为强大的藩镇。刘崇与郭威素来不睦，随着郭威在中央势力的强大，刘崇在地方上招纳勇士，以便与郭威对抗。此时的赵匡胤正好到处游荡

太祖为太原镇将，舍县人李媪家，媪事之谨。他日访其家，媪则死矣，得其子，以为御厨使，久之不迁，求去。太祖曰：'以尔才地，御厨使其可得邪？爵禄以待贤能，而私故人，使我愧见士大夫，而尔意犹不满邪？'——《后山谈丛》卷五

寻找机遇,被刘崇招纳,并被任命为镇将,是很有可能的。

史书中对太祖称帝前的经历记载较少,陈师道笔记中的这则史料不仅能补充史书之不足,而且可以与赵匡胤千里送京娘发生的地域山西一带互为印证。

颇为巧合的是,在赵匡胤千里送京娘的途中,也曾投宿到一个老太太家里,老太太的儿子被附近酒店叫去帮忙,因为一个强盗经过此地,当地准备酒肉招待,以求平安,饭店忙不过来,所以老太太的儿子帮厨去了。这与陈师道笔记中记载的李老太儿子懂点烹调的知识也有相合之处,当然,这可能只是巧合而已。

第三,根据宋人的笔记,可以证明赵匡胤曾经去过蒲州,而这正是赵京娘的家乡。

据宋人朱弁(朱熹的族叔祖)的笔记记载,大宋朝廷内宫的酿酒之法,用的是蒲州一带的酿造之法。笔记中说,太祖在没有发迹之前,很喜欢饮这种酒。由此可以说明,赵匡胤曾有在蒲州任职或游荡的经历。

> 内中酒,盖用蒲中酒法也,太祖微时喜饮之。即位后,令蒲中进其方,至今用而不改。——《曲洧旧闻》卷一

第四,根据宋人的笔记分析,赵匡胤的性格品质与话本中反映的相合。

如宋人的笔记中记载,赵匡胤在年轻的时候就嫉恶如仇,对他人的过错从不姑息。千里送京娘中写

> 上微时,尤嫉恶,不容人过。——《孙公谈圃》卷上

赵匡胤大闹京都，流亡途中不断铲除地方恶霸，在发现清油观中藏匿女子，误认为他的叔父所为之时，赵匡胤更是翻脸，言语之中大有不敬之处，且要追究到底。这些与笔记中记载的赵匡胤刚烈的一贯作风相合。

第五，赵匡胤千里送京娘的故事，来源有自。

据今人的研究，赵匡胤千里送京娘的故事，是糅合了宋人的笔记以及宋代的《飞龙记》等文献而成，而《飞龙记》是赵普撰写的，其中包含了不少可信的历史。李焘在编纂《续资治通鉴长编》时，就曾经参考过此书。从文献来源推测，千里送京娘的故事中，一定包含着不少的历史真实。对此，我们只能推测，赵匡胤千里送京娘的故事，极有可能是有历史原型存在的。

正是依据上面的几点，我们不敢断然说话本中记载的赵匡胤的这段人生经历一定不是真实的。但是，从另一个方面而言，对故事中讲述的千里送京娘的关键部分，关于赵京娘的故事，史料文献中缺乏记载，我们也没有办法证明一定是真实的。

退一步讲，如果千里送京娘的故事，的确出自后人的虚构、杜撰，那就需要进一步质问：为什么这个故事要加于宋太祖头上呢？为什么不加在汉高祖刘邦或者唐太宗李世民头上呢？

事实上，对于女色，赵匡胤的确是比较克制的。不仅话本中如此叙述，史书中也有所反映。太祖的后宫是极其简朴的，这一点我们在上一章已经讲过，太祖后宫的人数是历朝中最少的。因此，一般研究者基本认同这样一个观点，即使《赵太祖千里送京娘》中的赵太祖是作者与老百姓虚构出来的艺术形象，宋太祖的真实形象与这相差也不远。竺沙雅章《宋朝的太祖和太宗：变革时期的帝王》（浙江人民出版社2006年版）因为史料里记载的赵匡胤确实是个正直的人，不是个昏庸的皇帝，所以人们愿意也乐意锦上添花，为这个名垂青史的宋太祖塑造更完美的形象。从这一点上看，一些野史中说的太祖攻伐后蜀就是为了夺取孟昶的女人花蕊夫人，实在是无稽之谈。

最后，顺便再说几句。《赵太祖千里送京娘》的故事，教化意图太过明显，它在着力突出赵匡胤行侠仗义时，是以"英雄不爱美人"为标准、为前提的。所以，话本愈是突出赵匡胤的侠义，实则愈显出赵匡胤的无情，而且在很大程度上使赵匡胤的形象偏离了人的本性。从某种意义上说，赵匡胤本意是救人，所以才千里相送，而实际结果却是，千里送京娘上西天，在这一点上甚至与强盗没有多大差别。对于赵京娘之死，赵匡胤负有不可推卸的责任。当然，这样的结局很令"看官"感伤，所以，在话本的结尾又说：多年以后赵太祖位高孤冷，忽然想起了他的义妹京娘，于是派人寻访，结果听说了前事，嗟叹不已，给了个封号。当然，这只是艺术中的赵匡胤，正如前面所言，我们没有办法证明这是真实的。

再重新回到历史的轨道上，宋太祖赵匡胤在位十七年，他的统一计划还没有全部完成，就撒手人寰。宋太祖的传记可以盖棺论定了，但是，历史却不能因此盖棺论定。从宋代开始，对于宋太祖赵匡胤是非功过的评说，就一直没有间断。对于宋太祖的历史评价，逐渐形成了差别较大的两种对立观点。对于这位在历史上与唐太宗并立的开国之君，我们应该给出怎样的评价才比较接近历史真实呢？

任人评说

四十

开宝九年十月二十日深夜神秘的"斧声烛影"中,大宋王朝的开国皇帝宋太祖赵匡胤驾崩了。随着宋太祖的离世,他的个人传记可以盖棺论定了,但是,历史无法因此盖棺论定。所以,自从宋朝开始,对宋太祖是非功过的评价就一直没有间断。一种观点认为,宋太祖结束了五代战乱频仍的格局,制定了一系列典章制度,开创了一个繁华与理性的时代;另一种观点与此截然相反,认为宋太祖强干弱枝、文武分途的国策与重叠架构的国家体制,最终造成了宋代的"积贫积弱",宋太祖是华夏走向衰弱的第一大罪人。对于同一个人,评价的分歧为什么会如此之大呢?哪种评价更接近历史的真实呢?

不乏批评的声音

宋太祖赵匡胤是一位颇有争议的皇帝。赞扬者有之，批评者也不少。

先从批评说起。对宋朝开国之君赵匡胤批评的声音，在北宋灭亡以后开始多了起来。列举几种有代表性的。

南宋的理学大师朱熹说：鉴于五代时期藩镇割据的弊病，本朝把藩镇的一切权力全部剥夺，统统收回，"兵也收了，财也收了，赏罚刑政，一切收了"，州郡因此日渐贫弱。所以，当金国觊觎中原，金军铁骑南下、马踏中原之时，所过州县，毫无抵抗能力，莫不溃散，遂酿靖康之耻。《朱子语类》卷一二八朱熹在中国历史上是很有影响的，他把北宋的灭亡直接归咎到宋太祖剥夺藩镇各种权力的国策上。

南宋的不少知名人士，如陈亮、吕祖谦等，都有和朱熹几乎相同的评价。他们大都认为，宋太祖强干弱枝、集权中央的政策是造成宋代贫弱的根本原因，并且危言耸听地说，此种策略最终导致了北宋的亡国。如果说南宋时期的这些学者对本朝国策的评论还有所顾虑的话，那后人评价起来就放言无忌了。

清代文人查慎行有首叫《夹马营》的诗歌，诗中说："陈桥草草被冕旒，版籍不登十六州。却将玉斧画大渡，肯遣金戈逾白沟。隔河便是辽家地，乡社枌榆委边鄙。当时已少廓清功，莫怪孱孙主和议。"《敬业堂诗集》卷九查慎行写过好几首评价宋太祖的诗歌，如写陈桥兵变的等。查慎行对太祖的批评虽然采用了诗歌的形式，但批评很直接，对太祖颇持非议。他批评的焦点在宋太祖制定的先南后北的统一策略上。他认为，赵匡胤陈桥兵变当上皇帝之时，燕云地区不在大宋的版图之内，赵匡胤应该先把燕云地区收回，没想到他却先对南方进行了征伐，而对北方采取了防御为主的做法。既然大宋的开国之君都缺乏廓清疆域的行动，就无须责怪他的后继者与北方政权一直主张和议了。查慎行将宋代后来的与周边政权的和议，追溯到太祖朝先南后北的统一策略，追溯到对北地边境采取的安边政策，言外之意是：由于宋太祖对北方政权的绥靖政策，导致了宋代与北方政权的和议，乃至亡国。

近代以来，自从钱穆在《国史大纲》中提出"宋代对外之积弱不振""宋宗室内部之积贫难疗"以后，积贫积弱似乎成了宋代的代名词，通行的教科书中也一直拿这句话作为定论，强调宋代是个积贫积弱的王朝。积贫积弱，就是说宋代在国力、财政方面长期贫乏困窘，在军事对抗中一直屡弱无力。而当人们追溯此种状况之由来时，往往会追溯到开国之君宋太祖身上。

比如，当代的不少宋史研究者将宋代的所谓积贫积弱追溯到宋太祖一系列政策的确立与实施上，认为正是宋太祖的崇文抑武、集权中央等军事改革、政治体制改革，最终导致宋代经济长期贫困、军事一蹶不振。甚至有一些极端的看法，将宋代的所谓贫弱归结到赵匡胤的某一项活动上。有人这样说：纵观历史，从来没有哪一个王朝像宋朝那样，诞生之初就是衰亡之始。两宋立国三百二十年，与内忧外患、积贫积弱共始终，一派病恹恹、弱不禁风的气象，而这一切源于公元961年的那场盛宴。喝了一场酒，就把国家给断送了，这样的追责，就很严重了。

面对这种"定论",因为前面已经有了对太祖一生的详细考察,我们不禁产生疑问。疑问之一,宋朝真的积贫积弱吗?疑问之二,如果是,这和宋太祖有什么关系呢?

宋代真的积贫积弱吗?

对于长期以来盛行的宋代积贫积弱的观点,当代的一些历史研究者也开始提出怀疑(如李裕民等)。下面根据他们研究的成果,做一点梳理分析。

先分析第一个问题,宋代是积贫的吗?

第一,农业方面。

在古代以农业为主的社会中,土地面积是经济实力的重要参数之一。据当代学者的详细统计,宋代的耕地面积远远超过唐代,而且还必须注意一个前提,即宋代的国土面积远远小于唐代。在最能反映农业生产状况的单位面积产量方面,宋代的粮食亩产量是唐代的二至三倍,最差也与唐朝持平。杜文玉《唐宋经济实力比较研究》《中国经济史研究》1998年第4期)这说明宋代的农业实力并不比唐代差,甚至要远远超越唐代。

第二,手工业方面。

手工业状况也是评价经济实力的重要指标。宋代的制茶、丝织、矿冶、制盐、酿酒、铸钱等许多方面,产量都远远超越了唐代。以冶铁业为例,国外的一位中国研究学者估计,北宋时期,中国铁的产量差不多已经是1640年英格兰和威尔士产量的2.5—5倍,并且与18

世纪整个欧洲(包括俄国欧洲部分)铁总产量的14.5万—18万吨差不多。现代社会中，衡量一个国家实力的重要标准之一就是钢铁产量，而北宋时期铁的产量竟然与七八百年以后整个欧洲铁的产量相当，这说明北宋不仅在亚洲区域具有强大的实力，而且在世界上也是强国。

第三，商业方面。

不需要对宋代的商业详情进行全面的分类考察，只需要看几个侧面便知宋代商业经济的繁荣。一是随便翻阅一下《东京梦华录》，就可了解北宋后期宋徽宗时期京都东京是如何的繁华和发达，这是当时世界上人口最多、经济最发达、商业最繁荣的城市。二是可以看看更为直观的《清明上河图》，这幅名画再现了北宋年间的东京极盛的状况：四通八达的水陆交通、繁华热闹的街市、形形色色的店铺、摩肩接踵的各色人等，生动记录了12世纪中国城市生活的详细面貌。三是宋代出现了世界上最早的纸币——交子，纸币只有在商品经济水平达到相当高的程度时才会出现，是经济发达的直接证据。

第四，科学技术方面。

今日常言"科学技术是第一生产力"，说的是科学技术在社会发展中尤其是对经济发展具有巨大的推动作用，而宋代是中国科技史上非常辉煌的时期。英国的李约瑟是研究中国科技史的知名专家，他说："每当人们研究中国文献中科学史或技术史的任何特定问题时，总会发现宋代是主要关键所在。不管在应用科学方面或纯粹科学方面都是如此。"《中国科学技术史》第一卷第六章(科学出版社1990年版)众所周知的中国四大发明中的火药、指南针、印刷术，其关键改进期、应用普及期及向外传播期都是在宋代。

第五，国家财政收入方面。

当代学者通过详细的数据统计与换算，最终得出了一个较为可信的结论：宋代的国家财政收入比唐代要丰厚得多。研究结果还表明，宋代的工商业收入在国家财政中的比例超过了农业，这不仅说明宋代社会商品经济比较发达，而且还说明宋代的社会经济结构也发生了根本的变化。《唐宋经济实力比较研究》

不用再举更多方面的例证，我们只要简单地想一想，一个长期贫困的政权，会有如此良好的经济表现吗？会有如此良好的记载吗？所以，我认为，宋代的"积贫说"是相当不恰当的，是带有相当感情色彩的想当然。

再看第二个问题，宋代是积弱的吗？

从表面现象看，宋代的疆域的确不及汉唐，而且不断受到北方少数民族政权的侵扰，以致亡国，这似乎说明宋代在军事方面的确不行。但是，疆域小并不能说明军事实力就不行，亡国也与军事实力积弱没有必然的联系，古代社会哪个王朝不是最终走向灭亡？历史上受到少数民族政权侵伐以致亡国的也并非赵宋一朝，为什么其他朝代没有获得积弱的名声呢？凭什么说宋代就是积弱的呢？这显然不够客观。宋史研究学者李裕民从两个方面对此提出了质疑。

第一，宋代与北方少数民族政权军事力量对比。

北宋与辽国。北宋与辽国的战争长达二十五年，双方争夺的焦点地区即燕云诸州。双方交战多次互有胜负，遗憾的是最终大宋也没有收复这一地区。宋代没有收复燕云地区，并不一定就证明宋代的军事力量不强。据宋史学家漆侠的详细研究，北宋在对辽的数次主动攻伐中，表现出了很强的战斗力。比如，986年的雍熙北伐，三路大军中有两路连战连捷，但由于东路军的战略失误最终功败垂成，不过还是重创了辽军。在澶渊之战中，宋军在明显占据优势的情况下，最终确定议和，双方达成协议，订立盟约。事实上，和议本身的达成，反映了双方军事实力大致相当，可以说，澶渊之盟是宋辽双方实力均衡的产物。

北宋与西夏。就军事实力而言，西夏比不上北宋，宋方的实力要强于西夏，但西夏投靠辽，以辽牵制宋，使宋无法全力对付西夏，因此，战争互有胜负。经济实力不足的西夏禁不起持久战，最终往往是西夏先议和，虽然西夏以辽为后盾，取得宋的岁币，但它还是以承认宋的正统地位为代价的。

南宋与金。起初，金强宋弱，但后来情况发生了变化，双方进入战略相持阶段，于是，出现了第一次议和。不久，金国完颜宗弼掌权，撕毁和约，全力南伐，企图灭亡南宋，但在宋军的连连打击下，不得不步步后退，宋方开始转入反攻。如果不是宋高宗与秦桧蓄意破坏，解除大将兵权，甚至不惜杀害名将岳飞，宋方是完全可能收复失地，至少黄河以南之地是能拿回来的。双方终于达成和约。后来完颜亮南下，仍以失败告终。总的说来，宋、金双方实力基本相当，宋略弱一些。

南宋与蒙古。南宋与蒙古相比，军力不如蒙古，这是事实，但应该看到，蒙古在当时是打遍天下无敌手的超级大国，他们往往只用几个月就踏平一个国家，唯独南宋坚持抵抗了好几十年。世界上有哪一个国家能做到呢？以它的实力而言，几乎可以说仅次于蒙古，也是当时世界上的强国。难道世界上只容许有一个强国，其他都得算作积贫积弱的国家？

第二，衡量一个政权强弱的标准，主要看综合国力。

衡量一个国家强弱的标准，主要是看它的综合国力。倘若按综合国力分析，宋应当说是超过了辽、金的。前面说过，它的经济实力、科学技术比辽、金强。除此之外，宋代的软实力也远远强于北方少数民族政权，比如教育发达、学术繁荣、思想活跃、人才辈出，等等。所以说，如果从综合国力角度考虑，宋王朝不仅不能说弱，还应该说是相当强的。

总而言之，如果说宋代因为与北方少数民族政权之间的战争多以失败告终，说宋代的军事实力比不上它们，还勉强说得过去的话，那认为宋代经济一直贫困，就是无稽之谈了。所以说，用"积贫积弱"这四个字概括宋代的特点是很不准确的，人们对宋代评价不高的重要原因就是受到这并不准确的四个字的影响。

既然说宋代积贫积弱是不成立的，那么将这种困境归咎于宋太祖当然也就不成立了。退一步讲，即使宋代的积贫积弱是真实的，是成立的，我们还是要问，这种现象的形成与宋太祖赵匡胤有关系吗？

其实与宋太祖没有一毛钱的关系

不少历史教科书中都说赵宋王朝在中国历史上是一个积贫积弱

的朝代，并且将这种恶果问责到大宋开国之君宋太祖制定的一系列政策上。姑且假定宋代的积贫积弱说成立，是不是就与宋太祖一定有必然的因果关系呢？

对这个问题的考察需要从三个方面进行。其一，宋太祖确立的政策在他的时代是不是合适的；其二，这些政策是否一定能导致积贫积弱的局面；其三，到底是谁导致了积贫积弱的局面。

先看第一个问题，宋太祖制定的政策在当时的社会环境中是不是最合适的？

宋太祖从后周柴宗训手里接过政权以后，围绕着"稳定、统一、发展"的六字方针，制定了一系列政策。

第一，稳定。

宋太祖是从五代的动乱里走过来的人中豪杰，他亲历了五代政权的更迭，并以亲身的经历进行了实践与验证，所以，成为大宋开国之君的赵匡胤，首先面对的一个最为棘手的问题是，如何避免宋代成为后周之后的第六个短命王朝，即如何保持大宋王朝的长治久安，这就是稳定的问题。宋太祖是如何做的呢？两个字：集权。就是将地方权力收归中央，将中央权力集于一身，对五代乱世中形成的地方、中央权力失衡的局面进行新一轮的调控，进行权力的重新分配。

太祖为了政权的长期稳定而制定的政策，并不是通过疾风暴雨式的改革一蹴而就的，而是采用了分期分批、层层推进、和风细雨的方式。以收兵权为例略作说明。

太祖是如何收兵权的？分两步走。

第一步，整顿中央禁军。在建隆二年(961)的一次宴会上，赵匡胤在杯酒之间，解除了禁军将领石守信、王审琦等人的军职，对禁军进行了整顿，内重外轻的局势由此奠定，礼乐征伐得自天子出。第二步，裁撤宿旧大藩。开宝二年(969)，一幕杯酒中集体裁藩戏剧，再次上演，王彦超等人顺利交出兵权。由此，藩镇之祸彻底消解，国家根基日益巩固，赵宋王朝步入了一个崭新的阶段。在此基础之上，继而收财权、司法权、行政权，层层推进，强干弱枝的局面于是成形，其稳定有序的政局成为现实。每当朝廷命令下达，就如同身体指挥胳膊，胳膊指挥手指，没有任何障碍，天下统一于中央的大势正式奠定。

后来的论史者，动不动就说宋太祖的强干弱枝是矫枉过正，这种看法其实不够公正，是脱离了时代的片面观点。太祖开国之际，采取强干弱枝的政策，不仅针对时弊，而且恰逢其时，且卓有成效，若不如此，就不能彻底廓清五代的乱局，"陈桥兵变"的局面还有可能会重演，稳定当然就无从谈起。

第二，统一。

立国之初，四周割据政权林立，太祖能够控制的区域，是以东京为中心的中原大部分地区。虽然疆域不够广阔，但朝廷为防御北方契丹而备有精兵，其兵力强于其他割据政权。因此，宋代具有统一的潜在条件。经过深思熟虑、反复论证，太祖确定了先南后北、南攻北守、一一击破的战略。于是，荆南、湖南、后蜀、南汉、南唐先后并入大宋疆域。太祖之统一，虽有主观的努力，亦有客观的条件使然。五代之后，动乱已久，厌倦了刀光剑影的百姓急切盼望有人能廓清时局，完成统一，太祖正是迎合了这种社会思潮，因此，所到之处无不望风披靡。

但是，太祖先南后北的策略，同样遭到了后人之非议，认为先南后北的策略是战略失误，在对南方长久用兵以后，兵疲马乏，所以未能平定北方割据政权、收复失地。此种评判也不够公允。太祖的先南后北，是经过反复比较权衡各方势力后才做出的决定，是符合当时时局的正确之举，这一点已经在前面详细讲过，在此不再啰唆。

第三，发展。

乱世用武，治世用文；马上得天下，不能马上治之。太祖虽是武人出身，但深谙为政之道；况且五代以来，干戈不断，礼崩乐坏，太祖认识到必须拨乱反正。"面对异邦的存在，赵宋王朝就得想方设法凸显自身国家的合法性轮廓，张扬自身文化的合理性意义"，要重新整顿已经失常的社会秩序，必然需要文化策略的支持，必须依靠文化与教育系统。葛兆光《中国思想史》第二卷（复旦大学出版社2001年版）在此客观态势下，在此精神指导下，太祖大力提高文人的地位，重视文治，倡导读书，改革科举，弘扬教化。

太祖的此种政策亦无例外地受到问责，后人认为太祖"崇文抑武"的政策，最终导致了行政阶层人员的激增，以致积贫；最终导致了武人地位的下降，以致积弱。事实上，太祖大力提倡文，并没有彻底否定武，否则，国家的统一如何进行？其根本意图一方面是调整五代以来严重的文武失衡，另一方面是倡导一种文武兼长的理想人才模式。

总而言之，宋朝开国之初，宋太祖围绕"稳定、统一、发展"的六字方针所制定的一系列政策，都是适应当时的客观形势，适应时代提出的要求，是切实有效的制度建设。为了实现新生政权的长治久安，太祖制定富于针对性、注重实效的治国方略，是必须的、必要的、必然的。就此而言，太祖的政治智慧之高，是不容置疑的。

再看第二个问题，太祖制定的政策是否一定导致积贫积弱的局面？

答案是有可能，关键在于如何实施，如何执行。为什么如此说呢？

前面讲过，太祖制定的政策，是适应当时社会现实的要求，从当时社会环境中生发出来的。而社会现实是多样的，是不断发展变化的。所以，太祖制定的政策实际上包含着两项不可分割的内容，即原则性和灵活性。太祖在实施这些政策的时候，都恰当地贯彻了这两个层面。比如，太祖一方面将地方藩镇的兵权、财权等剥夺，收归中央，与此同时，对镇守在国家西北、北方边境的十四名将领，非但不剥夺他们的这些权力，还赋予他们更多的权力。此举在很长一段时间内保持了国家北部边疆的安定，为顺利实现南方的统一解除了后顾之忧，这就是太祖政策的灵活性。

钱穆曾经说过："政治制度是现实的，每一制度，必须针对现实，时时刻刻求其能变动适应。任何制度，断无二三十年而不变的，更无二三百年而不变的。"**《中国历代政治得失》**（生活·读书·新知三联书店2001年版）用现在的话来讲，必须与时俱进，必须与不断发展变化的客观现实相适应。因此，如果将太祖制定的制度中的灵活性因素剥离，将之作为僵化的教条来贯彻实施，不能结合每一个时期社会的具体情况，那就很可能会导致积贫积弱。

再看第三个问题，如果宋代积贫积弱，是谁导致了此种局面之出现？

正如前面所讲，太祖朝的制度政策是符合当时社会现实的，但太祖以后的继统之君将之逐渐神化，作为"祖宗之法"严格遵守，不求变化，不能根据实情进行创新、改革。一句话，不能与时俱进，遂成积重难返之局面。

再简单总结一下，宋代积贫积弱的观点是不符合宋代的历史真相的，因此对宋太祖的问责就变成了一个伪命题。退而言之，即便如此，也与宋太祖没有任何关系。这正如明代以后兴盛八股文，难道我们要追究孔夫子的责任吗？难道要追究传说中造字的仓颉之责吗？要一个已经作古的人对他死后几十年乃至几百年发生的事甚至根本没有发生的事情负责，是不是太苛责了，是不是太荒唐了？

宋太祖赵匡胤一生有三大重要贡献。一是结束了安史之乱以来长达两个世纪的藩镇割据、军阀混战的局面；二是重新恢复了华夏主要地区的统一；三是结束了五代时期的野蛮政治，开创了一个理性与文明的新时代。这三大贡献，无论哪一点，都值得大书特书，何况他还是一个具有完美人格魅力的帝王，他亲自缔造了一个繁荣昌盛的时代。清初王夫之说中国历史上自夏商周三代以后可以称为治世的有三：文景之治、贞观之治、建隆之治。"文景之治，再传而止；贞观之治，及子而乱"《宋论》卷一（中华书局2003年版），只有建隆之治，沾溉北宋久矣。所以毛泽东把宋太祖视为与唐太宗并列的帝王，这是毫不为过的。但在众多熟知文景之治与贞观之治的人中，又有多少对建隆之治熟悉呢？这当然是历史成见的影响，所以，我们有必要对宋太祖进行重新认识。

宋太祖赵匡胤一生最大的愿望是一统天下，最想收复的是燕云诸州，然而，这些愿望都因为他的猝死而未能实现。他绝对没有想到，他未了的心愿，竟成为两宋统治者一个永久的梦想。

我们有理由相信，如若天假其年，宋太祖的这些愿望一定能够实现，但是，历史无法假设，我们也仅是想想而已，也只能感叹一下而已。

正所谓：

烽火燃，五十年，
陈桥驿披旒冕。
披旒冕，定江山，
杯酒之间销兵权。

南征北守定宏图，

玉斧一挥指大渡。
十四万人齐解甲,
金陵王气黯然去。
还一个,
盛世繁华,文煌武烈。
怀仁厚,复江南,
满腔热血图幽燕。
谁料想,
烛影摇,斧声乱,
壮志未竟人已远。

人已远,回首看,
回首看你身后的江山。
纷扰扰剑影刀光寒,
韶华成殇笙歌散。
你默默无言,
无言。

图书在版编目（CIP）数据

宋太祖赵匡胤 / 王立群著. -- 北京：东方出版社，2025.1. -- ISBN 978-7-5207-3981-8

Ⅰ．K827=441

中国国家版本馆CIP数据核字第2024RH3917号

宋太祖赵匡胤
SONGTAIZU ZHAO KUANGYIN

作　　者：	王立群
策 划 人：	王莉莉
责任编辑：	李　森
书籍设计：	潘振宇
出　　版：	东方出版社
发　　行：	人民东方出版传媒有限公司
地　　址：	北京市东城区朝阳门内大街166号
邮政编码：	100010
印　　刷：	北京汇瑞嘉合文化发展有限公司
版　　次：	2025年1月第1版
印　　次：	2025年1月第1次印刷
印　　数：	1—10000套
开　　本：	880毫米×1230毫米　1/32
印　　张：	21.125
字　　数：	482千字
书　　号：	ISBN 978-7-5207-3981-8
定　　价：	109.00元（全两册）
发行电话：	(010)85924663　85924644　85924641

版权所有，违者必究
如有印装质量问题，我社负责调换，请拨打电话：(010)85924602　85924603